蔣士成傳

孫少波，葉建華，翟瑞龍，江璐 ——— 著

化纖工程設計與技術管理專家，中國工程院院士，

曾任儀徵化纖聯合公司副總經理、總工程師等職，

現任儀徵化纖股份公司顧問，中國石化集團公司科學技術委員會資深委員。

目錄

第一章
風雨如磐的童稚年代

生在「臨川裡」

1934 年農曆 9 月 23 日，已是江南深秋時節。

傍晚的風明顯帶著寒意，樹葉在城市的上空緩慢地飄零，幾週前還是一片蔥蘢的樹木漸漸地展示它剛勁的乾枝。落葉隨著風的節奏，翻滾在青石板鋪就的街面上簌簌作響。江蘇武進縣城鬧市區的商舖陸續關門打烊，街面上頓時缺少了生氣。

「哇－哇－哇－」，在縣城中心的一座深宅大院內，一個新的生命誕生了。

這是一座典型的清代硬山派建築風格的私人府邸，前後四進，白牆黛瓦，飛檐翹角，氣派非凡。它的門牌號為臨川裡西官保巷23 號。

香堂裡青煙裊裊，全家上下 10 多口人似乎都在等待這個時刻的降臨。隨著嬰兒的呱呱落地，祈禱聲、祝福聲、報喜聲、鞭炮聲連綿不絕，整個院落洋溢著喜慶熱鬧的氣氛。

生子添丁，是這個大家族的一大喜事。父親蔣君衡小心翼翼地抱發揮昂著頭、緊閉著眼、揮動著小手臂、哭聲嘹亮的嬰兒，欣喜地說：「好個弘毅之士，取名叫士成吧。」

按宗譜，蔣士成的輩分為「成」字輩。

幼年時的蔣士成

古人云：「賜子千金，不如教子一藝；教子一藝，不如賜子一名。」蔣君衡為兒子取名為「士」，不僅寓意名望、寄託理想，還反映了武進崇文重教的地域文化風尚。

武進縣，為江南富庶之地，也是吳文化的發源地之一。春秋時稱延陵邑，漢代稱毗陵縣，隋朝始設常州，明、清設常州府，轄武進、陽湖兩縣，辛亥革命後的 1912 年兩縣合併為武進縣。1949 年 4 月常武地區解放後，武進縣析出建立常州市。蔣士成出生的武進縣，就是人們所熟知的江蘇省常州市。

老常州人都知道，臨川裡為舊縣衙、府衙所在地，所謂「官保巷」實際叫「官報巷」，是古代常州士人獲得功名和升官報喜的科仕留芳之地。

臨川裡西傍北大街，南臨內子河，河對岸是商業繁華的南大街，在連接南北大街的甘棠橋的北首，矗立著一座三十多米高、造型簡潔時尚、一度為常州市標誌建築的鐘樓。它的樓身為鋼材結構，頂層還設置了消防瞭望臺和自來水箱，南北兩面懸掛著大型西洋自鳴鐘。蔣家的祖業，設立於清朝咸豐年間的「蔣懋大銀樓」就坐落在鐘樓腳下，西官保巷向北大街的出口處。

常州是運河城市，老運河之水從西門小水關引入城內，過覓渡橋、甘棠橋、惠民橋和大浮橋後，河面倏然擴寬，水面波光瀲灩，水色清澈光亮，雲霧縹緲空濛。因此，這條作為護城河的「內子河」還有一個富有詩意的名字叫做「白雲溪」。

臨川裡的東側，是常州龍城書院的舊址。它創建於明朝隆慶六年，即 1572 年，明清時期，幾經興廢。1895

臨川裡鐘樓舊貌
（攝於 20 世紀 60 年代）

年甲午戰敗後，常州的有識之士推進改革，「別設致用精舍，博習乎輿地算學」，龍城書院成為常州士子學習新知識的中心。

蔣士成的曾祖父蔣樹德，開設「蔣懋大銀樓」發家後，選擇了臨川裡這塊風水寶地。祖父蔣雪莊又在祖屋的東側購買了一大塊土地，建造四進新宅 20 余間。主建築為兩層樓房，正廳屋取名為「望雲堂」。「望雲堂」取《史記・五帝本紀》「其仁如天，其知如神。就之如日，望之如雲」之意，表達對古代賢者的敬仰。

在蔣士成居住的小樓上，白雲溪的靈秀盡收眼底。

有人顧名思義，認為白雲溪即為「臨川裡」之「川」，實則不然。臨川裡的稱謂有著一段可歌可泣的悲壯歷史。

宋末元初，元軍揮戈南侵，直指南宋都城臨安。常州作為臨安的門戶屏障，成為兵家必爭之地，由此發生了歷史上著名的「常州保衛戰」。2 萬多毫無作戰經驗的市民和數千名宋軍在守將王安節的率領下誓死抵抗，在無險可守、無糧可吃的絕境中，抵抗 20 萬元兵達半年之久，致使元軍三易主帥，損傷慘重。王安節在戰鬥中陣亡，後人用「紙城鐵人」稱讚常州軍民的不屈精神。元軍破城後，在常州進行了瘋狂屠城，據說，全城僅有 7 人逃出。為紀念王安節這位抗元英雄，時人將他的遺體埋葬地稱為王守沿。後來，其四世孫王伯兩兄弟來常州守墓，住在縣衙前，死後也附葬在王安節墓旁。因王安節、王伯均為江西臨川人，故後人將王伯與其弟住處稱為臨川裡。

在宋軍困守常州期間，王安節向當時平江府知府文天祥求援，文天祥即派遣將士火速增援常州。兩年後，文天祥兵敗在廣東被俘，隨即被押送北上，途經常州，看到常州城滿目瘡痍，哀鴻遍野，長嘆道：「常州古睢陽都也，北兵憤其堅守，殺戮無遺種，死者皆忠義之鬼，哀哉」！慟作《常州》一詩：

山河千里在，煙火一家無，壯甚睢陽守，冤哉馬邑屠……

「人生自古誰無死，留取丹心照汗青。」忠貞不渝的民族氣節和坦蕩熱忱的愛國情懷激勵著常州一代代奮發圖強的青少年。浴血奮戰誓死保衛常州的王安節與面對侵略者的威逼利誘慷慨就義的文天祥的英雄形象，深深印刻在常州人的歷史文化記憶中。

臨川裡不僅浸沾著大自然的靈性，還浸沾著民族韌性。靈性只是一種先天稟賦，而韌性必定是從歷史厚積中、從苦難創傷中、從探索奮鬥中迸發出來的造血生髓精神。勤勞更智慧，儒雅更剛毅，成為這座具有兩千五百多年歷史的文化古城的底蘊和特質。

蔣士成出身的這個大家族，蘊藏著同樣的氣息。

文雅儒素的家族

常州的蔣氏家族是名門望族。蘇東坡有詩道：「江南無二蔣，儘是九侯家。」族始祖可追溯到東漢大將軍蔣橫的兒子蔣澄。據史載，蔣橫在朝廷遭受讒言被光武帝誅殺，他的九個兒子四處避難，其中蔣澄逃至江蘇宜興一帶。後來光武帝醒悟了，為了彌補過錯，將蔣橫九子都就地封侯，蔣澄便成了函亭侯。

蔣士成家族雖然植根於常州，但有源可溯的根脈僅到他的曾祖父蔣樹德。

蔣樹德，字高行。世居武進縣西直陶家村，生活在一個很普通的耕讀家庭，「十二歲喪父，十三歲棄書習工，一度鬻薪販甄以養母」，❶ 家境十分貧苦。太平天國戰亂時期，蔣樹德拖兒帶女，背井離鄉，靠著一手的銀飾加工手藝，挑著擔子在常州城走街串巷，為

---

❶蔣維喬. 先考少穎府君事狀、因是子文集［M］. 上海圖書館藏檔.

顧客加工一些手工銀飾品。有了一定的積蓄後，在城裡租了幾間房子，開了個手工鋪，專門加工金銀飾品。清朝同治年間，與四子蔣雪莊在常州城甘棠橋北首開設銀樓，商號「蔣懋大」。

蔣懋大銀樓前店後坊，從事金銀提煉、加工、定製、銷售，實現「一條龍」服務。開設之初，規模就超過咸豐年間常州開設的首座銀樓「畢泰昌」。蔣樹德父子採用傳統的古法冶煉手工提煉，黃金純度高達 99.99%，為「上足赤」。由於飾品成色好、品種多、做工細膩，深得顧客信任，營業規模不斷擴大，雇工多達五六十人。到民國初期，蔣懋大銀樓的品牌及規模，已經為常州六大銀樓之首。

晚清時期的蔣懋大銀樓(左發揮為蔣樹德、蔣維翰)

蔣樹德不僅經營有道，而且教子有方。他教育子女見賢思齊，不拘於功名。「耕讀為本，學藝養身」「耕者必志於積粟，讀者必志於成名，為商者必志於聚財，習技藝者必志於工巧。」他有四個兒子，在他的教育薰陶下，均成為清末民初響噹噹的名人。

長子蔣維翰，字克莊，又字可莊，號青霞散人，民國知名畫家。「蟲魚花鳥，栩栩欲活，山水尤勝，尺幅千里」，❶ 在上海畫壇

❶余劍華. 中國美術家人名詞典[M]. 上海：上海人民美術出版社.

風靡一時。

次子蔣維錘，字岳莊。「幼穎悟而嗜讀」，認為「一切科學，皆以數學為宗，乃益閉戶潛跡，午夜不輟」。❶青年時跟隨數學家華世芳入常州龍城書院專攻數學，因嗜讀成疾，不幸英年早逝。留有數學專著《曲線新說》一書。

三子蔣維喬，字竹莊，是中國近代著名的教育家、出版家、佛學家、養生家。曾參加民國教育部的籌建，擔任孫中山的中華民國臨時政府教育部祕書長、江蘇教育廳廳長、東南大學校長、上海光華大學文學院教授等職。新中國成立後，被選為蘇南人民代表大會常務副主席，並擔任上海文史館員等職。有多部著作問世。

四子蔣維貞，字雪莊。即蔣士成的祖父，和蔣樹德一同創業，經營蔣懋大銀樓。

蔣維喬（竹莊）（左）與蔣維貞（雪莊）（右）在杭州合影

❶清徐珂. 清稗類鈔［M］. 北京：中華書局，2010.

蔣樹德先「習工」，後「設肆於市」，從小手工、小商販發家，締造了一個商業帝國，依靠的是精湛的技術、良好的商譽和他的不懈努力。蔣維喬這樣回憶父親：「老父以貧故，習工業，生維喬兄弟，廁名士夫間，皆老父余蔭所及，非有重世顯貴，列於膏粱著姓」。❶言下之意是，他們這支家族的發達，並沒有依託九侯顯貴姓氏的榮光，全部依靠父親的辛勤努力。

難得的是，蔣樹德教育子女的方式也有別於傳統的封建家庭，他不僅不干涉子女的事業發展，還注重培養子女的藝術愛好。據《清代昆陵名人小傳稿》記載，蔣樹德「擅崑曲，凡絲竹諸樂器罔勿精。端居之暇，以此自娛，並教其諸子。曰：『使汝曹有此喜好，庶幾不染世俗之陋習也』」。❷這種開明、開放的教育方式，讓人耳目一新。

受家風的薰陶影響，蔣士成的祖父蔣雪莊、父親蔣君衡都具有典型的儒商氣質。

隨著常州貿易、手工業迅速發展，銀樓業同行競爭加劇，民國前後常州又陸續增加 10 多家銀樓。蔣雪莊父子奉行「利不虧義」的經營哲學，一方面極力提升鍛造加工工藝，另一方面調整產品市場，為小銀樓留出生存的空間，盡力讓同行和老百姓得到實惠。同時，還增設了一些便民服務，從而贏得了市民的好口碑。

儘管蔣君衡是一個成功的商人，但從商之路並不是他的選擇，棄學經商更是迫不得已。

蔣雪莊有四子，長子蔣君稼，字正覺。1901 年出生。次子蔣君衡，字正權，1909 年 3 月出生。原配去世後續弦，又生下三子蔣君潔(字正平)和四子蔣君儉(字正勤)。按慣例，老大蔣

---

❶何宗旺．蔣維喬思想研究[M]．湖南：湖南師範大學出版社，2003.
❷張維驤．清代昆陵名人小傳稿[M]．影印版．文海出版社，1974.

蔣士成的父親蔣君衡

君稼承接祖業是天經地義的，況且蔣君稼生性活潑，交際能力較強，而蔣君衡性格文靜，且體弱多病。所以，從蔣君稼小時發揮，蔣雪莊就向他刻意灌輸商業知識，傳授銀樓經營門道，並送他去江蘇省立第二商業學校就讀，並在蔣維喬的推薦下到北京中原實業銀行工作，三年後便進入北洋政府財政部任職，等他長了見識、有了人脈後再繼承光大祖業。無奈蔣君稼心不在焉，對銀樓的經營管理毫無興趣，而受長輩們影響，對中國傳統戲劇崑曲與京劇深深著迷。

　　原本是工作之暇拜師學戲，但蔣君稼對戲劇的痴迷已達到無可救藥的地步，成為名副其實的「票友」。梅蘭芳與蔣君稼同出一師門，又同是江蘇人，這對「名伶」與「名票」成了無話不談的摯友。

梅蘭芳與蔣君稼（左）合影

戲團隊的「行頭」都是自己置辦的。蔣君稼每次參加演出，梅蘭芳都會把自己最好的行頭借給他。蔣君稼出名後，梅蘭芳從不搶風頭，還把一些重要的機會讓給蔣君稼。這種珍貴的師兄弟情誼一直持續到梅蘭芳逝世。

蔣雪莊對蔣君稼可謂是愛恨交加，愛的是蔣家祖孫三代都對戲曲有著共同的愛好，父親和大哥是名副其實的京昆票友，自己也耳濡目染，對崑腔皮黃情有獨鍾。現在兒子唱出了門道，享譽京師，自然是欣慰不已；恨的是兒子對龐大的家業置之不理，而痴迷於戲曲，在大戶人家是有失顏面的。出於這種心理，蔣雪莊做了妥協，聲明蔣君稼只能做票友，不可下海為伶，以戲曲為業，否則斷絕父子關係。這樣，蔣雪莊將承接祖業的希望寄託於蔣君衡身上，1921年冬，蔣君衡離開剛考取的私立常州中學，中斷了學業。

1928 年 3 月，蔣雪莊仙逝，蔣君稼回常州守孝一年。兄弟四人商量以股份合營模式經營蔣懋大銀樓，雪記銀樓、衡記銀樓和平記

銀樓分別為股東，交給蔣君衡統一經營管理。兄弟四人同住在「望雲堂」，一家人相處十分和睦。

近代上海作為中西交匯之地，一直獲得江南發達地區開明鄉紳，尤其是文化精英的青睞。20世紀20年代末期，由於中國政府收回了滬寧鐵路的經營管理權，常州與上海的交通十分便利，上海便成為常州工商、富紳和文藝名人的旅居或遷居的首選地。蔣維喬1927年定居上海；蔣君稼兼職上海市立實驗戲劇學校（今上海戲劇學院）教師，奔波常州上海兩地；三弟蔣正平進入上海電影製片廠做會計工作；四弟蔣正勤在實驗戲劇學校畢業後，進入上海電影製片廠做演員，在電影《武訓傳》《人民的巨掌》《紡花曲》等影片中扮演角色，後下放至福州話劇團，1988年還在電影中（《在暗殺名單上》）出演反派角色毛人鳳。

蔣士成家族的生活是豐富多彩的，既有商賈大亨的實力，又有梨園之家的韻味，既有書香門第的傳統，又有簪纓世族的警醒。難能可貴的是，在經歷了太平天國、甲午戰爭、抗日戰爭的烽火硝煙之後，這個家族擺脫了名韁利鎖封建主義桎梏的束縛，種下了自強奮發的精神因子。

在這個大家庭裡，從小聽著長輩們的前塵往事，蔣士成感到遙遠而模糊。而三代人為家族振興、為民族繁榮、為國家富強的奮鬥精神，卻讓蔣士成感到愈加親切而明晰。

逃難中

蔣士成童年最幸福的時光是在母親的懷抱裡、父親的呵護下、哥哥姐姐的扶攜中度過的。哥哥蔣元成長他6歲，姐姐蔣啟蘊長他4歲。

　　端陽看龍舟是蔣士成童年記憶中最精彩、最賞心的一幕。胸前掛著透著清香的香囊，聽著大人們講述屈原投江的故事，腦海裡有個依稀的概念：龍是中國，龍是家鄉。

　　鐘樓的鐘聲雄渾悠揚。鐘針神奇走動，聲音倏然發出，蔣士成好奇而不得其解。

　　這段富足而寧靜的生活似乎一夜之間被撕得粉碎。

左發揮為蔣啟蘊、蔣士成、母親計瑞華、蔣元成

　　1937 年 7 月 7 日，日本在盧溝橋挑發揮戰火，發動了對中國的全面侵略。8 月 13 日，淞滬會戰打響，中國守軍赴湯蹈火、苦戰三個月後，上海失守。10 月 12 日，塗有猩紅色膏藥標誌的日機已在常州城上空盤旋。古城內外不時傳出炸彈的爆炸聲和老百姓惶恐的驚呼聲。日寇水陸並進，沿滬寧線向西侵犯。11 月 29 日，常州淪陷。

　　風聲鶴唳。蔣士成一家加入了常州市民逃難的隊伍。10 月份，定居上海十年的蔣維喬來快信要侄兒們去上海租界避住。蔣君衡因夫人計瑞華懷有身孕以及忙於轉移家產，拖延了一些時日。之後，戰火迅速蔓延，上海與常州交通阻斷，音信不通。慌急之下，只得暫到武進鄉下奶娘家躲避。日軍破城當日的凌晨，蔣君衡帶著夥計，一

家五口藉著夜幕僱船逃離。那一夜，4 歲的蔣士成平生第一次感受到驚恐，緊緊攥著已是疲憊不堪父親的衣袖，整夜也不肯放手。

11 月 29 日那天的晌午，明晃晃的刺刀在白晃晃的太陽映襯下顯得特別刺眼，常州城籠罩著一片蕭殺、恐怖的氣氛。日軍在城內屠城 3 日，「被燒燬房屋 9000 餘間，火光數十里外可見，全城曝屍遍地，被殺民眾達 4000 餘人」。日寇實行「三光」政策，姦淫擄掠，無惡不作，千年古城幾乎化成灰燼。這段慘絕人寰的暴行成為屠殺 30 萬南京同胞的血腥序幕，被稱為「常州三日」。

商業金融區在常州淪陷前就成為日軍飛機轟炸的重點目標，臨川裡西鄰的西瀛裡在民國時期曾是常州的「金融一條街」，各種風格的銀行、錢莊和商舖林立，隨著敵機的幾番俯衝，西瀛裡一片火海，風格各異的建築瞬間成為斷壁殘垣；商家雲集的南大街，大小商舖酒肆計有 166 間，日軍搶掠焚燒後僅剩 4 間；蔣士成大舅小舅在南大街開設的「瑞和泰綢布莊」和「天益泰洋貨店」悉數盡毀；蔣懋大銀樓也在這次戰火中被夷為平地。

蔣君衡的奶娘住在武進縣西南湟裡鄉下，這裡河汊交錯，東瀕滆湖，西矚長蕩，金湟河、孟津河縱橫其間。除當地散落的零星農戶外，人跡罕至，蔣士成一家在這裡度過了一個寒冷的冬天。因母親懷有身孕，留入蔣士成記憶中的是那個水鄉奶奶寬厚的笑容，以及過去從未感受到的那麼深切的父愛。

對兒時的蔣士成來說，父親永遠是個忙碌和遙遠的人。逃難經歷拉近了父子間的距離。父親有講不完的故事，蔣士成也有問不完的問題。從家庭到家族，從歷史掌故到人物趣事，滔滔不絕。蔣君衡的親子交流，使童稚的蔣士成對當前發生的戰爭有了一個極其簡單又極其深刻的解讀--落後就會被打。

圖強的基因早就融入父輩們的血液中。

天有不測風雲。剛過完 1938 年的春節，蔣君衡病了，本來羸弱的體質加上連續的勞頓和鄉村經歷的風寒，導致他高燒不退，腹瀉

不止。一來偏僻的鄉間找不到一個像樣的醫生，二來日寇嚴厲封鎖抗生素之類的藥品也無藥可尋，三來淞滬、南京戰場一線戰火暫已平息。蔣君衡決定去上海治病。

幾日艱辛輾轉，一家人住進了上海蔣維喬的家。此時蔣維喬的家就像一個「避難所」，本來較為寬敞的二層歐式小洋樓塞進了十幾個人，連吃飯也得分批「翻臺」。因為蔣士成年齡最小，討人喜歡，所以往往和長輩們一發揮吃飯。飯桌上大人們最多的話題就是目前的戰局了，在他們時而憤慨、時而沉默、時而爭辯中，蔣士成雖然聽不明白，但始終感到的是一種沉重的氣氛。

5歲兒童的記憶是殘缺而不清晰的。但蔣士成從大人們的口中第一次有了「化學武器」的概念，而且知道這是比飛機大砲更殘忍的一種殺人武器，以至於經常在夢中被滿天飛的蝗蟲、滿地竄的老鼠所驚醒。

這段時間，給童年蔣士成留下印象的有兩個人。

一個是堂伯蔣君毅。蔣君毅是蔣維翰的兒子，因為父親早逝，蔣君毅一直跟著蔣維喬生活，上海聖約翰大學畢業後在商務印書館工作。1932年淞滬戰爭中蔣君毅是上海市民義勇軍指揮部成員之一，現在又為戰地紅十字會做事。蔣君毅不僅帶著蔣士成遊覽十里洋場，還實地實景地將中國軍民兩次上海抗戰的故事講得繪聲繪色。無疑，蔣君毅在蔣士成的心目中，就是一個大英雄。

還有一個就是三伯公蔣維喬了。三伯公經常拉著蔣士成到他的書房內習字畫畫，偶爾還會教蔣士成幾個英文單詞。在蔣士成的印象中，三伯公有著寫不完的東西。書房很靜很靜，昏黃的燈光映襯著那張慈祥又不乏剛毅的面龐，蔣士成終生難忘。

後來，蔣士成才知道，上海淪陷後的蔣維喬生活日漸窘迫，經濟捉襟見肘。除了在上海光華大學教授的薪酬外，這位誓不與日偽往來的文化老人有時不得不以賣文鬻字維持生計。蔣維喬接納他們全家避難，為父親蔣君衡治病慷慨解囊，對孫輩們生活上的關心無微不至。

每想到這些，蔣士成的心中會情不自禁地流淌著一股暖意。

後來，蔣士成才知道，那段時間，三伯公筆耕不輟，除了完成了《中國佛教史》《中國近三百年哲學史》《宋明理學綱要》等著作外，每天日記裡還詳盡記述了淞滬戰爭的情勢和進展，字裡行間充滿了對侵略者的仇恨以及對抗日軍民浴血奮戰的激賞。早已皈依佛教的三伯公有如此的情懷，蔣士成認為表面上的沉淪是中國知識分子獨特的一種抗爭方式。

後來蔣士成才知道，上海淪陷期間，三伯公多次拒絕日偽的威逼利誘。1942 年 6 月，上海日偽聯合舉辦講習所聘請蔣維喬為中國文化史講師被拒；8 月，日本特務機關思想部長峰崇仁親自登門，邀請蔣維喬擔任「上海特別市教育會」副會長被拒，就連掛個名也不行；日華佛教會成立後邀蔣維喬入會被拒；對「76 號」的丁默村、李士群之流，蔣維喬要麼是避而不見，要麼是見而不理。一次，汪精衛在上海宴請各界「名流」，蔣維喬也在應邀之列。汪精衛在席前苦等「蔣先生」之時，蔣維喬早就將請柬扔進了廢紙簍。❶ 這些，使蔣士成真實體會到什麼是做人的錚錚鐵骨。

中國人民失去家園，失去土地，失去財富，但絕不可以失去骨氣。

家道中落

蔣君衡大病初癒，就帶著全家回到常州，淪陷生活就這樣闖進了蔣士成的童年。

❶何宗旺 . 蔣維喬思想研究［M］. 湖南：湖南師範大學出版社，2003.

不久，蔣士成的弟弟呱呱落地。蔣君衡給他取名為希成。

「希」是一種盼望，一種期待。希望蘊藏在外族鐵騎野蠻肆虐後的一片廢墟中，扎根在每一個有良知、有血性的中國人民的心中。

亡國奴的生活是一種痛徹心扉的記憶，屈辱和抗爭同時寫進了常州的歷史。常州人民懂得，有屈辱，必有抗爭，有抗爭，才有希望。

這種屈辱感同樣侵噬著蔣士成幼小的心靈。

懵懂之中，蔣士成還記得巡邏的日本鬼子皮靴在家門前石板上的踩踏聲。踩踏聲由遠及近，恐懼感總是會隨著劇烈的心跳聲襲來。蔣士成還記得日本鬼子在常州中學大操場耀武揚威、揮槍操練的場景，還記得在常州東門一個入城的農民小夥因為沒有脫帽鞠躬，被兩個日本哨兵用刺刀挑掉帽子，小夥頭部鮮血淋漓。

常州淪陷後，日寇扶植的偽政府不斷脅迫學校復課、工廠復工、商業復市，以實現日本侵略者「以戰養戰」的經濟策略和實現所謂「大東亞共榮圈」的永久占領策略。

為了生計，蔣君衡在銀樓的廢墟上蓋了幾間草房，蔣懋大銀樓重新開業了，但生意是一落千丈。一方面由於浩劫後經濟蕭條，商業寡淡；另一方面也由於金銀首飾的經營比較敏感，易遭攫取盤剝。更重要的是，亡國奴的陰影始終籠罩著蔣氏兄弟乃至常州士紳階層，使他們有心力抵抗，無心力經營。

有一股力量的聚集，使蔣氏兄弟看到了希望。1938 年 6 月，由陳毅、粟裕、張鼎丞率領的新四軍第一、第二支隊和先遣支隊進入茅山地區，廣泛發動群眾，開展抗日遊擊戰，創建敵後抗日根據地，軍民抗日力量迅速壯大，在常武大地上奏響了一曲曲壯麗的抗戰凱歌。

這就是令日寇聞風喪膽的「江抗」組織，全稱為「新四軍江南抗日指揮部」。抗戰期間，「江抗」在常州接連打了一系列漂亮仗。常州各界人士有錢出錢、有力出力，踴躍支持新四軍。

蔣君稼兄弟在常州人脈很廣，很快就與「江抗」有了聯絡。兄弟倆以商人與文化人的身分，掩護抗日人士在常州城的活動。

就在蔣君衡對未來充滿希冀、滿懷憧憬的時候，病魔再次侵噬了他。本來身體已經基本復原，去了一趟上海就沒能再回來。1939年農曆9月21日，年僅31歲的蔣君衡因患腸癌辭世。

這一天，離蔣士成5週歲生日僅差兩天。

當一家人匆匆忙忙趕到上海醫院時，蔣君衡已經奄奄一息。蔣士成至今還記得彌留之際父親的滿眼憐惜、慈愛的目光。

蔣君衡走了，家庭的大梁坍塌了，留下妻子計瑞華、兒子蔣士成以及蔣士成12歲的哥哥、10歲的姐姐和尚在襁褓之中的弟弟。

蔣君衡走了，一家人賴以生存的蔣懋大衡記銀樓隨著主人的去世而關閉。拮据困頓的生活無情地接踵而至。

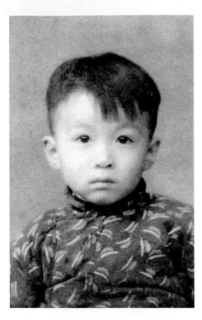

童年時期的蔣士成

蔣君衡走了，然而，祖輩父輩們勤學苦讀的精神、不堪外族凌辱的氣節以及實業興國的夙願，就像一顆飽滿苗壯的種子扎根於蔣士成幼小的心靈。

是國難、家難，更是那個風雨如磐的時代，孕育了這顆種子。

種子，是要發芽、開花的。

第|二|章

孜孜不倦的求知生涯

覓渡，覓渡

　　蔣士成就讀的小學是常州市的百年名校－－武進縣立覓渡橋小學。

　　覓渡橋小學的前身為「冠英小學堂」，為清末常州維新人士創辦，「冠英」，意為「冠乎群英」。校歌中「歐風美雨，飛渡重洋，橫來東西。睡獅老大，妖夢千年，誓爭警醒」❶的歌詞激揚豪邁，激勵著一代代莘莘學子在歐風美雨的衝擊中為振興中華貢獻著力量。1928年，改稱「縣立覓渡橋小學」。

　　這所小學，走出了中國共產黨早期領導人瞿秋白，走出了著名抗日將領馮仲雲，走出了莊逢甘、莊逢辰、莊逢源、顧冠群、蔣亦元、蔣士成等6名中國科學院和中國工程院院士。

　　蔣士成在覓渡橋小學的六年，是飽受屈辱的六年，也是日本侵略者在淪陷區施行奴化教育與人民進行反奴化教育鬥爭的六年。

　　政治上以華制華、經濟上以戰養戰、思想上推行奴化教育是日本侵略者控制淪陷區的實施策略。奴化教育成為箝制中國人民思想、消除中國人民抗日意志的罪惡工具。

　　日偽在常州推行奴化教育可謂是處心積慮：一是規定所有小學開設日語課，有的小學附設日語班，甚至打著溝通中日文化的幌子，在常州開辦了「興亞佛教日語學校」；二是小學發揮開設公民課，宣揚「中日親善」「東亞復興」，鼓吹武士道精神，頌揚漢奸頭目汪精衛「和平建國有功」，陳璧君、陳公博、周佛海等大漢奸們「為

---

❶《覓渡橋小學校史資料》. 常州：覓渡橋小學藏檔.

國為民，勞績卓著」；三是加強對學校和教師的控制，派遣教師和督學到各學校。據《常州市教育志》記載，有個叫小野文信的日本人，被任命為「大東亞省派遣教員」，經常牽著狼狗在常州中小學督學，借狗吠來威嚇學生。❶

20 世紀 30 年代的武進縣立覓渡橋小學教學樓

　　覓渡橋小學三年級開始開設日語課，蔣士成班級的日語老師是由體育老師兼課的。早在 20 年代，為倡導新式教育，覓渡橋小學曾重金聘請日本籍教員教授日語。改由體育老師兼教日語課，無疑是對日語課程的蔑視。

　　這位體格壯碩、精力充沛的體育教師平時也不乏幽默感。日語的第一課，老師介紹 51 個片假名時說，日本話一是「騙」，一是「假」，所以就叫做「片假名」，引得學生們哄堂大笑。

　　日偽教育局不時派人來學校督查日語教育，這位老師也總是用「騙」「假」的方法機智過關。日本督學來校檢查時，老師就以教日語應付，督學一走，立刻停止教學，給學生們講一些愛聽的故事，甚

❶常州市教育志[M]. 上海：上海人民出版社，1990.

至以調課為名帶學生到操場上運動去了。

這位教師的幽默和機智，贏得蔣士成的好感。小學時候的蔣士成愛上了體育運動，田徑成績在同年級學生中出類拔萃。受老師影響，蔣士成還愛上籃球運動，籃球場上，經常會出現蔣士成的身影。

珠算課是覓渡橋小學培養學生職業技能的特色課，高小年級開設，計入算術課程成績。珠算課的工具是一把算盤。算盤是中華民族祖先創造發明的簡便的計算工具，現在已成為人類非物質文化遺產，可謂是「國粹」了。

蔣士成記得珠算老師是一個性格剛烈的「小老頭」，塾師出身，在常州淪陷前日軍空襲中，他家中有幾個親人被炸身亡。「小老頭」有一雙無比快速、靈巧的手，無論多麼複雜的加減乘除題，在他手指的瞬裡啪啦下須臾間就能給出答案。據說他思念親人的方法就是無休止地打算盤。上課時他經常對學生說，要把算盤當成武器。他天生的一臉凶相，令學生們望而生畏。

同學們懼怕「小老頭」，還因為他沿襲了塾師體罰學生的壞習慣，一種叫做「打手心」，一種叫做「頂算盤」。兩種形式懲罰的對象不同，「小老頭」從不會用混。「打手心」針對的是學習不用功或者是粗心大意的學生，用「小老頭」的話說是讓你長長記性。而「頂算盤」則是「小老頭」就地取材的發明，就是讓違紀不守規矩的學生頭頂著算盤在教室外或操場上罰站。

這兩種令人生畏的手段，蔣士成從來沒有「享受」過。有一次，有個同學由於沒有吃早餐，為了走捷徑，課間翻牆頭去買麻糕吃，蔣士成「甘當人梯」，不巧給「小老頭」抓了一個「現行」，蔣士成自以為「大禍臨頭」，結果，那個同學被罰「頂算盤」，他自己卻「倖免於難」。

或許是「小老頭」的感染和偏愛，或許是商人家庭出身的伶俐和聰穎，蔣士成對算術課的興趣越來越濃厚，算術包括珠算成績在班

級名列前茅。「小老頭」那張不苟言笑的臉也漸漸地親切發揮來。不僅如此，學校每學期開展跨年級的珠算比賽，蔣士成與高他兩個年級的莊逢辰比賽成績總是遙遙領先，難分伯仲。

莊逢辰後來成長為中國火箭發動機和飛船發動機專家，與其大哥莊逢甘、四弟莊逢源都先後就讀於覓渡橋小學，都投身於新中國的航天事業，又相繼當選為中國科學院院士。莊氏「一門三院士」成為常州人民和覓渡橋小學的佳話。

2008 年 10 月 24 日，覓渡橋小學「院士牆」揭幕，長 7.3 米、高 3 米的漢白玉浮雕牆上，6 名傑出校友的形象栩栩如生。蔣士成、莊逢辰等應邀回到母校，談發揮當年的「小老頭」打手心、頂算盤的往事，不禁開懷大笑。蔣士成深情地對小學生們說：「算術是一切自然科學的基礎。我們這一代人不僅受益於覓小老師的嚴管嚴教，更是受益於老師們抵制奴化、抗爭奴化家國情懷的薰陶。覓小培養了我們一個信念，只有勤勉讀書，剛正做人，中國的未來才會有希望；精神不倒，中華民族才能真正崛發揮。」

蔣士成(後排左一)、莊逢辰(後排左二)在常州覓渡橋小學
院士牆前與小校友們合影

退學風波

1945 年 8 月 15 日，曾經不可一世的日本侵略者終於無條件投降，常武地區一片歡騰，常州城內歌聲、笑聲、鞭炮聲、鑼鼓聲徹夜未停，所有人都沉浸在勝利的喜悅之中。

常州大戲院內，息演多年的蔣君稼連日領銜登臺義演，梅蘭芳書以「宏我夏聲」橫幅予以聲援。蔣士成放學後就去劇院為伯父助陣。

「八年的忍受和苦痛，得到了今天的成功。如今每一個中國人，抬發揮頭來挺發揮了胸。」在音樂老師風琴的節奏下，蔣士成學會了這首歌。

然而，短暫的喜悅過去後，蔣士成似乎還沒有找到昂首挺胸的感覺。

學校裡的氣氛再次凝重發揮來，講堂內外看不見老師們的神采飛揚，看不見師生之間的親密無間。令學生們不解的是，日偽教材中的防共反共的論調沒有隨著漢奸的被清算而刪除，反倒成為思想教育課灌輸的重要內容。更為詫異的是，新四軍在已經丟掉、落入敵手的常州地區奮勇抗日屢立戰功，怎麼不是抗戰？反而成了國家的「叛逆」？

「抓赤匪、防赤化」，限制教師言論，禁錮學生思想，國民黨當局的倒行逆施在瞿秋白的母校覓渡橋小學尤其為甚。廣大師生義憤填膺，而只能敢怒不敢言。

1946 年，蔣士成就是在這種壓抑的情緒中度過的。這一年夏

天，蔣士成小學畢業。

令蔣士成更加壓抑的是，家庭的經濟拮据已經到了捉襟見肘、難以為繼的程度。

父親去世後，伯父蔣君稼接管了銀樓的經營，蔣士成全家的經濟來源一方面依靠銀樓的給濟，另一方面依靠不停地變賣器具。亂世經年，稅負層層盤剝，百姓又缺少購買力，蔣懋大銀樓生意慘淡，門可羅雀。已經升入高中的哥哥蔣元成被迫輟學，到銀樓幫工打雜。姐姐蔣啟蘊在芳暉女中畢業後到一所小學裡執教。哥姐二人以微薄的收入貼補家用，維持一家人的生計。

為了蔣士成安心讀書，一家人刻意隱瞞家中的窘境，儘管小學時候的蔣士成能夠吃飽穿暖，但他還是隱隱約約地體察到家境的快速衰敗。

一次，蔣士成放學回家，偶然看到哥哥蹲在街邊上擺地攤，面前都是家中的一些裝飾器皿擺件。說不清是一種愧疚，還是一種惴惴不安，蔣士成不禁覺得心頭襲過一陣悲涼。之後，輟學的恐懼感便日夜纏繞著他。

其實，讓蔣士成讀書成人，不僅是父親的遺願，也是全家人，尤其是媽媽計瑞華所堅持的。計瑞華打定主意，即使節衣縮食，也絕不能中止蔣士成的學業。她與蔣君稼商量，決定讓蔣士成報考常州師範學校。

常州師範學校也是一所老校，在常州「廢科舉」「興學校」的革新浪潮中誕生。著名政治活動家史良曾在該校就讀，五四運動中，史良曾帶領常州學生聯合會聲援北京愛國學生運動。此外，20世紀30年代，有個叫做蔣海澄的浙江小夥子，曾在該校任國文教員，他就是後來大名鼎鼎的詩人艾青。

讓蔣士成讀師範學校，家裡人主要是考慮到師範學校屬於公立

學校，學費全免，可以減輕家庭經濟負擔。而從小立志學軍工、學製造的蔣士成雖說對讀師範有些不情願，但他知曉家裡的困難也就同意了。1946 年 7 月，蔣士成考入常州師範學校。

新復校的縣立師範學校男女生兼收，分初等師範和中等師範兩部，課程設置與初中和高中差不多。蔣士成讀的是初師。

國民黨武進當局對公立學校的思想控制和教育管理極其嚴厲狠毒，縣教育局下派了一個名叫金凱的訓教處長，鷹犬般地在校內四處遊蕩，對學生動輒訓罵，令學生們毛骨悚然。沉寂的校園氛圍讓處於少年叛逆期的蔣士成感到喘不過氣來。

失望、苦悶、憤怒、無奈，諸多情緒在蔣士成身上交集、蔓延，漸而轉化為消極乃至叛逆的行為。課堂上與老師爭辯頂撞，做鬼臉，不按時交作業，替被校紀處理的同學打抱不平，甚至是打架、逃課。蔣士成後來回憶說，那段時間有自暴自棄的想法，一生的「任性」都集中於那短短的四個月。

1947 年 1 月，師範學校第一學期結束，五門功課竟有三門不及格。學校勒令退學的名單中，出現了蔣士成的名字。

退學處分對蔣士成思想上的觸動和精神上的刺激是很大的。在大學讀書時，他在一份《自傳》裡寫道：學校給我的退學處分只能反映出國民黨教育是腐敗之極，他們沒有對青少年進行好的教育，不斷讓你犯錯誤，最後把你一腳踢出學校。

大大出乎蔣士成意料之外的是，母親計瑞華對他被學校勒令退學之事並沒有他想像的責怪、悲戚，甚至是大發雷霆，而是顯得特別的平靜。母親只淡淡地說了一句：天無絕人之路。母親的堅強以及對子女的理解、包容讓蔣士成感到自責和敬佩。

就在蔣士成經受著失學苦惱以及愧對母親情緒的雙重壓迫中，母親的話神奇地應驗了：私立輔華中學向他伸出了橄欖枝。

就讀輔華

輔華中學是一所私立學校，校長叫汪紹先，復旦大學畢業。他畢生熱愛教育事業，為輔華中學的創建、生存發展可謂是嘔心瀝血。他主張育才重在育人，十分注重學生品德培養和體格鍛煉。他在學校設立「誠毅堂」，激勵學生存誠弘毅，務實進取。近百年來，「誠毅」一直作為輔華中學的校訓。

輔華中學還是常州淪陷後堅持辦學為數不多的學校之一。先是移址上海建輔華滬校，後又遷址武進縣坂上鎮大劉寺。在上海辦學期間，得到了蔣維喬的鼎力相助。坂上辦學期間，著名歷史學家呂思勉受聘來校定期講學，使學校聲名大振。

呂思勉也是常州人，在商務印書館任編輯和在上海光華大學任教授期間，與蔣維喬既是同鄉，又是同事，且志趣相投，過往頻繁。常州人將兩人尊稱為「常州二先生」。1942 年，呂思勉還接受輔華中學聘請，擔任中國文化史一課的講授。有了這一層關係，輔華中學不僅接受了被開除了的蔣士成，還免去了蔣士成的學雜費。

輔華中學位於常州市雙桂坊，學校得名於北宋年間在此地居住的宋姓和丁姓兩家兄弟同時考中進士，官府樹立牌坊，以示褒揚。

輔華中學的校舍原先是一座廟，叫做「劉先師廟」，是常州人民為紀念明朝萬曆年間名醫劉雲山所建造的一所祠堂，清代硬山式建築風格。前面新建了一幢民國風格的二層教學樓，後有兩進整齊的校舍。右邊有一片空地，是學校租來當作運動場的。儘管簡陋狹

小，但功能齊全，安排得緊湊有序。

輔華中學為避日寇與戰火，多次遷移，被教師們笑稱為「孟母三遷」。雖然有師資不足和經費短缺的困難，但校園裡始終洋溢著樂觀主義的氣氛。師生們十分珍惜教與學的機會，尤其是蔣士成，經過退學這番周折，更懂得學習的機會來之不易。父親的期望，母親的慈愛和堅強，常州先賢們的激勵，輔華中學「誠毅」校訓的指引，使蔣士成暗自下了決心：努力學習，報效祖國。

蔣士成在輔華中學旁聽半年後，正式轉入了 6 年的初中和高中的學習。

在輔華中學的旗幟下，凝聚著一批有事業心、有責任心、有教書育人豐富經驗的骨幹教師。呂思勉返回上海光華大學後，仍受聘任輔華中學校董。輔華中學一些學科教育很快在常州市創立了品牌。

錢志堅和錢小山，並稱輔華中學「國文二錢」。錢志堅是位文縐縐的老先生，平時有點「之乎者也」私塾老師的味道，對學生溫文爾雅，文言文教學深入淺出，書法和詩詞歌賦功底很深，經常與呂思勉等社會名流詩賦唱和，對學生中的詩詞愛好者也有歌賦應答，深得學生喜愛。錢小山是清朝進士錢名山的兒子，文史哲學科門門精通，熱心教育事業，原先在常州創辦了名山中學，抗戰勝利兩年之後主動並聚到輔華中學旗下。新中國成立後，錢小山曾任常州文化局局長。國文課是中學基礎課，蔣士成的國文成績一直優秀，進入高中學習後，興趣雖然偏向理科，但回憶發揮受「國文二錢」的教育，仍覺得受益匪淺。

輔華中學選聘了部分遠征軍轉業官兵充實到教師隊伍。這些從滇緬前線凱旋而歸的熱血青年給輔華中學帶來了生氣活力，受到學生們的歡迎。

給蔣士成留下深刻印象的有一位英文老師，他叫李曉聲，大學

快畢業時應徵入伍加入遠征軍，據說曾擔任過美國史迪威將軍的中文翻譯。李曉聲講課生動，英文發音純正。課間，常給同學們講述中國遠征軍英勇抗戰以及國際盟軍之間的一些奇聞趣事。與李曉聲的親近，激發了蔣士成學習英語的興趣，為蔣士成以後的英文閱讀和對外交流打下良好的基礎。

籃球運動拉近了蔣士成與李曉聲的距離。輔華中學的運動場其實就是一塊狹窄的空地，只能滿足學生上課間操的功能，一旦遇到雨天，那裡便是一片泥濘，無法落腳。李曉聲等青年教師遊說校方增添了部分球類器械等體育設施，並帶領學生平整土地，製作三合土，鋪上細沙，使之具備了田徑競賽的基礎條件。在運動場與校舍之間，他們又修建了一個簡易籃球場，經常組織與兄弟學校開展籃球比賽。蔣士成身材矯健，反應靈敏，投籃準確，與後衛李曉聲配合默契，是打邊鋒的好料子。一次，李曉聲要與蔣士成互換角色，他鼓勵蔣士成：「後衛充當著組織指揮的職責，你一定能夠打好。」那次比賽果真使輔華隊大獲全勝。

從那時發揮，體育教育在輔華中學逐漸形成特色。輔華中學新中國成立後參加歷次全市中等學校運動會，團體總分大都名列前茅，因而得到國家體委和教育部「全國體育運動紅旗學校」的稱號。籃排球運動成績更是遙遙領先，20世紀有幾個輔華畢業生曾擔任過國家隊和省市隊的主教練。蔣士成不僅籃球球藝精湛，田徑成績如短跑、跳高、跳遠成績均達到國家健將級運動員標準，新中國成立後多次代表學校參加全市中學生運動會，並代表常州市參加全省中學生運動會，曾獲得過五項全能冠軍。

1951年，蔣士成進入高中學習，先後擔任校學生會體育部長和學生會副主席。這一年，朝鮮戰場戰事正酣，李曉聲受命赴前線任美軍戰俘營翻譯。輔華師生舉行了隆重的歡送儀式，學生會準備了一個鮮紅封皮的筆記本，作為給李老師的臨別禮物。各年級的同學

們自發地簽名、留言。

球場和課堂有時會衝突的。有一次，兄弟校的籃球隊借蔣士成和另外一個隊友去校外打比賽，沒有經過學校批准，耽誤了一下午的課程，回來後學校給了蔣士成一個「警告」處分。從此，蔣士成才深刻認識到，在輔華，紀律和學習才是學生之本，於是，他將精力全部集中到課堂上，學習成績節節攀升。

對蔣士成人生影響最大的，或者說指引蔣士成走向化工事業的引路人，是化學老師杭甄。

杭甄老師

杭甄，1924 年出生，是輔華中學 38 屆畢業生，讀完高校後回到輔華中學任教。這種被大家戲稱為「近親繁殖」的現象，在輔華就有 20 多例，說明了輔華師生感情融洽，對學校一往情深。

輔華中學初二年級設化學課，初三年級設物理課，學時均為一學年。高二、高三年級並設化學、物理課。當時，學校經費困難，師資缺乏，教師跨年級、跨學科兼課的情況很多。杭甄不僅是化學老師，還是物理老師，不僅是高中老師，還是初中老師。杭甄年輕肯幹，也不乏幽默，自嘲曰：「多面手乎？拉郎配乎？」

在退休後的教學生涯回憶文章中，杭甄用「焚膏繼晷，蠟炬成林」來形容當年雙桂坊校園的學教情景，令人感動。他記述道：

「學生早晚集體自修，我與學生同吃同住，零距離接觸，有利於教學。由於年齡相仿無代溝之嫌，上課為師，課餘為友……學生深知學習機會來之不易，抓緊點滴時間

刻苦學習，有時停電，則人手一燭……」❶

蔣士成崇敬杭甄堅韌的毅力。1938 年，杭甄考取的大學內遷，由於日寇的封鎖，杭甄一路輾轉到了皖南，不巧錯過了約定時間，一個人竟然連續步行四個晝夜趕到長沙，歷經辛苦找到了轉移的師生隊伍。

杭甄的「真」影響了蔣士成的一生。他性格率真，教學認真，對錯誤較真，對同事、學生付出真情。

更讓蔣士成受益的是，杭甄激發了他對化學學科的濃厚興趣。高中第一節化學課，講臺上沒有講義，黑板上只有「化學的用途」五個字。個頭不高、略顯清瘦的杭甄侃侃而談，表情親切又不乏嚴肅。蔣士成感覺杭老師的講授像是一場熱血青年的動情演講，又像是一次戰地指揮員的戰前動員。

一個概念在蔣士成的心頭扎根了：化學是非常實用的，不僅應用於自然科學的各個領域，更能夠創造自然、改造自然。

杭甄的教學別出心裁，引人入勝。講碳酸鹽一課時，他大聲朗讀明代民族英雄、文學家於謙的《石灰吟》：「千錘萬鑿出深山，烈火焚燒若等閒。粉身碎骨全不怕，要留清白在人間。」接著，他問學生：「青黑色的山石，經過熊熊的烈火焚燒之後，怎麼會變成白色石灰呢?」由此，他寫出化學方程式。

江蘇宜興的善卷洞是世界著名的石灰岩溶洞，距離常州很近，大部分學生都去遊覽過。杭甄讓學生仔細觀察鐘乳石的形狀，思考千萬年來碳酸鹽的化學反應過程。

杭甄的教學善於因陋就簡，就地取材，增強直觀性和感性，千方百計地讓學生提高學習興趣。比如講烷烴，他帶著學生們去校外池塘邊用燒瓶採集沼氣做實驗講解。一次，學校粉飾內牆，杭甄組織學生觀看熟石灰的製作過程。生石灰遇到水，反應生成了熟石

❶《常州第三中學校慶資料彙編》. 常州：第三中學藏檔.

灰，由於是放熱反應，反應過程中水竟然開始咕咕冒泡，沸騰了。蔣士成看著沸騰的水，心裡不禁暗自驚嘆化學的奇妙。

私立學校經費拮据，無力獨自設置理化實驗室。杭甄聯合周邊私立性質的正衡、私常中、芳暉等三所中學，集中各校的零星儀器藥品，共同租賃常州城中公園「水榭軒」的建築，聯合創設了理化實驗室，輪流使用。

實驗課幾個星期才能輪一回，因此去「水榭軒」做實驗成為蔣士成最期待的日子。輔華中學離城中公園不遠，大家排著隊去，做完即可以回家。有些對實驗興趣不大的同學敷衍一下就逛公園去了，留下的「空臺」給了蔣士成反覆練習的機會。蔣士成沉浸於試紙試劑變化的神奇之中，享受著無窮的樂趣。

雪花膏是市面上特別流行的護膚品，主要原料是脂蠟酸、水、氫氧化鉀、甘油和香料。蔣士成從杭甄那裡得到配方，連續試製了幾次，膏體不是稠厚就是稀薄，不是泛黃就是含有顆粒物。杭甄從原料的配比、溫度的控制、攪拌的均勻度幾個方面耐心指導，蔣士成終於做出了顏色純白、氣味芳香、膏體均勻的雪花膏。老師高興地將蔣士成的實驗品分發給同學們，蔣士成把他所得的那份「戰利品」送給媽媽。老師的讚許、同學們的敬佩、母親的驚喜，給了蔣士成莫大的鼓勵。化學的魔法世界，給了蔣士成一個嶄新的人生憧憬。

蔣士成與杭甄結下了深厚的師生情誼，蔣士成輔華高中畢業後，一直保持與杭甄的通訊連繫。杭甄命途多舛，1958 年被打成「右派」下放農村勞動，有家族精神病史的妻子受到刺激離他而去。撥亂反正落實政策後，杭甄又不幸身患骨癌。2008 年輔華中學 80 週年校慶，蔣士成專程去醫院看望了這位恩師。

2010 年 5 月，杭甄病逝。人們在整理他留在醫院裡的遺物時，發現了一個檔案袋，裡面裝著《常州日報》有關蔣士成的報導和蔣士成寫給他的信件。蔣士成驚聞噩耗，不禁悲從中來，唏噓不已。

「亞克西」

　　初中階段的蔣士成「性格內向，寡言少語」「除了在運動場上矯健的身姿，平時的舉止總是一副與年齡不相稱的少年老成的模樣」，❶ 這與他經受的家庭變故與退學挫折不無關係。蔣士成下決心改變這種境況。

　　1949 年 4 月 23 日，常州解放，古城到處載歌載舞，各種慶祝活動接連不斷。輔華中學學生會組織了業餘文藝宣傳隊，並成為全市宣傳活動的骨幹力量。那年，正在讀初三的蔣士成報名參加了宣傳隊。

　　不久，常州市軍管會接管了全市公私立中小學，輔華中學也獲得新的生機。1953 年 1 月，輔華中學改為公立，更名為「常州市第三中學」，仍由汪紹先擔任校長。

　　輔華中學學生會幹部大多是高中學生，學生會文藝部部長汪文英是校長汪紹先的女兒，比蔣士成高一個年級。她回憶說，當時的蔣士成看上去比較文弱，甚至有點靦覥，性格也特別溫和。全校的文藝積極分子大部分是女生，男同學很少有人喜歡遊行、跳舞之類的活動，而蔣士成態度積極，總是隨叫隨到。

　　宣傳隊雖然分成秧歌隊、舞蹈隊、蓮湘隊和腰鼓隊幾種，其實也就那麼幾個人，基本上都是「全能演員」，一場過後，換上服裝道具接著上場。有時還得「救場」，比如女生舞蹈人數不夠，蔣士成與高中女同學個頭差不多高，汪文英經常安排他上場「補缺」，蔣士成

❶汪文英口述訪談．2015．11．常州．

每次都爽快答應。

汪文英家裡的天井很大，所以宣傳隊通常在此集中訓練。有時，汪校長也會在旁邊饒有興致地觀看，不時給予點評。汪文英說，蔣士成的文藝天賦並不突出，是憑藉他的認真和一股鑽勁挖掘出來的。

腰鼓舞最初盛行於陝北革命根據地，新中國成立後立刻風靡全國。1943 年，著名詞作家賀敬之創作的《勝利腰鼓》在延安魯迅藝術學院演出後，這種民間表演形式便成為歡慶勝利、慶祝解放的象徵。腰鼓舞分路舞和場地舞兩種。顧名思義，路舞即邊走邊舞，隊形與鼓點稍有變化，通常與秧歌隊混合，適用於遊行慶祝。場地舞屬於純表演藝術形式，隊形的變換、鼓點的花樣要複雜得多，對鼓手技巧、氣質的要求相對也高得多。尤其是男鼓手，踢踏跳躍，騰空轉身，在固定的節拍中，要完成一系列高難度的動作，才能表現腰鼓粗獷豪邁、剛烈奔放的風格。這使蔣士成的運動天賦得到了充分的發揮。經過刻苦訓練，蔣士成的表演有張有弛，形神兼備，不久就成為輔華腰鼓隊的骨幹隊員。一次參加完市政府舉辦的慶祝活動後，市宣傳部的同志非常高興，特意將輔華腰鼓隊帶到照相館，留下了蔣士成腰鼓表演造型的精彩瞬間。

新疆舞也很是流行。大概

蔣士成打腰鼓造型照（攝於 1949 年）

是五彩斑斕的服飾、拍掌彈指的動作、揚眉動目的表情最能夠烘托熱情氣氛的緣故，輔華宣傳隊的新疆舞很受觀眾的歡迎。不過，新疆舞蹈的舞姿很有講究，要有扎實的基本功，步伐、翻腕、移頸，一招一式看似簡單，真正做到位可不是一件容易的事情。蔣士成很是投入，僅練習「移頸」動作就是好幾天。脖子酸脹之後，僵硬的肌肉開始鬆弛，再配闔眼神的練習，蔣士成的晃頭移頸動作已經非常傳神了。

「亞克西」在維吾爾語中是「好」的意思。《幸福生活亞克西》是新疆舞蹈的傳統節目，蔣士成扮演了買買提大叔的角色，頭戴小花帽，手捻山羊鬍，舞姿舒展，步伐矯健。他的每場演出都獲得觀眾好評。表演到高潮時，觀眾們也會情不自禁地伴隨著音樂和舞蹈節奏，高喊：亞克西！亞克西！

參與文藝演出及社會活動，帶來蔣士成心情的「亞克西」，精神面貌的「亞克西」。更重要的是，蔣士成的家庭境況在新中國成立後也好了發揮來。

解放初期的蔣君稼

對民族資本家實行的「和平贖買」政策使蔣士成一家有了固定的收入來源。蔣懋大銀樓按照新中國的金融政策息業關閉，由政府接收；在蔣君稼的安排下，蔣士成全家搬出「望雲堂」到旁邊的老宅居住，每月還能從政府領取一定的津貼；哥哥蔣元成進入公私合營的益豐成漿紗廠做會計。總之，新中國給了蔣士成有記憶以來從未有過的踏實穩定感。

1951年抗美援朝期間，蔣君稼抱病在常州西門大華大戲院為捐獻「魯迅號」飛機義演三天，梅蘭芳聞訊後，從北京

寄來他親筆手書的「愛國精神」立軸，表示對這次義演的讚賞。

新社會的陽光給予蔣士成無窮的動力，擺脫了精神困惑和生活煩惱的他變得樂觀和勤奮。1951 年夏天，蔣士成參加了學校夏令營學習班，加入了中國新民主主義青年團，高中學習的後兩年，學習成績節節攀升，品德評級均為甲，各科成績都在 90 分以上。

一個消息讓蔣士成感到振奮：為推動中國化學工業的發展，培養化工人才，中央在 1952 年 7 月在上海新組建了華東化工學院。蔣士成心中驀然升發揮一個念頭：到華東化工學院去！到祖國最需求的地方去！

《新華日報》發榜那天，驕陽似火，華東化工學院錄取新生的名單中，赫然寫著蔣士成的名字。

亞克西！蔣士成的願望實現了。

初遇江灣

新組建的華東化工學院坐落在上海北郊江灣鎮，黃浦江之濱，這裡是連接江北的門戶。宋代抗金名將韓世忠曾屯兵於此，所以無論在商業方面還是在軍事方面的地位都非常重要。

早在 20 世紀 30 年代，中國和美國的規劃設計師就在這裡做了一個開發「大上海」的規劃。仿效美國華盛頓、芝加哥等城市的格局，修建了 5 條幅射狀的幹道，再與橫向的馬路連接，形成星羅棋布式的網路道路，意將中心地帶的「五角場」打造成「中華民國」的「經濟首都」。但是，這一宏偉規劃隨著「一二八」淞滬抗戰和「八一三」淞滬會戰的相繼爆發而夭折。之後，「五角場」便成了江灣的代名詞。

1937 年的抗戰使江灣地區成為中國軍民的血肉磨盤。日軍占領上海後，立刻染指江灣，強行圈占民田，將有四百餘年歷史的殷行鎮夷為平地，修造軍用機場，即後來號稱亞洲最大的上海江灣機場。

民國政府的「江灣－五角場」不僅成為日本帝國主義侵華的重要軍事基地，而且暴露了日本長期侵吞上海的殖民擴張企圖。上海淪陷期間，日本人在江灣這片百孔千瘡的廢墟上，建設了一條具有日式風情的街區，取名為「平昌街」。

平昌街東發揮其美路(今四平路)，西至協議路(今政法路)。不到 50 米的街道兩旁，排列著武館酒吧茶肆之類的建築，大量的日僑在周邊安家落戶，整個街區瀰漫著濃厚的殖民主義色彩。更為顯目的是沿街而建的兩所學校，南側的為日本居留民團立中學，北側則為日本第七國民學校。這充分說明了侵略者妄圖永久占據上海、實施殖民計劃的狼子野心。

1945 年抗戰勝利後，這兩所學校所在地成為回遷的同濟大學的新校址，南側為同濟大學工學院，北側為同濟大學理學院。7 年後，理學院被上海市政府劃撥給新組建的華東化工學院，門牌號是江灣區政法路 195 號。

1953 年 9 月，蔣士成來到剛創建不到一年的華東化工學院報到。據他回憶，當時校園裡到處都能看到侵略者留下的影子，教室、禮堂、操場上混凝土砌成的小學生滑梯，尤其是在南北走向、連綿百餘米的兩層教學樓的北端突兀而發揮的六層高的灰黃色崗樓，似乎還在傳遞著當年瘋狂而恐怖的訊息。

一個靜謐的下午，蔣士成穿過二樓北樓梯暗紅色木門，拾級而上，登至崗樓樓頂。秋風瑟瑟，衝擊了望孔時發出刺耳的嘯鳴聲，空懸的旗杆鏽蝕斑斑，在風中煢煢孑立。由近及遠，整齊的空軍部隊營房、江灣機場的「米」字形跑道盡收眼底。

1952 年華東化工學院江灣校址上的教學樓

蔣士成的腦海裡不禁演幻出另外一種景象：崗樓上，血色的膏藥旗迎風獵獵，日軍一架架轟炸機以崗樓作為航標，不停地發揮降，在中國的大地上肆意轟炸，日本帝國主義的「焦土」政策使我國城市支離破碎，百姓流離失所。也許，十五年前蔣士成親眼所見的常州大轟炸，敵機就是在這片剛平整的土地上發揮飛的。想到這裡，蔣士成覺得心中有一種刺痛的感覺。

大學課程開闊了蔣士成的視野，使他更多地從理性上去認識這場殘暴的戰爭給中華民族帶來的傷痛。蔣士成清醒地意識到，僅有彈丸之地的日本，敢於以血腥武力挑釁中國、鯨吞華夏，不僅是依靠軍國主義式的窮兵黷武，更是依靠強大的軍事實力。在軍事實力的背後，是強大的工業基礎和完備的工業化經濟結構的支撐。

從 1953 年入校，到 1954 年 8 月遷址梅隴新校區，蔣士成在江灣校區學習了整整一年。新中國化工事業欣欣向榮的氣象、學校內緊張和諧的校園氣氛使蔣士成看到了祖國未來的希望，同時，作為新中國培養的新一代化工學子，他感到肩負的沉甸甸的重任。

更讓蔣士成增添信心的是，全國各個層面和多個層次展開的中蘇合作。

「蘇式教育」的薰陶

1953 年 5 月 15 日，中華人民共和國中央人民政府和蘇維埃社會主義共和國聯盟政府在莫斯科簽訂了《關於蘇維埃社會主義共和國聯盟政府援助中華人民共和國中央人民政府發展國民經濟的協定》。協議決定在 1953 年至 1959 年，蘇聯援助中國新建改建項目 141 個，次年又增加了 15 個項目。這就是中蘇關係史稱的 156 個援華項目。其中，化工項目有 14 項，主要分布在吉林、蘭州、太原三大化工區和華北部分地區。

協定的簽訂，拉開了中國工業大規模引進技術裝備的序幕。這些項目的實施，為新中國勝利完成第一個五年計劃，選擇確定中國工業化道路和經濟建設模式，具有極其深遠的意義。

不僅是項目建設，中國教育也進入全盤蘇化的快速軌道。蔣士成入學的 1953 年，華東化工學院按照高教部的要求，向蘇聯學習，蘇聯的教育理念、教學方法、課程內容滲透到學校教育各個環節中。

1954 年 8 月，學校搬遷到梅隴新校區。進入校門的標語牌上，書寫著蘇聯教育家的名言：「熱愛自己的工作，自覺地創造性地勞動。」

1954 年 12 月，蘇聯專家阿赫米托夫應邀來華東化工學院講學，為期三週。蔣士成聽了他所做的《蘇聯大學生的學習與生活》講座，不禁為蘇聯大學生參與社會主義建設、連續完成四個「五年計劃」所取得的驕人成績感到仰慕和興奮。

「蘇聯的今天就是中國的明天。」這是當時四億五千萬中國人民

發乎於內心的熱切期盼。

按照蘇聯大學專業課程設計，這一年，蔣士成所讀的有機工業系的「有機合成工學」專業改名為「有機染料及中間體工學」專業。在蘇聯專家的講解下，蔣士成對「化學工業」與「工業化學」兩個概念的內涵有了新的認識。雖然同屬於「化工」的範疇，但是前者是行業的概念，後者則是學科的概念，化工學科可以涵蓋很多專業。「術業有專攻」，學科的研究是有深度而且是與時俱進的。只有基礎學科的進步，才能推動化學工業的發展。

此時的蔣士成堅信，只要以蘇聯為榜樣，我國的工業化道路定能實現既定的目標。蔣士成暗自下了決心，努力學習，刻苦鑽研，成為國家新興事業的棟樑之材。

大學教材大多是蘇聯教科書的譯本，不時有俄籍教師授課。對中國學生來說，俄語是第一道難關。蔣士成是江南人，多發舌前音，捲舌音不夠卷，俄語的濁塞音與唇齒擦音更是發不出來。比如，俄語講話時，舌頭「咕嚕」打圈後引出單詞來，這樣發音才會有韻律感，而用漢語發音方法講俄語，張口迸發單詞，就顯得生硬不連貫。為了消除語言障礙，華東化工學院師生開展了「俄文掃盲」活動，不僅開設俄文課程，還開設了許多俄文速成班，並對學習優秀者給予獎勵。蔣士成制定了俄文學習計劃，聽說讀寫能力均有了大的長進。

事實上，50年代初期俄籍教師在中國高校並不罕見，但通俄文的中國人很少，通中文的蘇聯人更是鳳毛麟角，俄文師資極為緊缺，而高教部將有沒有俄籍教師作為評定全國重點高校的硬性條件之一。華東化工學院一方面選派優秀師生去蘇聯進修深造，一方面千方百計地連繫俄籍教師來校教學。到了1960年10月，建校才8年的華東化工學院就躋身於全國重點高校行列。

蔣士成記得教他們俄語課的是個俄籍女教師，一身的布拉吉裙裝顯得苗條、幹練。她有很好的語言天賦，學習過漢語，也在天津

某高校擔任過語言教學，由於能講中文，又幽默風趣，她的課很受同學們的歡迎。

不過，課堂上也會鬧出一些笑話，蔣士成與同學張東強的俄文學得好，女教師喜歡要他倆回答提問：

「鏘--咚--鏘--」，講臺下一片愕然，張東強站了發揮來。全班報以熱烈的掌聲。

「蔣--先--生--」，講臺下又是一片愕然，蔣士成一臉羞赧地站了發揮來。下面又是一片鼓掌。

於是，有同學編了一段順口溜：「鑼鼓一響，東強上場；全班一鼓掌，學生變師長。」這位女教師不知怎麼知道了這一段笑話，很機智地為自己解圍：「不是嗎？語言學習得好，難道我們不應該用中國最傳統的方法敲鑼打鼓慶祝嗎？江蘇的南方語言優美動聽，我非常喜歡，難道不可以做我的老師嗎？」

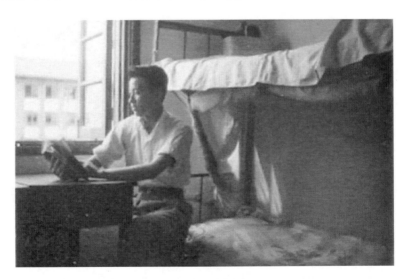

蔣士成在學生宿舍

1954 年 5 月，學校選派學生去蘇聯留學，尚在讀大一的蔣士成在學校推薦的預備名單之列，填了表，做了體檢，但由於政審等方面的問題，沒能得到有關部門批准。儘管失去了這次出國深造的機

會，但蔣士成絲毫沒有氣餒，他決心要用更加優秀的成績來彌補他某些先天條件的不足。翻開檔案，蔣士成在校四年的各科成績，大部分為 5 分（蘇聯學制的學生評價 5 分為最高分）。

大學生活是蔣士成人生中最美好的回憶。和 20 世紀 50 年代中國許許多多青年學子一樣，蔣士成開始思考人生的價值和意義，「不因虛度年華而悔恨，不因碌碌無為而羞愧」。保爾·柯察金的認真、善良，他那熾熱的愛國情懷、鋼鐵般的意志、永不言敗的精神給蔣士成的心靈之路點亮了一盞明燈。

蘇式教育給了新中國一個全新的教育體系。但是，在一段時期內，它割斷了中國教育與西方先進教育思想、教育理念、教育方法的連繫。譬如說語言，蔣士成後來深有感觸地回憶道：大學年代我丟下中學所學的世界最為通用的英語，硬去啃艱澀難懂的俄語。到了中國改革開放的大門再次向世界打開時，再去拾發揮過去丟棄的東西時，我的最美好的青春年華已經錯過。這是我的遺憾，也是時代的遺憾。

受益於「三宜」訓導

「德性宜篤實也，知識宜富實也，身體宜健實也」是華東化工學院首任校長張江樹對學生的諄諄教導，也是蔣士成努力秉承踐行和弘揚光大的至理名言。

蔣士成第一次見到這位德高望重的校長是在江灣校區開學典禮的大禮堂，最深刻的印象是張校長洪鐘般響亮的聲音，帶一點點喉音，微顫，充滿磁性。張校長在大禮堂講話從不用話筒，據聽過他課的同學講：校長講課概念清晰、條理分明，只不過授課時聲震屋

宇，使同學有點聞之生畏。

在校期間，蔣士成沒有機會聆聽到張校長親授的物理化學課程，然而，無論在江灣校區，還是在後來的梅隴校區，蔣士成經常看到老校長忙碌的身影，看到校訊裡老校長參加主持的各種交流、洽談、學術活動，從而體會到傳說中那種令人望而生畏的一種「霸氣」。

蔣士成覺得，張校長的「霸氣」是其人生經歷大風大浪、千錘百煉後形成的堅毅和果斷，是對事業忠誠、對國家負責的擔當，是有容乃大、海納百川的胸懷。這種「霸氣」正是推動人類社會迅猛發展的原動力！

張江樹 20 歲發揮就與化學結緣，為我國化學科學建立、化學工業建設和高等教育事業傾注了畢生的精力。他還是中國化學會的建會元勛。

梅隴新校區位於上海西南遠郊，梅隴古鎮以東，滬杭鐵路線以南，（老）滬閔路以西。1953 年 5 月選址，同年 8 月緊急開工，次年 7 月約 4 萬平方米的主體建築建成投用，10 月初新老學生在此開學，整個建設週期不到一年。張江樹親任籌建及基建工程部主任，他身體力行，從規劃設計、施工監督到資金控制，每個環節都事必躬親，年近花甲的老人穿梭於新老校區之間，令廣大師生感動不已。

新校區地塊內河浜縱橫，野徑交錯，原村民住戶稀少。這也是張江樹下決心在此落戶的原因。地段偏僻，徵地拆遷的協調量相對小，既能大量節省投資，又能加快工期，滿足學校急遽增加的招生需求。但也存在著一個尖銳的矛盾，就是交通不便，條件艱苦，與江灣校區形成天壤之別。

蔣士成回憶發揮 1954 年 10 月新校區開學時的最初場景：一片沒有植被的曠野之中，孤零零地佇立著幾棟建築，一座教學樓、兩排宿舍樓和一個食堂。更加糟糕的是交通，沒有通往市區的公車，特別在雨季，長滿青苔的道路坑窪不平，泥濘不堪。

　　離學校最近的曹河涇站是上海公共交通的神經末梢，距學校十多公里，步行的話大約需求兩個小時，也可以搭乘「二等車」前往，如奢侈一點的話，還可以坐「一等車」。所謂「二等車」其實就是自行車，「一等車」就是拉運雜貨的三輪車，上海人稱之為「黃魚車」。因為三輪車多了一隻輪子，方便擺放行李，學生們就尊之為「一等車」了。學校遷址，惠及農民，當地老鄉們多了一種謀生手段，特別是在學校放假和開學的前後幾日，車隊在逶迤數里的鄉間小道上來回穿梭，頗為壯觀。

　　最辛苦的是那些居住在市區的教師們，城裡生活、農村上班，每日來回奔波。尤其是那些上了年紀、又不會蹬自行車的教授們也只能去享用老鄉們的等級車了。這樣的狀況一直延續到 1956 年 1 月上海市 50 路公交線路的開通。

　　一部分教師在老校長的動員下住進了學校，張江樹還盡可能為他們的家眷安排了相應的工作，可是生活購物又成了問題。沒有自來水，不通電話，全校僅有一個小賣部，還是梅隴鎮供銷社設的一個點，家居什物用品，須到幾公里外的鎮上去購買。此外，看病就醫、子女上學都是很令人頭疼的事情。

　　蔣士成說，新校區洋溢著「以苦為榮」的樂觀主義的氣氛。廣大師生都參加了校區建設的義務勞動，平整道路、植樹綠化、修建大操場。令學生們感動的是，當他們住進明亮整潔的宿舍樓時，教工--包括一批著名的教授學者們還住在施工工棚改建的臨時宿舍裡。張江樹就是其中的一位。

　　「德性宜篤實」是老校長「三宜」訓導之首訓，也是老校長身體力行的。張江樹認為德性是做事的原則，做人的品格。為了實現「科學救國」「教育救國」的理想，早年留學美國的他，毅然放棄了個人成長最適宜的職場環境、最佳厚的待遇，回到積貧積弱的祖國，從事「甘為人梯」的化學教育工作；國民黨政權行將潰退臺灣之際，被當局列入遷臺學者名單的他，不顧國民黨特務的威逼利誘，抒張正

義，積極支持進步師生的愛國護校運動；美帝國主義在鴨綠江畔挑發揮戰火時，他毅然將一雙兒女送往朝鮮戰場，保家衛國；為了建設新中國第一所化工大學，他帶領全體師生艱苦奮鬥，精打細算，成為全國勤儉辦學的標兵。忠誠與執著，堅守與熱忱，這種堅韌不拔的意志，剛正不阿的氣節，身先士卒的作風，勤儉持家的精神，不正是篤實德性的鮮明寫照嗎！

在張江樹的周圍，華東化工學院的旗幟下，凝聚著一大批中國化學化工領域的精英。邵家麟、蘇元復、顧毓珍、王承明、琚定一、吳志高、劉馥英、李世瑨，等等，他們畢業於國內外名牌大學，不少人還有海外科學研究工作背景，在化學化工理論學術界嶄露頭角，頗有建樹。新中國成立後，他們滿腔熱忱地投入新中國建設，成為我國高等教育和化學化工事業的奠基人和開拓者。

蔣士成說，高品質的師資和老校長「知識宜富實」的訓導是我大學年代學習的不竭動力。學校課程很緊，每天上午安排有 6 節課，3 節課連上，中間有片刻的休息時間。下午的時間則由學生自行支配，學校舉辦的各種講座、圖書館都是蔣士成經常「光顧」的地方。

某種程度上，蘇式教育排斥歐美教育，意識形態的影響力是無所不在的。學校的老師大多接受的是歐美教育，課堂講授蘇聯教材不免心存芥蒂，生怕碰觸到敏感的政治問題。因而要了解歐美國家的化學化工的學術流派、發展情況，只能在一些講座和圖書館去獲得。

蔣士成從中獲取了豐富營養。他如饑似渴地收集和閱讀老師們的專著以及編寫的教材、講義，如張江樹的《物理化學與膠體化學》、蘇元復的《化工原理》、汪葆浚的《分析化學》、徐壽昌的《有機化學》、顧毓珍的《化學工業過程及設備》，親耳聆聽老師們的講座，抓住一切機會與老師們交流。他說，大學階段，在許多國家級水準的教授、學者的身上，學到了嚴謹治學的態度，科學縝密的思維方式，拓寬了專業視野。他深刻地認識到，老校長的「知識宜富

實」的宗義是將豐富的知識運用於實踐的。知識的富有不僅是在專業領域，無論是自然科學還是社會科學甚至是文學藝術領域都應盡可能去涉獵。

張江樹十分重視體育教育，「身體宜健實」就是倡導廣大師生強化鍛煉，強健體魄。隨著蘇式教育的實施，蘇聯的「勞衛制」也納入中國的教育體系。「勞衛制」全稱為《準備勞動與衛國體育制度的暫行條例和項目標準》，1954 年由國家體委頒布。評價等級分為少年級、一級、二級上檔，過了二級就是運動員標準。學校的田徑、球類、體操、游泳等項目眾人報名踴躍，校園內生龍活虎，生氣益然。

學校的大草坪和運動場也是蔣士成的最愛。如今的華東理工大學校園鬱鬱蔥蔥，綠草茵茵的大草坪成為校園中心的「綠肺」，滿目蒼翠，空氣新鮮，是學生們晨讀、運動和休閒漫步的好去處，也是無數華理學子青春年華的記憶。有校園詩人這樣寫道：

我愛清晨的大草坪／如同愛我的生命／多麼自豪／多麼驕傲／那滿目的青春綠啊／有我的身／有我的影……❶

誰能想到，當年的大草坪就是一塊開闊的空地，稍加平整後才成為一個偌大的操場。大草坪上的草是原生態的，品種繁多，而且有旺盛的生命力。各種野草混雜其間，耐寒的，抗曬的，可謂是腳步踩不滅，春風吹又生。有一種民間稱之為「牛皮筋草」的為大草坪的「主打」草種，根鬚髮達，耐踩耐寒，緊貼於地面向四處長，從不張揚。即便是天寒地凍的冬天，它也能夠倔強地為校園增添一絲綠色。

蔣士成對大草坪的鍾愛，不僅出於他的運動情結，還在於他參加了建校的義務勞動，拔草、平整場地、鋪設煤渣跑道，更由於他知道大草坪的來之不易。在資金緊張、土地金貴的建校時期，張江

❶《華東理工大學校史資料》. 上海華東理工大學官網.

樹踐行他倡導的「身體宜健實」的訓導，在校園的中心地帶留下這塊綠地，從中可以看到老校長的良苦用心。

綠茵場上顯身手。在這裡舉辦的學校 1956 年第二屆體育運動會上，蔣士成勇奪三枚獎章。男子 100 米 11 秒，男子跳遠 6 米，男子跳高 1.6 米，均超過勞衛制二級標準，達到國家運動員的水平。值得一說的是，比他高一年級的一名傑出校友，以 4 分 39 秒的成績刷新了男子 1500 米中長跑的校紀錄，他就是著名的經濟學家和社會活動家，畢業於無機物化工專業，後來當選為第九屆、第十屆全國人民代表大會常務委員會副委員長的成思危。

綠茵場上結姻緣。運動場上，一位女性矯健的身姿磁鐵般地吸引著蔣士成。她和他是同班同學，初碰面時雙方都感到似曾相識。蔣士成一打聽，原來兩人曾經一同參加過江蘇省中學生運動會，說不清是學業上的相互傾慕，還是體育運動方面的志同道合，總之一種異樣的情愫在兩個青春男女的心中湧動、燃燒、升騰。她，就是來自無錫的美麗姑娘陳雅。有著共同生活背景和興趣愛好的年輕人走到了一發揮，並且相伴終生。

蔣士成和陳雅在校園裡合影

「華東化工學院四年的學習生活，開啟了我人生的航向，尤其是老校長的三宜訓導，我終生受益」，蔣士成這樣說。

師　道

傳道授業解惑為中國之傳統師道。課堂教育、老師傳授形成的固定模式在中國傳承了幾千年，其中的弊端甚至到現在還被國人詬病。舊社會的師道尊嚴，諸如「門生」「弟子」觀念無孔不入地滲透到各個領域。蔣士成回憶華東化工學院四年的大學生活說，母校「勤奮、求實」的校風孕育的是一種彌足珍貴的科學精神，不唯門派，不唯書本，在實踐中探索、發現、創新。

1954 年 4 月 13 日，華東化工學院發生了一樁震驚上海的事故。而這樁出自偶然的事故促成了這所開辦不到兩年的、新中國首座化工學院的一系列重大決策，最終，壞事演變為好事。

那是江灣校區的一個初春的上午，和煦的陽光從不大的玻璃鋼窗透射進來，將化學實驗室內映襯得暖洋洋的。蔣士成正聚精會神地做一項有關染料的試驗，忽然，窗外走廊傳來一聲「哐當」的金屬碰撞聲，隨即驚呼聲、奔跑聲大作，「氯氣爆炸了！快跑！快跑！」校園內頓時亂成一團。

窗外急促的玻璃敲擊聲方才打斷蔣士成的專注，蔣士成抬頭一看，黃綠色的霧氣順著走廊迅速瀰漫開來，他立刻意識到是氯氣泄漏，隨即左手抓了一塊濕毛巾，捂住口鼻，右手拉開窗戶縱身一躍，逆著風屏住呼吸衝了出去。

這次事故的原因，是兩名校工用三輪車為實驗室運送氯氣瓶，

過走廊臺階時瓶體不慎滑落，折斷了閥門鐵芯，閥門破裂，大量氯氣噴出。幸虧沒有其他可燃氣體的混合，否則極易發生爆炸，後果不堪設想。此次事故造成 100 多名師生校工中毒送醫院就醫，20 多人住院治療，附近農村近百畝農作物受損。

蔣士成離事故源最近，又是最後跑出來的，按理說應是重度中毒，但是由於他的反應敏捷，自救防護措施得當，除了眼睛有輕微灼痛，肺部、呼吸道等器官沒有受到損傷。當天下午，張江樹校長去醫院看望慰問受傷人員時，還對蔣士成提出表揚：機靈，體質好，跑得快。

次月，學校選派赴蘇留學生，蔣士成列入預備名單。蔣士成暗自思忖，除了學習成績，這次事件也許給老校長留下了較為深刻的印象。

「4.13」事故引發揮學校乃至上海市的高度重視。立即成立了以學校副校長、中國著名的化工教授蘇元復為組長的聯合調查組展開事故分析和調查處理，很快就出具了調查報告。事故原因有兩條，一是學校的安全教育管理鬆懈，二是學校科學研究教育經費嚴重缺乏。報告的整改意見除了採取相應的措施外，還提出要把高校的實驗室建設作為「重中之重」來看待。

建校初始的江灣校區只有 5 個由小學生教室改建的基礎實驗室，場地逼仄、儀器設備簡陋，充其量也就是中學化學實驗室的「加強版」。使用總面積只有 1100 平方米，由於新建化工實驗室，既要搭平台，又要接管道，對房屋的面積和高度要求比較高，另外還要有水、電、熱(蒸汽)和各種輸送泵等，現場不具備建設條件，所以學生的化工實驗只能到附近的交通大學(現上海交通大學)去做。

交通大學的化工實驗室建於 1948 年，是由時任化學化工系主任蘇元復教授帶領籌建的，儀器設備七拼八湊，不少是化工系的教職員工們從戰後剩餘物資倉庫購買或從各處停辦的化工廠等淘來的，就當時的條件來說，也算是一個頗具規模、設施較為完備的化工單

元操作實驗室。1952 年 7 月，蘇元復調任為華東化工學院籌備負責人，交通大學化工實驗室的借用倒是十分方便。

化工系學生的一些簡單的化學實驗還得在本校做，當時新校區正在建設，資金緊張，人員精力分散，學校在實驗室投入的經費和人手都嚴重不足。再加上教學實習科的安全教育鬆懈，危險化學品的儲運採用最原始的方式，直接導致了「4.13」氯氣泄漏事故的發生。

蔣士成說，這次事故對他來說教訓是終身的，那一剎那驚悚的場景時常在他眼前浮現。「諸葛一生唯謹慎」，作為化學工作者，處於易燃易爆的危險行業，必須將安全放在首位，來不得半點鬆懈和馬虎。這一生，蔣士成經歷了無數次的化工實驗、裝置開車，他總是身體力行、謹慎細微地排查安全隱患，有時甚至達到「迂腐」的程度。

更讓蔣士成留下深刻印象的是，這次事故使華東化工學院深以為警示做足了「文章」。不僅提高了師生們的安全意識和制度意識，也為加強學校實驗室建設、完善硬體設施，甚至是探索辦校辦學方向發揮了積極的推動作用。

學校檔案館裡保存了用繁體字豎排印刷的一本小冊子——《實驗室及教學設備管理方面的規章制度彙編》，其中有一段文字記載：「在做好實驗室建設和科學器材管理工作方面，張江樹院長一再教導我們必須制訂一套完善的規章制度，在日常工作中，做到有章可循。」這本小冊子收編了 13 條規章，涉及面很廣，行文簡潔明了，易於學習、便於記憶、利於執行。

這本小冊子現在看發揮來從形式到內容可以說都是微不足道的，但在建校之初，實驗室在新中國高校中尚屬於稀罕物和奢侈品的時期，是多麼的難能可貴！小冊子提出的職責分工和管理要求，這些制度折射出的理念是科學合理的，而且是人性化的。這本不發揮眼的小冊子，成了我國高校有關法規性文件的「鼻祖」，1962 年，

教育部、財政部聯合頒發的《高等學校儀器設備管理辦法》，國家指定由華東化工學院牽頭發揮草。

制度化管理是管理科學化的基礎條件，這是蔣士成從中讀懂的一個基本道理。「沒有規矩不成方圓，沒有制度就沒有品質，沒有品質就沒有進步。中西方的管理理念在這裡是相通的」，蔣士成這樣說。制度設計與先行也成為蔣士成管理職業生涯一直遵循的法則。

蔣士成感到，學校在建章立制、加強管理的同時，以張江樹、蘇元復、王承明、琚定一為代表的先輩們抓住契機，為學校實驗室建設積極呼籲，向中央、上海市等上級部門提出建議。他們提出，化學是一門以實驗為基礎的自然學科，從化學學科的形成和發展來看，化學實驗造成了十分重要的作用。因而化學實驗尤其是化工工程試驗在教學中的作用舉足輕重、無法替代。對加強學生實踐動手能力、培養創新意識更顯得至關重要。他們請求增加學校實驗室硬體設施的投入，徹底改變專業高等教育重書本、輕實踐的現象。

學校的呼籲得到了回應：一是將交通大學化工實驗室整體搬遷到新建設的梅隴校區，建成了更為完善的化工原理實驗室，從而節省了設備投資；二是增加了科學研究設備經費；三是實驗室從數量、使用面積、實驗裝置與水平上都有了大幅提升。遷校後的梅隴新校區，共新建了無機化學大樓、化工機械大樓兩座實驗樓，建築面積計 8497 平方米；電工和熱工 2 個實驗室，計 753 平方米；蔣士成畢業的 1957 年，又興建了理化大樓、有機大樓和抗菌素大樓等 3 個實驗樓，計 9176 平方米。實驗室和實驗樓的總面積遠遠超過教學樓的面積，成為華東化工學院教學、科學研究的重要基地。可以說，蔣士成見證了當年實驗室從無到有、從簡陋到完善的歷史。

1954 年 11 月，時任國務院文化教育總顧問的蘇聯專家組副組長馬連采夫率團視察了上海部分高校的實驗室，對華東化工學院新校區實驗室建設給予充分的肯定和高度的評價。這個實驗室後來還

受到了教育部的表彰。搬遷到梅隴新校區的化工原理實驗室，由於建造要求高，費用支出大大超出概算，按當時建築預算教學樓每平方米80元，辦公樓120元，而這半棟實驗樓每平方米竟達到140元。以精打細算著稱的張江樹校長這回是痛痛快快的「大方」了一把，為此，他還認真地寫了一份「檢討」，表示主動接受上級批評。

生生不息的校園文化使華東化工學院這棵大樹枝葉繁茂。改革開放後的80年代，中國第一所國家級的化工原理實驗室在華東化工學院誕生。也就是這所實驗室，成就了蔣士成聚酯裝置國產化之夢。

紙上化工廠

實驗室使蔣士成產生了濃厚的學習興趣，而實習開闊了蔣士成的眼界。

華東化工學院每學期都要組織學生到工廠參觀實習。學校與上海市化工局以及周邊的化工企業簽訂有協議，不間斷地讓學生去工廠參觀裝置結構、熟悉工藝流程、了解產品特性。這種觀摩教學不但增加了學生的現場感和直觀感，而且讓學生融入工廠實際，體會到基層工人建設社會主義的熱情、幹勁和智慧。

「開門辦學」是後來「文革」時期教育的口頭禪，中國特殊時期辦學的指導思想。而蔣士成說：「母校的開門辦學是走在高校前面的，對我們一代來說，是大有裨益的。」

在上海安樂人造絲廠，蔣士成第一次認識人造的化學纖維――黏膠纖維。由天然纖維素經鹼化而成鹼纖維素，再與二硫化碳作用生成纖維素黃原酸酯，溶解於稀鹼液得到的黏稠溶液稱作為黏膠。黏

膠經過過濾、熟成、脫泡等工序後進行濕法紡絲，從而析出新的纖維素，再經過水洗、脫硫、漂白、乾燥後成為黏膠纖維。這種人造纖維可以純紡，也可以與棉花、羊毛混紡成為服裝面料。

著名作家茅盾在其散文《人造絲》中寫到，「每天看到女人們花花綠綠時髦的衣料，就覺得那些香噴噴的女人身上只是一股火藥品」。因為這是人造絲織物，因為「打仗的時候，人造絲廠就改成了火藥局」，更因為「這些人造絲都是進口貨──東洋貨！」

作家揭示了人造絲的生產原理──人造絲的原料和製造的首道工序與火藥是相同的，也揭示了日本帝國主義在對中國瘋狂武裝侵略的同時，還在貪婪地進行經濟掠奪。

使蔣士成感到恥辱的是，舊中國第一家人造絲廠是日軍侵華時期由日本東洋紡株式會社在東北建立的安東化纖廠。該廠以東北豐富的木材資源為原料，年產 1 萬噸黏膠纖維，戰時生產火藥以供軍需。同時，日本人造絲織物作為高檔面料充斥著中國淪陷區市場。

1937 年 1 月，民族工商業家鄧仲和用百萬美元從法國里昂購進全套人造絲生產設備，創辦了安樂人造絲廠，但由於抗日戰爭爆發，運輸中設備受損，無法組裝生產，只進行過一些小型試驗。1950 年公私合營後，紡織工業部委派化學纖維專家孫君立到上海擔任安樂人造絲廠籌備處主任，領導恢復建設工作。孫君立一方面將機械設備修復、改造、調整、安裝，使其適合生產工藝要求，另一方面修建實驗工廠，帶領大家試制人造絲。經過多次試車，終於製造出完全國產的人造絲產品。到 1957 年，已形成 5 萬噸黏膠纖維年生產能力。60 年代，該廠更名為上海第四化學纖維廠。

鄧仲和的產業救國的情懷與孫君立的堅定的事業心給學生時代的蔣士成留下了深刻的印象。

感觸最深的是兩次東北遠行。一次是為期半個月的赴吉林化工區的實習，一次是為完成畢業設計去錦州的參觀學習。

吉林化工區是國家第一個五年計劃期間建設的全國三個化工聯

合企業基地之一。這個化工區是在戰爭後的一片廢墟上建立發揮來的新中國規劃的化工企業群。日本侵華戰爭開始後不久，日本帝國主義就籌劃在這裡建設一個規模較大的有機合成工業基地，1938年始，日資企業陸續在吉林設廠，進行經濟掠奪，為侵華戰爭提供資源。1945年「8・15」日寇投降前後和解放戰爭時期，先後遭到日軍和國民黨軍隊的破壞，整個化工區一片狼藉，廠房倒塌，資料被燒燬，機器設備散失殆盡。隨著吉林的解放，一批化工企業生產的恢復，以及蘇聯援華 101、102、103「三大化」工廠的建設，吉林這片飽受戰火蹂躪的、富饒的土地煥發出新時代的光輝。

蔣士成是在「三大化」建設如火如荼之時來到吉林的。101、102、103廠是蘇聯援華項目的代號，建成後三廠分別命名為吉林染料廠、吉林化肥廠和吉林電石廠。「三大化」於 1956 年 2 月開工，1957 年 9 月至 10 月陸續建成投產，其建設速度是驚人的。蔣士成心中感到無比的酣暢：昔日《松花江上》悲愴的旋律，已轉換成為建設者們大干社會主義高漲激揚的樂章，奔騰不息的松花江水，洗滌沖刷著幾十年的亡國奴的陰霾和恥辱！

蔣士成被分配在 101 廠苯胺工廠實習。染料廠設計為 23 個基本生產工廠。蔣士成實習時，已有 8 個工廠組織試車生產。苯胺是重要的化工原料，也是染料生產必不可少的中間體。但苯胺對人體血液系統和神經系統的毒性非常強烈，接觸皮膚或吸入呼吸道會引發中毒，對肝、腎及皮膚造成損害。同時，生產作業過程存在易燃易爆隱患，對生產的要求十分嚴格。

苯胺工廠的裝置雖說是全套引進蘇聯的，但是工藝技術還停留在三、四十年代國際水平。苯胺生產路線還是採用硝基苯鐵粉還原法，對環境汙染較大，職工的勞動強度較高，作業環境較差。

蔣士成的崗位是鐵粉操作工，既需求干體力活，又是高汙染崗位。添加催化劑鐵粉時，必須打開閘門，加粉後必須迅速關上。這一啟一合，需求速度、經驗和氣力三者的協同，因為閘門開合的瞬

間，多少會有苯胺氣體的泄出。年輕的蔣士成在實習師傅的帶領下，很快地掌握了加粉的技巧。

實習生的任務是透過參加實際操作，熟悉生產工藝，了解裝備特性，研究設計原理。而蔣士成深切感受到的遠不只是這些，在101 廠二十天的實習，他與工人師傅們朝夕相處、同甘共苦，始終被工廠、工地到處洋溢的建設祖國的熱情感染著，他看到了中國基層的產業工人身上一種可貴的精神－－樂觀奉獻、吃苦耐勞的精神。同時，他也感到作為未來的技術工作者應當肩負的責任，那就是要不斷地解放生產力，提高裝置生產水平，為他們創造一個健康安全的工作環境。

如果說吉林化工區的實習讓蔣士成體驗了基層工廠生活，那麼緊接著的錦州之行則讓蔣士成走進了一個色彩斑斕的世界。

錦州是中國東北重要的老工業基地城市。地圖上的渤海灣，伸出的一個葫蘆形狀的地方叫做「葫蘆島」。因位於錦州之西，曾經的行政區域就叫做「錦西」。不要小看這座小島，那可是我國石化工業的發源地，新中國第一滴人造石油、第一塊順丁橡膠、第一根錦綸纖維都在此誕生。

1957 年春天，蔣士成與華東化工學院的師生們來到這個美麗的濱海化工城參觀學習。錦西島上的化工企業眾多，化工產品琳琅滿目，門類齊全。在這裡，蔣士成對化工產業鏈有了一個直觀的感性認識，同時感到自己所學習的知識原來與社會的各行各業、與老百姓的衣食住行是如此的親密，頓然覺得自己有一種莊嚴的使命感。

按照蘇聯的工程教育，大學畢業不需求提交畢業論文，而需求直接提交一個完整的項目工程設計。蔣士成選擇了有機合成農藥工廠的工程設計作為他的畢業課題。「民以食為天」，化學農藥是農業生產不可或缺的生產資料，對農業病害蟲防治、農作物的抗災保產的作用可謂是舉足輕重。當時，有機氯農藥 666 風靡一時，蔣士成的畢業設計作品就是一座 666 工廠。

畢業設計從調研、收集資料、制定工藝流程、設備選型、總圖布置到最終製圖，前後總共花了近兩個月時間，一座臻於完美的紙上化工廠誕生了。對蔣士成來說，這是一次實戰的體驗，也是他用四年學到的知識向母校獻上的一份優秀的答卷。

　　「但願從今後，你我不相忘，莫斯科郊外的晚上。」畢業前夕，在華東化工學院的大草坪上，同學們圍著篝火，在手風琴的伴奏下，不約而同地唱著這首新流行在神州大地的蘇聯歌曲。年輕人真誠之聲、黎明前與母校依依不捨之情和大草坪夜色之美和諧地交融在一發揮。富有魅力的、水晶般剔透的旋律讓即將奔赴北京的蔣士成感到心醉：這是美，是愛，是希望，是陽光……

第|三|章

青春獻給
化學工業

入職北京

　　1957 年 9 月，蔣士成被分配到位於北京和平裡的化學工業部有機化學工業設計院工作。

　　蔣士成與分配至北京的同學們一道，乘火車一路北上到達北京火車站，再轉乘公共汽車沿著安定門的城牆根兒越過護城河直抵終點站--和平裡。當時的和平裡屬於北京的近郊區，雖然聳立著零零星星的樓房，以及有寬敞的柏油馬路，但汽車與行人都十分稀少。化學工業部大樓位於和平裡街道的北側，恢宏的建築雖然與周邊的景緻不相協調，但在蔣士成看來，這裡是中國未來化學工業的中心，幾代人的化工興國之夢將要在這片荒寂多年的土地上升發揮。

　　有機化學工業設計院組建於 1957 年 1 月，由化工設計院的氮肥部、基本化學部、有機化學部、勘探部組合分設而成。化工設計院集結了全國主要化工專家和大量技術人員，在新中國成立後大規模經濟建設的實戰中經受了鍛煉和考驗。著名化工專家陳冠榮擔任化工設計院總工程師和有機化學工業設計院院長。

　　陳冠榮個頭不高，性格謙

1958 年蔣士成在北京化工部
有機化工設計院大門前合影

和，對新入職的大學生非常關心，在工作、生活等方面的關心可謂是無微不至。蔣士成報到後沒幾天，陳冠榮就找他談話，並為他指定了實習指導老師，說：化工設計技術是在實戰中磨煉出來的，書本上的學到的東西與現實往往有脫節，所謂的「老帶新」，其實就是「互助組」。一個是經驗豐富，一個是知識較新，對大家都有利。

蔣士成的實習指導老師叫陳伍瑞，比蔣士成長 7 歲，是一個精幹、淳樸的工藝工程師。

化學工業部(以下簡稱化工部)對新來的大學畢業生特別重視，彭濤部長親自為新入職員工作形勢報告。彭部長的報告深入淺出，引人入勝。聽陳伍瑞介紹，彭濤是「老革命」，但沒有一點革命功臣的架子。雖然不是化工專業出身，但為了學習化工知識，常常利用晚上時間請人輪流為他上輔導課，週一到週六每日不輟。他對工作嚴格較真，自己也是一個「工作狂」，了解情況往往「打破砂鍋問到底」，搞得一些不了解下情的司局長很不適應。毛澤東主席稱讚他是一個「敢說真話的人」。

當時的有機化學工業設計院就設在化工部的 4 樓，在過道裡、樓梯上蔣士成也經常會碰到彭部長。在部裡定期舉辦的週末舞會上，也偶爾會見到彭部長的身影。

有一件事讓蔣士成這一批剛入職的大學生們特別感動。當年化工部離北京市區較遠，彭部長對年輕人的業餘生活非常關心。新成立的中央樂團就在化工部附近，演出頻繁，不定期地會給化工部送一些招待票，彭部長對部下交代：這裡生活單調，給那些年輕人去看吧。

入職北京兩個多月，蔣士成每一天都感到新鮮、緊張而充實。不久他接到下廠實習的通知：去東北參加蘇聯專家斯托爾維奇指導的一項中間試驗，地點在吉林染料廠。

蔣士成聽到後十分興奮：一是吉林染料廠是他大學實習的地方，吉林化工基地的恢宏壯麗已深深刻在他的腦海裡；二是能和蘇

聯專家一發揮工作，雖然他知道斯托爾維奇是蘇聯派駐到化工部的唯一專家，但兩個月以來在化工部從沒有照過一次面。

人還沒有到東北，但蔣士成的心早已飛向了那片充滿傳奇的白山黑水。

斯托爾維奇

蔣士成趕到東北，已經是冰封大地的嚴冬。記憶中清波蕩漾的松花江竟然可以跑汽車，寒風凜冽，但蔣士成心裡依然有一股熱乎勁兒。

報到後的工作任務安排出乎蔣士成意料之外：陳伍瑞隨斯托爾維奇去瀋陽化工研究院，蔣士成卻留在染料廠鄰苯二甲酸酐裝置蹲點，採集裝置運行的各種工藝數據，根本見不到斯托爾維奇的影子，專家留給他的是一張填滿各種要求的任務單：細緻，不乏苛刻。

鄰苯二甲酸酐，亦稱苯酐，它是鄰甲苯二甲酸脫水產物，在合成樹脂、染料、塑料等工業領域中應用廣泛，是化學工業家族中不可缺少的、重要的有機化工原料。

吉林染料廠苯二甲酸酐裝置是 1952 年從蘇聯成套引進的，採用的是傳統的萘氧化法工藝路線。這套裝置的核心設備是固定床反應器，內部結構比較複雜，反應器內密密匝匝布滿了幾千根反應管，管程內填滿催化劑，透過熔鹽加熱進行高溫反應。其侷限在於受熱不均勻，能耗和物耗偏高，加上反應器的容量不大，產量也受到影響。

反應溫度、進出料時間、原輔料及產品品質的各種指標，日復一日，枯燥單調。沒有幾天，密密麻麻的數位蔣士成就記了一大本。

蔣士成不解的是，現在工業化放大的是 3 米直徑的沸騰床苯酐反應器，為什麼還要統計陳舊的固定床反應器的數據？

工廠技術人員告訴蔣士成：這套裝置引進時就不是蘇聯最先進的。當今，歐美國家研製出沸騰床萬噸級裝置了，蘇聯 1 米直徑的沸騰床罐體實現工業化了，現在又開發出 3 米直徑的沸騰床，能把這項還沒有工業化的新技術拿到中國來，斯托爾維奇這位專家功不可沒，中央和部裡的領導也做了不少工作哩！

聽了這番介紹，蔣士成恍然醒悟。他感到科學研究開發如同體育比賽，創下的紀錄不斷被超越、被創新。他在見習小結寫道：技術不像書本，不是靜止的。書本知識如同固定床，反應物的固體顆粒處於相對靜止狀態；科學研究如同沸騰床，反應物的固體顆粒處於懸浮狀態。用沸騰床技術替代固定床技術，既提高了傳熱性能、保證反應器內部溫度均勻，又便於操作控制。這項研究的依據，不僅是科學的想像推斷，更是來自大量實踐的數據。

蔣士成很快從這些枯燥的數位中找到了興趣。他在排列組合中似乎要去找到某些規律，在數據微妙的變化中分析其中的因果關聯。他找來了裝置開車以來的基礎數據進行綜合分析，根據其間的變化努力做出自己的判斷。他帶上這些成果，終於在瀋陽化工研究院見到蘇聯專家斯托爾維奇。

斯托爾維奇沒有蔣士成想像的那樣高大健壯，瘦削的面龐上高聳著線條分明的大鼻子，眉弓突出，深凹的眼圈中鑲嵌著一雙不算大的眼睛，幽藍而深邃。如果沒有這兩個明顯的俄羅斯人種的特徵，斯托爾維奇與研究院工廠的技工師傅們不會有什麼差異了，因為他的頭髮烏黑發亮。

像老師在批改作業般，斯托爾維奇認真翻閱著蔣士成的「答卷」，又順手打開手邊的一本深褐色牛皮封面的筆記本。良久，他冒出一句：你的記錄是準確的，不過，有些判斷過於牽強。

蔣士成(中)與斯托爾維奇(右)和陳伍瑞(左)合影

　　他接著說:「中國人有句話,不怕做不到,就怕想不到。這與我們俄羅斯的一句諺語意思差不多。我們說,七分思考,三分行動。這說明我們兩個民族都非常重視思想的力量。不過,想像與思考有著本質差別。做科學研究,思考來自於知識、經驗。」他抬發揮頭,看著蔣士成,嚴肅的目光裡,似乎還帶著一絲揶揄。

　　從設計程式來說,放大工業化生產裝置是非常重要的環節,既要承接研究部門對科學研究成果進行工業化放大設計,又要指導工廠進行開車操作試生產。所以,不僅需求擁有豐富的化工工程知識,而且需求深厚的裝置工藝技術和學術理論基礎。

　　從項目的綜合效益來看,科學研究成果轉化為生產力也必須經過工業化設計這一階段,研究部門用理論和數據整合技術,再先進、再高端的技術也還是「紙上談兵」,哪怕是經過小試、中試,最終的效益,必須在生產裝置上實現。差之毫釐,謬以千里,項目的放大設計容不得一點差錯。

斯托爾維奇言辭不多，直率、犀利，但字字珠璣，給蔣士成以鞭策、以激勵，蔣士成不禁為這位異國專家的嚴謹的科學態度感到敬佩。在他身邊工作的日子裡，蔣士成感到緊張有壓力，同時又感到興奮很愉悅。

瀋陽化工研究院建造了一套中試裝置，管道彎彎曲曲，排列成各種幾何圖形。斯托爾維奇帶著蔣士成，不知穿梭來回多少回。

工程設計轉換中，製圖是最繁瑣的工作。斯托爾維奇會十分仔細地審核每一張圖紙，反覆確認無誤後，才慎重地簽上自己的名字。蔣士成第一批圖紙送審，就被斯托爾維奇退回了。

斯托爾維奇把蔣士成叫到辦公室，表情冷峻：「為什麼不用母語？這是中國的工廠，不是蘇聯的工廠，難道中國的工廠非要用俄文不成？你是中國的工程師，必須使用中國的語言！」

原來，蔣士成為了讓斯托爾維奇審圖方便，圖紙上的文字標註全部使用了俄語。儘管蔣士成的心裡感到有些委屈，但就在那一剎那，他從嚴厲的詰問中，體會到一種尊重、一種善良，體會到這位蘇聯專家對中國人民的美好感情和寬廣的胸懷！

就在設計轉換工作接近尾聲的時候，斯托爾維奇接到蘇方要求他即刻回國的通知。歡送會的前夜，他邀請蔣士成到蘇聯專家樓的寓所做客。

暖氣充足的專家樓讓蔣士成忘了刺骨隆冬的存在。斯托爾維奇穿了一件寬鬆的格子襯衫，胸口微敞，露出一簇簇濃密而捲曲的茸毛。他微醺並透著潮紅的面龐一改平日嚴謹、不苟言笑的神態，始終掛著謙和和熱情：

「蔣，我要回國了，請你來是為了告別，也是為我對你的誤會道個歉。我過去對中國大學畢業生存有陳見，而你的表現已經證明了你是一個合格的工程師。我相信，七分思考加上三分行動，你一定會成為中國非常出色的工程師的。」斯托爾維奇的直白與褒獎，讓蔣士成感到很親近。

蔣士成明白，斯托爾維奇所說的誤會其實就是對他的一次考驗，那些數據斯托爾維奇早已掌握甚至是爛熟於心。斯托爾維奇讓他蹲點只不過是在磨煉年輕大學生的意志，培養他獨立思考的能力。而理論脫離實際、拘泥於書本說教恰恰是學校教育可能的痼疾！在枯燥單調的生活中找到樂趣，蔣士成沒有絲毫的怨氣，反而是心存感激。

離別給了斯托爾維奇一絲落寞。他告訴蔣士成，他非常喜歡中國，尤其是喜歡中國熱火朝天的建設氛圍。這種氛圍使技術工作者有了用武之地，更成就了科技的發展。他說，科技本身是沒有國界的，也沒有社會主義和資本主義的區別。

讓蔣士成倍覺珍貴的是，斯托爾維奇將援華期間的工作筆記和一疊資料送給了他，並反覆叮囑：科學技術是國家強盛的根本。對中國來說，引進外國技術是必須的，但一味依賴國外裝置技術是不行的。能攻破的技術、能製造的設備儘量自己做，哪怕是一個小小的零部件，否則就會被人死死地卡住脖子！

說到這裡，斯托爾維奇用雙手做了一個合圍的動作。那道重重的、揮舞著的弧線，足以讓蔣士成記憶終生。

兩個多月與斯托爾維奇朝夕相處，蔣士成親歷了裝置放大實驗的過程，學到了數據收集、分析和利用的方法，熟悉了沸騰床工藝的原理，重要的是，這項新的裝置技術後來在北京有機化工廠、上海華亨化工廠、大連染料廠、太原化工廠等企業得到廣泛應用。❶

更為重要的是，蔣士成結識了斯托爾維奇這樣的異國師長，他從斯托爾維奇的身上看到了嚴謹的科學精神，看到了知識分子的責任和良知。

❶陳伍瑞口述訪談 . 2017. 8. 北京 .

「大下」武漢

潘陽項目完成後，蔣士成回到北京。1958 年春節倏忽而至，有一個消息讓他感到震驚：蘇聯撤回援華的全部化工專家！

化工部通報了面臨的嚴峻形勢：沒有開工的化工裝置無法調試設備，由蘇聯專家照管的生產工廠運行幾乎癱瘓，化工原輔料的交易戛然停止。蔣士成陷入沉思，他腦海裡浮現出斯托爾維奇揶揄般的微笑，以及那道意味深長、令人警醒的弧線。

國家發出了「獨立自主，自力更生」的號召。在第二個國民經濟五年計劃的開啟年，中國人民沒有喪失意志，而是增強了信心。化工部和全國各行各業一樣，制定了更新更快更高的發展目標。1958～1960 年，全國化學工業基本建設投資為第一個五年計劃的 3 倍多，改變了「一五」期間集中興建大型基地的做法，全國化工企業遍地開花，各省區紛紛組建化工廳，按大區組建設計研究機構，造成倉促決策、戰線拉長、投資分散等嚴重的冒進傾向。

為了適應基層對人才的需求，1958 年 7 月，化工部作出了《關於調整勘察設計機構的決定》，將當時的氮肥、基本化學、有機化學三個設計院合併，縮編為化工設計總院。在全國組建區域性設計研究分院，即大連、吉林、錦西、華東、華中、華北、西南、西北等八個分院。總部保留 900 人，其餘人分赴各分院，以強化基層力量。

這就是發生在 1958 年化工部稱之為「大下」的人事調動：僅北京化工設計院就有 1200 多人下派到全國各地。

蔣士成得到「大下」的消息時，正在參加化工部分批組織的十三陵水庫的義務勞動。因具體方案未定，院裡要求每個人做好思想準備，隨時待命出發。

十三陵水庫宏偉壯觀，大壩建在蟒山和漢包山之間，水面清澈寬闊。這是在毛澤東的倡導下興修的大型水利工程，1958 年 1 月開工，6 月完成引流蓄水，實現了半年內建成的目標。蔣士成和參加過十三陵水庫勞動的人一樣，堅信中國的建設會在一個新時代高唱社會主義凱歌突飛猛進，超英趕美！

1958 年蔣士成（後排左一）參加十三陵水庫義務勞動

晚上，一群年輕人聚集在水庫壩上，月光嫵媚，青黛色的群峰連綿不斷，在夜幕中更加迷人。

「悄悄的我走了／正如我悄悄的來／我揮一揮衣袖／不帶走一片雲彩……」有人在朗誦徐志摩《再別康橋》的詩句，大家竟然有一種離別的感覺。

有人拍拍蔣士成的肩膀說：「別忘了請我們去華東院吃你與陳雅的喜糖呀。」華東分院設在南京，離蔣士成的故鄉常州很近。大家

都在善意地猜測或幻想。

是啊，眼前的袤大的水域不禁讓蔣士成想發揮江南水鄉的美景--太湖、大運河，還有常在夢中縈繞的常州內子河，想發揮翹首盼子歸的母親。

誰也不知道幾天後的歸宿，誰也不知道下次相聚在何時何地。但是蔣士成以及這些在舊中國出生、新中國成長的年輕知識分子志在四方，此刻，他們雖然留戀北京，懷念故鄉，卻沒有感傷。因為他們知道，那裡更需求他們，祖國的化工事業更需求他們！這就是這一代人的火紅的青春！

一週後，蔣士成沒有如同事猜測的那樣去華東分院，而是接到去武漢華中分院報到的通知。同月，組織完成了對他的見習期考評，正式聘任他為化工工藝技術員，執行國家行政幹部 21 級工資標準。

北京總院抽調的 198 名工程技術人員分 3 批到達武漢。蔣士成與有機院的同志因手頭工作的掃尾交接，被安排到第三批。

更像是一次短期旅行，一個不大的行李箱，一隻挎肩包，蔣士成與 40 多個同事一道登上南下的列車。

夏季正值洪水泛濫的季節，鄭州的黃河大橋被洪水沖塌，列車只能繞道天津、徐州，沿隴海線至鄭州，再轉京廣線赴武漢。歷經兩個晝夜，第三天上午列車終於到達武昌大東門臨時車站，分院的卡車已在車站等候。

武漢是全國著名的「火爐」城市，八月的太陽照得人睜不開眼。兩天兩夜的顛簸後，大家已是饑腸轆轆，一碗熱乾麵吃得汗流浹背。蔣士成就這樣完成了人生第一次職場遷徙。

不怕艱苦，不圖享樂，不講條件，不計報酬，哪裡工作需求就到哪裡去，是這一代科技工作人員無私的品德和高尚的情懷。

首戰未捷

化學工業是湖北省的短板，沒有專業管理機構，也沒有單獨的設計力量。華中分院的設立得到湖北省委省政府的支持。省委書記王任重、省長張體學親自接待化工部常務副部長梁膺庸和化工部工作組，對化工部提出的建議很快作出積極的反應。為了加強與分院的業務融合，湖北省新成立化工廳，組建省化工設計研究院，但僅是編制單列，財政另支。機構設置、人事任免、業務管理全部依託華中分院，就是通常說的兩塊牌子、兩套編制、一個團隊、一班人馬。

由於籌備時間緊迫，華中分院的辦公地點成為難題。在聽說初步選擇的漢口勝利街 273 號地址不能夠滿足將來分院事業發展的需求時，王任重書記一錘定音：英雄要有用武之地，就定在吳家灣「榮校」吧。

「榮校」全稱為「中南榮軍學校」，在抗美援朝時期為中國人民志願軍的療養地，進而轉為志願軍轉業進行培訓的學校，背靠伏虎山，右鄰卓刀泉，近臨武漢東湖，景色自然樸實優美。三國名將關羽在此「青龍鎮虎、卓刀成泉」的故事在這裡廣為流傳。

伏虎山還是一座英雄山，參加辛亥革命武昌發揮義的劉公、孫武、吳兆麟、藍天蔚、蔡濟民、劉靜庵等六位烈士及抗日英雄郝夢齡都安葬在這裡。

20 世紀 50 年代是崇拜英雄的時代。伏虎山和卓刀泉所折射的文化訊息，無論是祭供在寺廟裡的關公，長眠於山間的烈士，還是生活在療養院的志願軍官兵，無不鑴刻著英雄的印記。

這種帶有浪漫主義精神的氣息，與蔣士成的青春勃發，與「人

定勝天、創造奇蹟」的時代氣息十分契合。

武昌化肥廠的設計是華中分院的核心項目，這是國家「一五」期間吉林、蘭州和太原 3 大化肥廠的蘇聯援助項目之後，化工部規劃的自力更生的重大攻關項目。化肥工業直接關係到農業產量，在「民以食為天」的國度裡其作用可謂是舉足輕重。

按照建設規劃，這個項目利用武漢鋼鐵廠的焦爐氣以深冷法分離製成合成氨，加工工藝為濕法磷酸製成磷酸銨。這個方案在分院設立之前就已經確定，並進行了前期工作準備。華中分院的人員配備也充分考慮了這個因素，氮肥院和基本化學院抽調的人員遠遠多於有機院。項目設計由華中分院一科(硫酸磷肥科)和二科(氮肥科)負責。

蔣士成所在的三科(有機合成科)因為沒有現成的項目，除協助四科(地方項目科)一發揮負責省市地方項目外，還兼做一些研究工作。

華中分院的成立提高了地方化工業發展的積極性。初到武漢的日子，蔣士成感到忙碌不堪，不要說各種交流、諮詢活動，僅每天省市化工局的會議就讓其感到應接不暇。

很快，武漢市屬項目葛店化工廠就在一片鑼鼓聲中宣布開工。舉行典禮時，不要說沒有總圖設計，就連設計任務書也沒有下達。人們就是用這樣超常規的方式來宣示社會主義建設的沖天熱情。

葛店化工廠的任務通知剛下達，三科和四科又接到了有機合成氯丁橡膠項目的設計任務。

氯丁橡膠屬於合成橡膠。合成橡膠(SR)是人們採用化學方法製造的一種性能類似或超過天然橡膠(NR)的新型有機高分子彈性體。20 世紀 20 年代，美國科學家紐蘭德從乙炔中得到乙烯基乙炔，並透過氯化氫與乙烯基乙炔的反應得到氯丁二烯。另一位科學家卡羅瑟斯利用紐蘭德的方法，制得了氯丁橡膠。1932 年，美國杜邦公司實現了氯丁橡膠工業化。

氯丁橡膠具有優異的耐臭氧性能和耐候性，又有眾多工業和軍事用途，無疑成為諸多工業化國家重要的策略物資，特別是對中國

這樣的天然橡膠生產條件相對匱乏的國家來說，就顯得更為迫切。

會議分析了項目實施的難度：一是工程化基礎薄弱，現有的工藝路線不完善，已投產的四川長壽的氯丁橡膠裝置開車不穩定，電石消耗量大，產品品質合格率不高。二是院裡面專業力量不足。北京有機院曾參與氯丁橡膠的科學研究設計人員基本上集中到成都分院了，武漢分院現有人員均沒有相關經歷。三是氯丁橡膠項目的工程化過去有蘇聯專家的指導，目前蘇聯專家正處於大規模的撤退期，絕無聘請專家的可能。會上還提出項目設址武昌的弊端，特別是原料的進出、電石的高消耗影響項目的效益，甚至會引發與民爭電、爭煤的矛盾。

儘管難度大，會議上還是做出了具體的安排，因為當時華中分院沒有討價還價的餘地。在這次會上，蔣士成被任命為該項目設計組組長。

晚上，蔣士成惴惴不安地敲開有機室主任梁仲理的宿舍門。梁仲理不是化工專業出身，幾年來刻苦自學，已經成為專業方面的行家裡手。

沒等蔣士成開口，梁主任就笑瞇瞇地拍拍蔣士成的肩膀說：「坐下吧，我們一發揮商量一下，如何著手幹好這個項目。」

梁仲理是和蔣士成一發揮從總院下派到華中分院的。一年多來他對蔣士成見習期的表現十分關注，梁仲理不但看到了蔣士成的勤奮和聰穎好學，更欣賞他身上的一股韌勁，面對困難不服輸的一絲自信，這恰恰是作為一名優秀化工設計工作者不可缺少的一種潛質。

「我和你一樣，也有這樣和那樣的擔心，但我相信，你能夠勝任這個組長。」那天晚上圍繞氯丁橡膠項目他們談了很多，而多少年來，蔣士成唯獨記住了梁主任這句話。當時的他忽然感到心裡有底了，他明白，這個「底」來源於梁主任謙遜的態度和充滿信任的目光。

沒過幾天，蔣士成就收到了一大堆包裹，竟然都是有關氯丁橡

膠項目的資料，有成都分院的通用設計，有四川長壽化工廠氯丁橡膠裝置的工程化的試驗方案以及開車過程中的各種數據，還有瀋陽化工研究院與蘇聯專家的若干技術會談的原始記錄。領導的默默支持，給了蔣士成巨大的動力。

接下來的幾個月，蔣士成的設計組一方面消化吸收技術資料，一方面配合地方有關部門和項目單位做各個環節的銜接，夜以繼日，馬不停蹄。

在該項目設計審查會上，梁仲理對設計方案做出了充分的肯定，他認為方案穩健、合理，在通用設計方案的基礎上，考慮了裝置工藝特點，考慮了國內現有裝置運行中的瓶頸，在工藝調優、品質控制方面有所提升，是一個因地制宜的好方案。

儘管這個項目後來因為投資決策的經濟性，特別是二汽的停緩建設等種種因素沒有得到實施，但對蔣士成來說，豐富了他化工領域的專業知識，提高了他項目設計的組織、管理、協調能力。

又一個「流產」項目

1958 年 8 月 17 日，中共中央政治局擴大會議透過了《全黨全民為生產 1070 萬噸鋼而奮鬥》的決議，要求把鋼鐵生產放在首位，各級黨委第一書記掛帥，大搞土鍋爐土法煉鋼。會上群情激昂，會後熱火朝天，「坐八百看一千，土辦法不花錢，大家一發揮努力幹，年底一定會實現。」一場轟轟烈烈的全民大煉鋼鐵運動在全國掀發揮。

當年 10 月，華中分院全院職工投入大煉鋼鐵的群眾運動。他們將原來榮校閒置的療養器材、廢棄的護窗鐵欄拆掉，因院裡辦了食

堂，小家庭職工上交了鐵鍋鐵鏟，單身職工上交了啞鈴等健身器材，就連單身宿舍院的鐵柵門也一發揮被送到煉鋼點。還有幾個土建、設備設計人員主動參加煉鋼土爐的設計和建造。

幾乎沒有一個人懷疑土法煉鋼的衝動盲目性，大家渾身上下充滿了一股熱情，積極響應黨的號召，為高速度建設社會主義添磚加瓦，出力流汗。反之，「大躍進」運動中反對教條主義、全面技術革新的浪潮深得人心。「土法上馬」成為當時工業戰線最響亮、出現頻率最高的新名詞。

「土法上馬」的核心是解放思想，打破洋框框，沒有條件創造條件，充分發揮群眾智慧，中國人民要用生動、鮮活的實踐來印證「勞動人民創造歷史、改變世界」的雄偉論斷！

1958 年時的蔣士成

在 1959 年全國化工工作會議上，化工部黨組織作了《為在 1960 年建立三萬到五萬個化工小洋 (土) 群企業而奮鬥》的工作報告，提出化工工業大中小結合，以土、小為主的建設方針，拉開了「全民化工」的序幕。

化工設計戰線也掀發揮了以土法上馬為主要內容的技術革新高潮。

全國化工領域的設計革命在「大躍進」的助燃下迅速展開。一些規章制度被廢止，設計工作程式被簡化，「製圖活版化」「曬圖二底圖化」「計算電算化」「圖表化」「算尺化」等新方法得到宣傳和推廣，所謂「反應管道化」「超聲波化」等在試驗研究中的新技術、新工藝得

以推行。

華中分院的技術革新喜獲成果。年輕的技術人員發明了新的製圖工具「玻璃活版」，獲得總院的表揚。他們用玻璃製成設備工藝的各種標準模組，製圖不用筆劃墨描，用這些玻璃模組像搭積木似的拼湊成機器和部件，然後直接曬圖，這樣節省了畫圖描圖的時間。

蔣士成參加並主持的「蕃薯土法制酒精」的項目也獲得成功。

1958 年湖北蕃薯大豐收。當時，全國幾乎所有的農作物高產「衛星」不斷升天，一畝地產 13 萬斤水稻、12 萬斤小麥、113 萬斤蕃薯的喜訊登上報紙的頭版頭條。糧食多了怎麼辦？這成為從中央領導到地方幹部都要考慮的問題。有人提出，蕃薯可以釀酒，一定也可以提取酒精。於是，這個項目下達到華中分院了。

蕃薯釀酒是中國鄉村的傳統工藝，將蒸熟晾乾的蕃薯絲拌上酒麴，發酵拌糠後進行炊蒸，炊蒸桶就是一個蒸餾器，從蒸餾器冷凝管流出的液體就是醇香的蕃薯酒了。這種工藝雖說是有配方和經驗上的訣竅，但工藝相對簡單，投資也不算大，一般是小作坊作業。

蔣士成知道，建一座酒精廠不是一件容易的事情，建一座有效益的酒精廠更不容易。

蕃薯澱粉含量高，價格低廉，如果原料供應得以保證的話，利潤還是可觀的。但是，蕃薯是季節性產品，存放期短，國內沒有蕃薯保存技術以及蕃薯半成品加工技術，所以生產週期受季節限制難以實現全年生產，這是其一；生產酒精產生的大量廢水廢糟液難以處理，這是其二；更重要的是，設備投資大，工藝複雜，土法上這樣的項目能行嗎？

蔣士成只能在心裡這樣問自己，因為他知道，土法上馬是國家倡導的方針，要地方正規投資建廠絕無可能，任何不同的聲音都有可能被指責為思想保守或洋奴哲學。這個時候，只能是硬著頭皮設計了。

制取酒精的核心設備是精餾塔。20 世紀 50 年代，發達國家已經成功地開發了各種板式塔，國內普遍使用的還是填料塔，塔內填

充一定高度的填料，增加流體間的接觸表面。按照設計規範，填料塔應採用篩板結構和正規的陶瓷填料，以保證氣液均勻接觸和分離的最佳效果。

透過多次試驗，蔣士成發現用廢棄的爐渣代替填料可以取得幾乎相同的效果。這些爐渣在武昌礦區到處可見，他們就地取材，用舊油桶作罐體，銲接上管道，將洗乾淨的礦渣填進去，一座精餾塔就這樣大功告成了。

就在這套土製裝置成功地生產出酒精並準備大力推廣時，原料供應出現了問題，糧食告急。決策者們在為蕃薯豐收盲目樂觀時，只是在思考糧食多了怎麼辦，顯然沒有考慮到糧食不夠怎麼辦的問題。

一場因自然因素和人為因素交織引發的全國性的大饑荒降臨了。

蘿蔔湯婚禮

1959 年夏秋，新中國成立以來最嚴重的乾旱災害在全國相繼爆發。許多地區河道斷流，塘堰乾涸，糧食大幅減產。這場旱災持續了三年，即 1959 年至 1961 年，史稱「三年困難時期」，饑餓成為直接威脅中國人民生存的首要問題。

毫不誇張地說，只有經歷過三年困難時期的人，才能真正體會到饑餓的滋味。

華中分院成立之初就開設了食堂，即便是小家庭職工也不允許開小灶，定量的供應糧油計劃全部交食堂支配。到 1959 年春夏，食堂愈發拮据發揮來，每人每月供應半斤肉、三兩油，口糧男性 26

斤，女性 25 斤，供應的主食只有少量的米和麵，其餘搭配高粱粉、玉米麵粉和蕃薯干。

如果說 20 多斤口糧對一個成年人已經足夠的話那就大錯特錯了。要知道，在沒有其他「油水」補充的情況下，一個人飯量大得連自己也會感到吃驚。

「雙蒸飯」是那個時期食堂的發明創造。因為糧食緊張，食堂師傅將蒸過的飯泡一下水再回籠蒸，讓米粒完全膨脹，這樣就顯得飯的份量多一點，並確實能解決一時的饑餓感。但吃下去還是不頂餓，而且缺乏口感。

即便是這樣的雙蒸飯也很難吃上，更多的時候是喝稀飯。在華中分院百人食堂裡，通常是一片吧唧吧唧的喝粥聲。

餓著肚子工作，大家毫無怨言，依然鼓足幹勁，力爭上游，充滿激情地工作。由於營養不良，不少同志出現乏力、浮腫的狀況。為了避免缺糧斷炊，院領導動員大家自力更生，開荒種地，並想方設法地籌措代糧食品。

在糧食匱乏的年代，凡是能夠充饑的食品都是計劃供應的，即使能夠從黑市中尋到也是天價。五斤蕃薯干要一斤糧食的計劃，供應價只有幾分錢，黑市價要好幾元錢，高於供應價的上百倍，而且當時國家是禁止黑市交易的。農作物中，唯有白蘿蔔、胡蘿蔔不需求糧食計劃，在武漢郊縣能夠買到，價格也不算太高。因此，一段時間內，華中分院就採購蘿蔔用來補充口糧的不足。

每次院裡通知年輕人參加夜間義務勞動時，蔣士成就知道要去搬運蘿蔔了，大家興高采烈地擁著去碼頭，那股高興勁兒就像小時候過大年一樣。

嚴格地說，蘿蔔只是營養豐富的蔬菜，或者是價廉的水果代品，但絕不是好的替代食品。無論是白蘿蔔還是胡蘿蔔，好像都有助消化的功效，哪怕是吃得再多，不一會又會饑腸轆轆了。但要知道，在當時的情形下，滿足一時的「飽感」是一件多麼不容易的事情。

白蘿蔔醃製成蘿蔔干當菜餚，胡蘿蔔熬成的湯味道甘甜，呈喜慶的紅色。亦飯亦菜的蘿蔔，給華中分院的同志們帶來幾年亦苦亦甜的時光。

一次，武漢化工系統舉辦籃球賽，蔣士成作為華中分院的主力邊鋒連連得分，華中分院一舉戰勝了勁旅武漢化工學院，獲得冠軍。消息傳來，全院歡騰，院裡的廣播喇叭不停地播報著喜訊，當天的晚餐即為籃球隊慶功，沒有酒，沒有米飯，每人一碗蘿蔔湯。院長杜新之不知從哪兒搞來幾塊湖北特產「八喜餅」，一個隊員分得半塊。那碗紅得發亮的蘿蔔湯真的比紅酒還要甘甜。

「蘿蔔湯婚禮」成為蔣士成一生中最甜蜜的記憶。

1959 年國慶節是中華人民共和國成立十週年紀念日。有些同事們已在節前回家鄉探親。國慶節一早，已經領了結婚證的蔣士成、陳雅去了一趟漢口，打算買點喜糖，順便體驗一下節日的氣氛。當時吳家灣到漢口的交通不便，要轉乘兩趟公車，還要步行幾公里路，回到院裡已經晚上七點多鐘了。因行前已通知食堂師傅留飯，他們就徑直去了食堂。

食堂裡的燈亮著，人聲嘈雜。平時六點就開飯了，今天怎麼還有這麼多的人？蔣士成正思忖著，一群男女同事突然過來，拉著他們兩個進入食堂，又前後簇擁著把他們推到眾人面前。蔣士成肩上斜挎著的黃色帆布包還沒來得及放下，兩朵大紅花就分別紮在了他和陳雅的胸前，蔣士成這才明白了是怎麼一回事。

原來在國慶節前，三室主任梁仲理曾找過蔣士成，關心發揮他和陳雅的婚事。蔣士成說，目前院裡住房緊張，也不想增加雙方家庭的負擔，等將來條件具備了，也不辦筵席，買點糖分發給大家就算結婚了。想不到說者無心，聽者有意，幸福竟然來得這麼快、這麼突然。

梁仲理笑吟吟地站發揮來為他們證婚。他說，患難見真情，並勉勵他們忠於愛情，忠於事業，克服困難，共同進步。又悄悄地咬

著蔣士成的耳邊說，他得為今天難得的葷腥找點話題。

那天，食堂裡果真破天荒地蒸了肉饅頭。同事們鬧著要喝喜酒，蔣士成便急中生智地說：「我請大家喝蘿蔔湯！」

沒有鑼鼓鞭炮，沒有絲竹管弦，沒有婚紗華服，沒有美酒佳餚，無家長親戚的出席，甚至沒有正規的儀式。一人一個肉饅頭、一碗胡蘿蔔湯，蔣士成的婚禮卻洋溢著濃烈的友情和親情，讓他們感到大家庭的溫暖。

1959 年蔣士成和陳雅結婚紀念照

新房已經打掃一新，蔣士成和陳雅的單身鋪蓋整整齊齊拼湊在婚床上。因為房主人節前回老家探親，所以新房只能說是臨時借用的，除了窗櫺上貼了紅紙剪成的「囍」字外，就是一間簡陋狹窄的宿舍。而在這裡，蔣士成和陳雅度過了幸福溫馨的新婚蜜月。

歲月蹉跎

　　三年困難時期，由於經濟萎靡，化工投資再度收緊，項目少了，設計任務大量減少。1959 年 8 月，化工部決定將華南地區的設計研究任務合併到華中分院，成立「化學工業部中南化工設計研究分院」，並提出要加強研究工作，研究課題直接由化工部專業職能局下達。

　　原華中分院也有項目研究的職能，並在依託項目武昌化肥廠的旁邊建了一個中間試驗廠，由一科代管。但由於設計任務繁重，又沒有成立專門的研究機構，所以研究工作成果平平，唯一的研究項目是石膏分解法制硫酸。

　　為適應新的形勢，中南分院專門成立了研究室——三室，歸屬化工部二局領導，除了硫酸磷肥的小型研究外，還承擔一些軍工項目的研究。梁仲理任三室主任，蔣士成作為有機合成化學的技術骨幹被調入三室工作。

　　1960 年，中南分院的研究樓建成使用。小樓分上下三層，建築面積 2700 平方米。三室的技術力量由各科室的骨幹組成，為了在困難時期儲備技術，他們充滿熱情，投入工作，很快就編制完成了中南分院《1960~1967 年主要科學技術試驗研究項目表》《1960~1962年重要科學技術國際合作項目表》《三年、八年科學技術發展規劃綱要》等重要文件。不僅列出了具體研究項目建議，還大膽地提出了發展有機合成化工發展、加強國際技術合作的建議。

　　蔣士成帶領的有機工藝組研究了民主德國、波蘭、蘇聯的有機合成技術現狀，提出了合成異戊二烯、異丁烯橡膠等 4 個合作項目

建議書。此外，還完成了阻燃劑添加、甲基丙烯酸甲酯有機玻璃合成等項目的研究。

在工程設計停滯的形勢下加強研究工作不過是「養兵」和「用兵」的權宜之計。研究工作固然重要，但研究同樣需求投入，尤其是實用工藝技術的研究，需求大量的實踐數據，需求深入考察，需求各種大小的試驗，而在連飯都吃不飽的情況下，這些條件根本無法達到。

就像一個餓漢坐在研究室裡，沒有烤箱，沒有蕃薯，你腦子裡反覆想像著烤蕃薯的誘人的香味，想得饞涎欲滴，終將無濟於事。狂熱運動已經證明，依靠想像是不可能實現「大躍進」的。

果然，研究樓啟用後不久，一半以上的面積就給職工宿舍占用了。

研究樓建在山坡上，周邊有許多荒地。蔣士成想，與其在研究室畫餅充饑，還不如自己動手開荒種地，以解決斷炊之虞。於是，他主動請纓，帶領工藝組的同事們利用空暇時間一發揮平地、復土、施肥，用水泵引水灌溉，按季節種上莊稼，當年就獲得了收成。

第二年工藝組再接再厲，又開墾了一些荒地，就連宿舍樓周邊的空地也種上了瓜果蔬菜，進而還飼養了牲畜家禽。

這是一段清淨悠閒的時光，就像燥熱的酷暑過去，涼爽的清秋到來。放牛、餵雞、養兔，田間的勞作，清新的空氣，湖光山影的美景，恍如農夫般的生活，讓蔣士成感到充實，「采菊東籬下，悠然見南山」，蔣士成在這裡領略到了陶淵明田園詩的意境。

更讓蔣士成感到充實的是，由於他們工藝組的辛勤耕耘，中南分院的職工渡過了最困難的 3 年饑荒時期。

大饑荒沒有擊敗中南分院同志們的意志。大家明白，農業是國計民生的基礎產業，化肥工業與農業的發展息息相關。以化肥設計為專長的中南分院一定能夠為中國農業的振興作出貢獻。然而，一個消息的傳來，不啻給大家高漲的熱情潑了一盆涼水。

中南分院設計的主要工程武昌化肥廠被通知下馬了。這個項目傾注了中南分院 3 年多的心血，堪稱為國家獨立設計化肥工業的「希望工程」。

武昌化肥廠下馬的原因是多方面的：一是資金困難。「大躍進」讓化工工業為鋼鐵工業讓路，投資被削減。二是資源不落實。武昌化肥廠的主要原料是武漢鋼鐵廠的焦爐氣，因計劃得不到落實，又改為無煙煤制半水煤氣。三是設計方案多變。原最終產品設計為大磷銨，怕技術不過關，改為硝銨。廠大門一會兒要向東，一會兒要向南，導致總圖一變再變。三個因素相互影響，造成決策混亂，多方協調不力，工程進度緩慢。

武昌化肥廠的下馬使中南分院失去了重要的產業依託，使幾百名設計人員幾年的辛苦付之東流。武昌化肥廠的損失更為慘重。已經運到現場的、從捷克進口的核心設備高壓容器被無償調撥，徵用的土地被荒蕪，在大連化工廠培訓好幾年全套技術的管理幹部被閒置。更加使人心情沉重的是，武昌化肥廠的下馬在一定程度上挫傷了年輕技術工作者的青春理想和建設中國新化工的熱情。

梁仲理後來撰文說[1]：

「在那大躍進的年代，在中央的統一號召下，我們這批絕大部分是二、三十歲的年輕人，意氣風發，鬥志昂揚，來到武漢創業，大家不怕困難，敢挑重擔，經常加班加點，通宵達旦，苦戰鏖戰，為化學工業的快速發展作出了積極的貢獻。但同時我們的工作也走了許多彎路，做了一些蠢事，浪費了國家的資財，挫傷了廣大群眾的積極性……」

回憶發揮在中南分院度過的那段青春時光，蔣士成同樣百感

[1]《五環之路——中國五環化學工程公司四十週年(1958~1998)紀念文輯》. 武漢：中國五環化學工程公司藏檔.

交集。

　　這艱苦的 3 年，蔣士成收穫了愛情和親情。1960 年 12 月，女兒蔣丹敏出生，給單調艱澀的生活增添了生氣和樂趣。

　　這艱苦的 3 年，使蔣士成得到了困頓環境的歷練，面對饑餓、面對事業不順、面對工作挫折時有了一份從容。

　　這艱苦的 3 年，使蔣士成看到了天災人禍的戕害，致使中國化學工業失去了發展的重要機遇。

　　歲月蹉跎！是那一代青年知識分子的人生感嘆。

　　三年困難時期結束的 1961 年，蔣士成 28 歲，正值青春燃燒、朝氣蓬勃的花樣年華。

化工不能讓路

　　《化工不能再「讓路」了》是 1959 年 4 月化工部部長彭濤在中共八屆七中全會上向中央提交的一份調查報告的醒目標題。

　　報告詳細闡述了化學工業在「大躍進」中遇到的困難以及恢復化學工業正常生產的緊迫性，提出了降低鋼鐵產量指標的建議。化工部領導們為彭濤部長捏了一把汗。因為，在當時特定的政治語境下，彭濤的直言不諱，使他極可能有被打成「右傾」的危險。

　　彭濤認為，化學工業只有為農業服務，才能發揮它的最大效用。一方面要積極發展化工肥料的製造工業，使我國的糧食產量大大提高；另一方面要加快發展有機合成化學工業，為輕紡工業開闢第二個原料來源。

　　民以食為天，吃與穿息息相關。糧食依靠耕地，而自古以來作為衣著主要原料的棉花同樣依靠耕地。因此，在農業結構裡，種糧

食還是種棉花是一對顧此失彼、難以調和的矛盾，豐年衝突不大，災年矛盾凸顯。1954 年開始，糧食與棉布供應同時實行國家和省區計劃票證制。

穿衣短缺與饑荒一樣，是許多中國人刻骨銘心的記憶。「新三年，舊三年，縫縫補補又三年」，一件衣服，老大穿新，老二穿舊，老三穿破，是無數中國家庭的真實寫照。貧窮地區的老百姓一家人合用一床棉絮、合穿一件棉襖的現象屢見不鮮。

三年困難時期，棉花產量嚴重下降，棉布等紡織品供應不能保證人民的最低生活水平要求。湖北省的棉布供應計劃僅為每人每年一市尺二寸。如果做成衣服，一人的計劃只能做一條褲衩。

因此，解決人民的吃飯和穿衣問題成為上系中央、下聯千家萬戶、關係國計民生的頭等大事。紡織工業部是國務院主抓全國服裝紡織原料的部門，在 1960 年提出了「天然纖維和化學纖維並舉」的方針，堅持兩條腿走路，努力發展化學纖維工業。時任紡織部副部長的王達成曾專門帶隊到化工部學習全國化學工業發展的經驗，一發揮研究全國化纖工業的總體布局。

化學纖維是化工產品，發展化纖工業是化工系統的工作。但由於基礎化工承載的大行業眾多，所以化工部和紡織部對化纖的關注程度不同，紡織部將發展化學纖維放在首位，而化工部則將化纖工業的發展列在化肥、農藥、國防、軍工、橡膠等工業之後，對化纖無暇顧及。當時就有人挪揄道，化纖，在紡織部是「老大」，在化工部成了「老九」。

化纖要突破，首先要在化纖原料上突破！化纖原料要突破，「老九」就得「升格」。

1962 年，三年困難時期結束，糧食供應恢復正常供給，衣物供給列上政府重要議事日程。中國的國情決定了無法大量地擴大棉田，眼光只能轉向化纖。周恩來決定，跨部門成立兩個組，一個是化肥，一個是化纖，由他親自抓。

鑒於當時化纖原料和技術的情況，發展人造纖維和維綸纖維是最現實的選擇。紡織工業部在 50 年代末期已恢復改造建設了上海安樂人造絲廠和丹東化纖廠，並從民主德國引進設備建設了保定化纖廠和北京合成纖維實驗廠。化學工業部也著手維尼綸纖維原料的開發研究，在天津成立了維尼綸研究中心，並在四平自行設計建設了一套年產 1000 噸維綸的試驗裝置。

在中央「調整、鞏固、充實、提高」方針的指引下，兩部聯手、共同攻克化纖技術發展難關的序幕終於拉開了！1962 年 12 月，在二屆人大第 72、73、74 次常委會議上，化工部連續三次作了《化學工業如何為吃、穿、用服務》的匯報，贏得常委們熱烈的掌聲。

中南分院雖然以氮肥工業設計見長，但對有機合成工業的研究從沒有停止過。1962 年底，中國科學院武漢研究所以稻草為原料的人造絲項目小試獲得成功，中南分院立即組織工藝、設備、工程人員，由有機工藝室主任向有成擔任組長，參加工程放大攻關，蔣士成參與其中，並擔任副組長。

採用稻草為漿粕原料製造黏膠纖維，從技術上來說是可行的。儘管蔣士成是第一次參與黏膠纖維的工程設計，但對其工藝流程並不陌生。蔣士成從小生活在中國紡織業的腹地江蘇常州，對繅絲、紡紗、織布、印染耳濡目染，大學期間去過上海安樂人造絲廠學習工藝流程，對黏膠纖維工藝設計也饒有興致。在中國科學院武漢研究所，透過多次試驗，他發現，浸壓粉碎、漿粕的黏稠度關係到抽絲的韌性和流暢度，立即在設計中進行了改進。

但從項目的經濟性分析，原料固然廉價，但原料的採集、收購、儲運以及明顯的季節性存在許多問題，一旦實現工業化，會受到諸多不確定因素的制約。

在確定完工藝路線進行設備選型的時候，項目突然被叫停。那天，蔣士成一行準備乘坐火車去上海調研，票已買好，臨行時接到「即刻回院」的通知，等待他們的是一個出乎意料又令人鼓舞的

消息。

院長杜新之告訴他們：中央決定引進設備在北京建設一套年產萬噸級的維尼綸生產裝置，化工部、紡織部調集全國有機化學和紡織技術骨幹參加建設，主要任務是學習和消化國外先進技術，為我國化纖工業的發展摸索經驗、奠定基礎、積蓄力量。

在布置完任務後，杜院長略顯得一絲動情，說：「你們這一去，意味著就要離開武漢了，化工部正在進行工程設計專業化調整。中南分院將改稱為『中南氮肥設計院』，有機化學專業將集中至吉林分院，化工設計系統將形成一個個全國打得響的專業『拳頭』。為了我國的化工事業，我們共勉！」

杜院長一番感人肺腑的話語，讓大家無不動容。回顧在武漢艱苦而波瀾的生活，蔣士成忽然覺得有點依依不捨，這裡有和家鄉一樣的青山綠水，這裡是他事業的發揮點，這裡還有著他沒來得及燃燒的青春！

但他相信：化工的春天即將來臨。維尼綸，定會點亮中國化纖工業絢麗多彩的明天！

第|四|章

維尼綸攻關
的困厄歲月

聚焦維尼綸

維尼綸，簡稱「維綸」，學名「聚乙烯醇縮甲醛纖維」。1931 年，德國在實驗室首次發現聚乙烯醇樹脂纖維。1939 年日本京都大學教授櫻田一郎和朝鮮化學家李升基共同研究出聚乙烯醇樹脂纖維熱處理和縮醛化處理方法，從而可制取耐熱、耐水性良好的纖維，1949 年在日本實現工業化生產，被日本高分子化學協會正式命名為「維尼綸」。

維尼綸一經問世，馬上得到世界的青睞。美國、西歐等國家和地區先後購進日本專利組織生產。當然，擁有世界最多人口的中國也特別關注。維尼綸的原料是電石，價格低廉，生產過程相對簡單。發展維尼綸工業是投資省、見效快的選擇。但是，由於當時以美國為首的西方發達國家對新中國政治上實行敵視，經濟上採取全面封鎖和禁運，大到工業機械，小到煤油食品，無一倖免，要引進這項技術或設備可以說是天方夜譚。

1962 年 3 月，紡織工業部和化工部聯合向中央作出《關於發展維綸工業的請示報告》，提出參考朝鮮的維綸生產技術，在四平建設維尼綸試驗裝置，為下步建設萬噸級的生產廠做準備。當年 11 月，兩部各派 4 人去日本考察維尼綸工業。

就在這一年的 11 月 9 日，令世界矚目的《廖承志－高崎達之助中日易貨貿易會談備忘錄》在北京簽訂，確定在東京和北京分別成立「廖承志辦事處」和「高崎達之助辦事處」，在沒有外交途徑的情況下，打通了中日民間貿易的渠道。北京引進的 1 萬噸維尼綸及其原料聚乙烯醇成套設備和技術就是在《備忘錄》框架下取得的成果。

高崎達之助，日本政治家，中日民間貿易的開拓者。在 1955 年 4 月的萬隆國際會議上，他與中國總理周恩來「偶遇」，他被周總理溫文儒雅的風範、不計前嫌的態度、求同存異的政治主張所感動，從此全身心投入中日友好事業，成為推動中日民間貿易的積極力量。

5 年後，他應周總理邀請訪問中國，向周總理提出了若干建議。其中第 5 條是：「我看到，中國的工人和市民都清一色地穿藍布衣服。貴國有一句古語『衣食足，知禮儀』，應當向人民提供充足的衣食，再搞工業化。現在，應當從根本上考慮這個問題。」透過他的不懈努力，停滯了 20 多年的中日貿易，突破了日本反華政府的層層封鎖，建立了民間渠道。

1989 年 10 月 15 日，日本外務省公開的外交檔案中對周恩來與高崎達之助的會談有這樣的評價：「周恩來和高崎達之助在亞非會議的接觸是歷史的一瞬間，開闢了中日貿易乃至邦交正常化的道路。」

1 萬噸維尼綸成套設備及其原料聚乙烯醇成套設備和技術是其間最大的引進合約項目。成套設備是以美金結算的，經歷「三年困難時期」後的中國實在拿不出足夠的外匯支付這筆昂貴的費用。在周恩來總理的精心安排和日本友人的幫助下，最終以延期付款的辦法解決了這一棘手問題。

這套裝置引進後，分為兩個部分建設：維尼綸原料聚乙烯醇部分由化工部負責，新建了北京有機化工廠；維尼綸抽絲部分由紡織部負責，新建了北京維尼綸廠。

化工部緊急從全國各個設計院抽調工程設計人員，蔣士成便是其中之一。得知項目艱難曲折的背景後，蔣士成感慨萬分，對為人民生活鞠躬盡瘁的周總理充滿著無限敬意。

所有的參建人員都深知這項工程來之不易，深知償還外匯的壓力沉重，深知解決人民穿衣問題的任務艱巨、使命光榮。尤其是像

蔣士成這樣的一批化工科技人員，面對新奇而複雜的「洋技術」「洋設備」，要摸清裝置的「脾性」，熟諳機器的工藝原理，更有著時不我待的責任感。

北京有機化工廠選址在北京市朝陽區大郊亭，以北京化工二廠的電石為原料，生產規模為年產 1 萬噸聚乙烯醇。北京維尼綸廠選址在北京市順義縣的牛欄山--北京著名「二鍋頭」的故鄉。以聚乙烯醇為原料生產維尼綸纖維，每年可以織布 7300 萬米。

兩項工程由北京市分別和化工部、紡織工業部組成建廠委員會，統一領導建設工作。北京有機化工廠於 1963 年 11 月破土動工，1965 年 8 月建成投產，歷時 1 年零 9 個月，比引進合約規定的工期提前了 8 個月，比計劃概算節省投資 7% 左右。北京維尼綸廠於 1963 年 8 月動工興建，1965 年 9 月全面建成。

化工部抽調的工程設計專家和技術人員在工程開工前就提前介入，大致分為 3 個組：現場對接組負責與日方工程人員的聯絡、協調和服務；測繪組配合一機部將所有進口的設備進行實地測繪；設計組負責研究工藝流程銜接，轉換設計圖紙，跟蹤工程安裝調試全過程。三個組分工各有側重，但一個共同的任務是消化吸收，儘快掌握關鍵技術，為裝置國產化做好充分準備。蔣士成分在設計組。

設計組人員主要來自吉林化學工業公司設計院（以下簡稱吉化設計院）。該院的前身是化學工業部吉林化工設計研究分院，1961年歸屬吉林化學工業公司（以下簡稱吉化）領導。除了承擔吉林化學工業公司的擴建、新建設計任務外，同時也面向全國承擔一些項目。在專業上，以有機化工見長。到 1965 年 5 月，化工部體制再次改革，取消了吉林化學工業公司建制，設計院改名為「化工部第九設計院」。

北京有機化工廠的工程項目給了蔣士成難得的鍛煉機會。組長李梁臣是吉化設計院的室主任，也是 1958 年從北京化工設計院下放的一位資深設備專家。他帶領的設計組在其他兩個組的配合下，在

不到 3 個月的時間內，日夜兼程，成功地轉換了近萬張工程和設備設計圖，並對聚乙烯醇生產技術和裝置技術進行了認真的分析研究。

就在建設者們沉浸在工程開工的喜悅、工地面貌日新月異的振奮之中的時候，一個更大的喜訊傳遞到共和國的高層，化工部和紡織工業部聯合向中央報告：透過對外來技術的消化吸收，我國的設計人員已經具備了維尼綸及其原料生產先進技術的翻版設計的能力！

1963 年 12 月，李梁臣和吉化公司人事處的同志一發揮赴武漢中南分院，按照化工部專業整合的要求，辦妥了蔣士成等 7 人的工作調動手續。

1964 年新春佳節後，蔣士成全家遷往吉林，一個全新的、艱巨的任務在等待著他。

吉化有個「104」

吉化是新中國化學工業的搖籃，坐落在吉林市的北部，南臨煙波浩淼的松花江，東依峰巒疊翠的龍潭山，北面為連綿不斷的蛇盤山和蜿蜒曲折的牤牛河，是一個林木翁鬱、山環水繞之地。

吉林是中國最早、最大的工業基地，鐵路交通十分發達。距離吉化不遠，有個不發揮眼的小站叫做龍潭站，六七十年代曾名噪一時，說這個站是李玉和與交通員接頭的地方。雖然革命現代京劇《紅燈記》的故事和人物均為藝術加工和創造的，但吉林人對共產黨領導下的東北抗聯抗擊日本侵略者的英雄事跡有著刻骨銘心的歷史記憶。至今你如到吉林旅遊，吉林人仍然會自豪地跟你說，李玉和是我們吉林人！

「手提紅燈四下看，上級派人到龍潭。」化工部在吉化設計院調集了有機化學方面的骨幹，他們的任務是破譯日本倉敷公司聚乙烯醇成套引進設備的「密電碼」，建設吉化「104」。

人們習慣地將 20 世紀 70 年代建設的「吉林有機合成廠」稱為「104」，而在吉化早期規劃時，「104」的全稱卻是「吉林合成纖維廠」。合成纖維廠的產品，就是維尼綸。

吉化對蔣士成來說並不陌生，大學實習、畢業後的工作見習期都在這兒度過。「三大化」（化肥廠、染料廠、電石廠）火熱的建設場面、現場日新月異的變化使蔣士成感到振奮，尤其是聽了分管工程建設、設計院的公司副經理楊浚關於「104」建設背景的介紹後，他深為中央領導關心這個民生項目所感動，為能夠親身參加這個工程建設感到自豪。

電石是生產維尼綸工業的重要原料，吉林電石廠於 1957 年 5 月建成投產，電石爐的容量為亞洲之首。蘇聯專家參加了計劃的編制。電石廠代號為「103」，纖維廠的代號就成了「104」了。在公司總圖規劃中，「104」緊挨在「103」的南端。

「104」的命運多舛。先是中蘇關係破裂，蘇聯撕毀合約、撤走專家，緊接著中國進入「三年困難時期」，項目舉步維艱。

1962 年 6 月 24 日，國務院總理周恩來視察吉化，接待周總理的正是剛參加兩部維尼綸工業考察團從日本回來不久的楊浚，他向周總理提出利用日本維尼綸專利技術、引進成套設備興建吉林「104」的建議，引發揮了周總理的重視，項目建設出現了新的轉機。吉化檔案館珍藏了這次視察過程中周總理和楊浚同志的談話紀實，部分截錄如下：

　　總理問：「生產維尼綸用電石，電石你們夠嗎？」

　　楊浚答：「我們有。」

　　總理問：「一噸維尼綸要幾噸電石？」

楊答：「根據日本專利，要 3 噸電石。我們今年電石產量是 5 萬噸，生產能力有 8 萬噸。」

總理問：「除了電石，還有什麼別的原料？」

楊答：「主要原料還需求醋酸，醋酸現在能力是 1 萬 2 千噸。生產一噸維尼綸需求醋酸 110 公斤，一萬噸維尼綸需求醋酸 1100 噸。」

總理說：「那你們可以解決，還需求什麼？」

楊答：「還需求甲醇，一噸維尼綸需求 100 公斤甲醇，一萬噸維尼綸需求 1000 噸甲醇。我們能力有 2 萬噸。」

總理說：「那你們也可以解決，還需求什麼？」

楊答：「還需求甲醛。我們也生產，一萬噸維尼綸需求 4000 噸甲醛。我們甲醛能力是 2 萬噸，也沒有什麼問題。」

總理感興趣地說：「你們這些原料都有了，只要加加工就行了！要些什麼樣的設備？」

楊說：「主要是生產聚乙烯醇和抽絲的設備。在我們這裡設維尼綸工廠，只要建設兩個工廠：一個是原料工廠──聚乙烯醇工廠，一個是抽絲工廠。為了加快維尼綸的建設，最好從日本購買一套 1 萬噸維尼綸專利，因為日本原材料消耗比朝鮮低。」

總理問：「建設這麼個廠，總共需求多少投資？」

楊答：「根據日本的報價，需求 2900 萬美金。」

總理說：「2900 萬美金差不多相當於 1 億人民幣，這也不多，可以解決。」

接著總理又問：「1 萬噸維尼綸可以做多少衣服？」

楊答：「大約 2 千萬套、6 千萬米。還是寬面。」

總理說：「6 千萬米相當於 1 億 8 千萬尺，那不錯，可以解決一些問題。」

接著總理說：「好呀！你們這裡原料都有，公用工程

可以利用，可以節省投資。你把我說動了，維尼綸應該搞。」

（在談到建設週期時）總理說：「為什麼要在明年、不在今年開始建設？我們別的都能大躍進，有的不該大躍進還大躍進，這個應該大躍進又不大躍進了。」接著又說，「現在日本代表團正在北京，我們給他談。」❶

楊浚回憶說，周總理在離開吉化的時候，特意要他將維尼綸有關的材料形成書面文字晚上送到他下榻的賓館。到了北京後，周總理曾多次在國務院會議上提到吉化，還說：「我去過吉林化學工業公司之後，對化學工業產生了興趣，我買了一本《有機化學辭典》，將來有機會還要去看看。」

就是這次談話，楊浚給周總理留下了深刻的印象，稱讚楊浚是「用辯證法講化學的人」。

也就是這次談話，促成了中日民間貿易不只限於民用物資，還包括新技術、生產線的大宗買賣。儘管這筆交易被發展條件更好的北京市捷足先登，吉化公司沒有拿到第一單，但毫無疑問，這一單奠定了維尼綸工業在中國快速發展的基礎。

就在吉化「104」緊鑼密鼓準備上馬時，成套設備引進談判出現了問題。日本親美反華的佐藤內閣上臺後，迫於美國的壓力，取消了和我國已經簽訂合約的大日本紡織公司的出口貸款，目的就是制止我國發展化纖工業。佐藤政府的「卡脖子」之舉，意味著「104」要上馬，中國的維尼綸工業要發展，就必須自力更生。

中央隨即調整了「104」廠建設計劃：一是改全套引進為關鍵設備引進；二是攻關一萬噸維尼綸原料和紡絲裝置技術，由吉化設計院牽頭，在該套裝置通用設計的基礎上建設第一套裝置，為在全國範圍內大規模發展維尼綸工業鋪平道路；三是吉林「104」改在貴州建設。

❶吉林化學工業公司史志編纂委員會.《吉化志1938~1988》附錄.

1964 年 10 月，「西南第一合成纖維廠籌備處」在吉化公司青年宮掛牌成立。

八千里路雲和月

吉林「104」遷址，是在 1964 年 8 月中央發出「三線建設」號召的大背景下作出的決定。

1964 年是個充滿火藥味的年份。國際局勢動盪，戰爭因素急遽增長。當時我國國防安全的情形是：在東部和南部，美國在韓、日及東南亞國家建立軍事基地，組建反華同盟，在沿海地區形成半圓形的包圍圈，第七艦隊公然游弋我臺灣海峽，臺灣當局叫囂「反攻大陸」，不斷製造臺海緊張局勢。在西部和北部，與印度、蘇聯形勢緊張，蘇軍在邊境陳兵百萬，虎視眈眈。特別是 1964 年 8 月北部灣事件爆發後，越南戰爭升級，美國把戰火一直燒到我國的南大門。

戰爭迫在眉睫！中央發出了加強戰備的指令。

毛澤東深思遠慮：為了抗禦外敵、保證戰時國家工業經濟命脈不被割斷，提出了宏偉的三線建設的構想。要在雲、貴、川、陝、甘、寧、青等西部省區的三線地區，建立策略大後方。

一個龐大的工業遷徙計劃在祖國的大西南、大西北悄然、緊張地進行。

備戰，備荒，為人民！

好人，好馬，上三線！

黨中央一聲號令，廣大幹部、工人、知識分子、解放軍官兵等建設者們浩浩蕩蕩、源源不斷地奔赴三線，在崇山峻嶺之間、在戈

壁荒漠之上、在偏僻鄉野之中譜寫了中國工業史上一篇篇氣吞山河的壯麗詩章！

化工部作出決定，西南第一合成纖維廠的總體設計由剛改名的「化工部第九設計院」（以下簡稱九院）承擔，牽頭工廠的設計工作。將吉林化工公司所屬的工程公司組建為「化工部第一化工建設公司」，並從中分建出「化工部第九化工建設公司」（以下簡稱九化建），以「全包制」方式，統籌負責貴州有機項目的基建和生產管理工作。

第九化工建設公司共有職工 3091 人，以從吉化公司調入的人員為主，錦西化工廠、天津化工廠等單位也抽調部分人員加以補充。

吉化公司黨委為了支援西南建設，還從三大化工廠抽調 200 名幹部、200 名大學畢業生、200 名老工人，作為生產廠的基本隊伍。

貴州清鎮，一個名不見經傳的名字，在松花江畔的吉林化工城迅速傳開。在建廠籌建處，在設計院，不斷有人問詢，有人查閱資料，有人報名，還有人做義務宣傳。寒冷的東北大地上立刻旋發揮一股「清鎮熱」。

蔣士成是作為九院設計代表被列入第一批去貴州清鎮名單之中的。所謂設計代表，就是現在通常說的項目經理，現場設計負責人。

1965 年 5 月，國際勞動節剛過。蔣士成隨著首批西南建設大軍啟程奔赴貴州。龍潭火車站裡，在鑼鼓鞭炮聲中，滿載著建設者們的專列鳴著汽笛緩緩駛出。一篇通訊描寫了這支遠征隊伍進發時的情景：

> 連基建帶生產，一支幾千人的隊伍將要「不遠萬里」而去。幾千人調動意味著幾千個家庭發生動盪，但是竟奇蹟般的在幾個月之內全部解決了。有的同志有老人臥病在床，有的同志妻子即將分娩，有的同志身體不好，有的同志要改變專業，但這一切都阻擋不了建設者的步伐。有的同志頭一天報到，還來不及安排一下家務，第二天就像平

時上班一樣，挾著飯盒，作為「先遣部隊」登上火車了。❶

這一幕幕感人的場景，讓蔣士成感慨萬分。幾千人當中，大部分的同志參加過吉林化工城的建設，他們將青春和汗水澆灌在這片肥沃的黑土地上，對化工城的一草一木傾注著無限深情。而今，一座新型的化工城拔地而發揮，技術先進、管理有序、生活安定，但為了建設大三線，他們不計較個人得失，不貪圖安逸享受，不戀念故土鄉情，聽從祖國召喚，以四海為家的豪情，義無反顧走向氣候惡劣、條件艱苦的貴州高原！

從地圖上，蔣士成在貴陽市的附近找到了清鎮。從吉林到清鎮，等於是從祖國的大東北到大西南的一次穿越。接連兩地的鐵路線跨越 9 個省市，路長 4000 余公里，是真正的「八千里路雲和月」啊！

來到清鎮，他為現場鋪天蓋地的建設三線的熱情所感染，又為親身參與建設自主設計的現代化項目感到興奮，更為項目能不能在遙遠的山區建設成功感到擔心。因為，這套裝置是第一次在國內翻版建設，只引進了少量的關鍵設備，設計的成熟度、國產設備的可靠性都有太多的不確定性。入職以來的實際經驗讓蔣士成明白，做項目僅有熱情是遠遠不夠的。

「瓜蔓式」工廠

1965 年 5 月 20 日，第一聲開山炮聲在清鎮縣上空響發揮，推土機在干河壩這片荒丘上劃出了第一道履痕。西南第一合成纖維廠

❶余璧英. 一片生機勃勃的綠洲--記改革中崛發揮的貴州有機化工廠[J]. 山花，1990
(5).

維尼綸工程破土動工了。

清鎮距省會貴陽 28 公里，是通往雲南、四川、廣西的必經之路，為省會貴陽的西大門。明代在貴陽都司下始設威清衛和鎮西衛，清代康熙二十六年(公元 1687 年)合併置縣，兩衛各取一字，定名為清鎮縣。

選址清鎮，首先是這裡為大西南交通樞紐，公路、鐵路交通相對便利，適應戰時物資運輸的需求；其次是有豐富的水資源；再次是這裡有取之不盡的石灰石，石灰石為電石生產的主要原料；第四是周邊煤礦企業集聚，能夠滿足煤化工生產的需求。更為重要的是，這片丘陵山地符合中央提出的三線建設「靠山、分散、隱蔽」的戰備要求。

到清鎮後，蔣士成才知道俗諺用「天無三日晴，地無三尺平，人無三分銀」來形容貴州的氣候、地貌和貧困，並不算誇張。當時的清鎮工地，只有荒山數座，荒地一片，山間人煙稀少，道路泥濘，常有野兔和狐狸出沒。4 平方公里的廠境內，只有一個 10多戶農家的小村落－－干河壩村。清鎮鋼廠廢棄的廠房，也只可勉強作為辦公用房，3000 名建設大軍只能依山安營紮寨，風餐露宿，條件十分艱苦。

20 世紀 60 年代的蔣士成

最不適應的是氣候。貴州多雨，山中潮濕，夏天悶熱難忍，冬天濕冷難挨，與東北四季分明的乾爽氣候大相逕庭。簡易的油氈工棚四面透風，建設者們用北方農村的「干打壘」建房的方法解決住房問題。干打壘房基用條石墊底，在兩塊木板中間填入黏土夯實後構

築牆體。為了防潮防霉，他們在山土裡摻和點水泥、石灰、石子、草筋，增強了牆體的牢度。這樣，搶在入冬之前，快速又低廉地建成了一批干打壘宿舍。

建設工地上如火如荼。當時，許多道路尚未修通，溝溝坎坎，荊棘叢生，坡陡路滑，稍不小心，跌得滿身泥漿，刮得鮮血直流。建設大軍披荊斬棘，翻山越嶺，以大山一般厚重的深情，奮戰在工地上。他們用鐵鍬和鐵鎬為拖拉機和推土機開路；為了工地用水，他們用雙肩把直徑有飯桌高的鑄鐵管扛到山上，從紅楓湖引來湖水；建電石爐、石灰窯基礎需求電纜、鋼筋，他們人背肩扛，硬是從幾公里以外運到工地；他們不分工種，不分專業地投入熱火朝天的大會戰。工藝技術員幹發揮了泥瓦匠的活，學機械的大學生推著混凝土小車滿工地跑，管理幹部們抬磚頭、拌灰漿、干苦力。沒有行政命令，沒有一分錢獎金，從管理幹部到剛進廠的大學生，都自覺地在繁忙的工作中抽出時間參加建廠勞動。就連一些職工家屬也背著年幼的孩子來到工地上挖土方、砸石子。一首《大戰二月破三關》自編歌曲，唱遍了山上山下，山內山外。

生產準備工作同步進行。貴州有機項目的所有技術幹部和技術工人，沒有維尼綸工廠生產和管理經驗，沒有成熟、系統的技術資料，為了這套自行設計的裝置順利開車，第九化工建設公司將工程技術人員和大學生組成實習隊，分批北上拜師學藝。在北京有機化工廠、北京維尼綸廠、四平化工廠和吉化公司電石廠，都能看到身著黑帆布工作服、腳穿水膠鞋的實習隊隊員的身影。他們和這些單位的師傅們一發揮，爬管架、鑽設備、緊螺絲、鋪電纜，在實踐中摸索維尼綸裝置的生產原理和操作規程。他們在外實習沒有宿舍，有的在當地農家借宿，和農民擠在一個炕上，有的就住在工廠倉庫的大貨架上，白天跟班實習，晚上趴在貨架上整理操作筆記。他們克服了各種難以想像的困難，終於掌握了裝置的操作要領，形成了一整套系統的、規範的管理文件。

設計是工程的靈魂。擔任項目總體設計的第九設計院舉全院之力，組織勘探、工程、工藝、設備、財務人員奔波在現場。除了完成浩大的初步設計任務之外，工地上千頭萬緒的工作也都必須在設計部門的協調和銜接下，才能夠有條不紊地進行。蔣士成是項目的現場設計代表，除具體負責醋酸工廠和聚乙烯醇工廠的設計之外，還要熟悉總圖以及各專業設計的內容。在進入現場最初的 3 個月，他和同事們跑遍了整個工地，夜晚挑燈夜戰，討論設計工作。「白天爬山頭，晚上伏案頭」，兩眼熬得通紅，深夜回來妻子陳雅取笑他是「不知從哪座山上竄出來的野兔」。

首先是規劃產品設計。工廠的主要原料來源地石灰石礦位於距清鎮 100 多公里的黔南貴定縣城郊，設計生產能力年產原礦石 20 萬噸；廠區內設計有兩座石灰混燒窯，單窯設計年產石灰 4500 噸；電石工廠電石爐設計年產 60000 噸；乙炔工廠設計為干法生產裝置，氣櫃容量為 2400 立方米；醋酸工廠設計裝置生產能力為年產醋酸 6000 噸；醋酸乙烯裝置 X 列設計生產能力為年產 20000 噸；聚乙烯醇裝置 X 列設計生產能力為年產 10000 噸；縮丁醛工廠 PVB 樹脂有高黏度和低黏度兩種，設計生產能力分別為年產 150 噸和年產 200 噸；PVB 薄膜裝置設計能力為年產 100 噸，最終產品維尼綸設計生產能力為年產 1 萬噸。此外，還有公用工程供水、供汽、供電等裝置。

其次是確定總圖。儘管裝置的通用設計已經完成，但是要因地制宜地應用到清鎮這個地方，可不是一件容易的事情。在發揮伏不平的山地裡建廠，不具備內地陸地建廠三通一平的條件，工廠布置也不可能做到集中緊湊，只能順著地勢、按照生產流程依次排開。為此，設計工作增加了難度和工作量。最終「瓜蔓式」工廠就這樣誕生了。如果說，每個工廠是一個「瓜」，連接工廠之間的管道、道路就是「藤蔓」了。遠遠望去，山上山下，藤蔓滋繞，瓜果相連。這也

是中國「三線建設」山區工業的一道獨特景觀。

再次是編寫初擴設計。初擴設計是工程項目的藍圖，以明確項目的規模、投資、建設方案和效益評估。經過 3 個多月的日夜奮戰，九院將已更名為「貴州有機化工廠」的初步設計上報到化工部。我國近代化學工業的重要奠基人、時任化工部副部長的侯德榜同志親自主持工廠初步設計方案的審查工作。1965 年 8 月 20 日，國家計委以(65)化計字 735 號文批准了「貴州有機化工廠設計任務書」，批准貴州有機化工廠投資總概算為人民幣 1.01 億元。

最後是施工圖設計。1966 年 4 月，化工部在北京有機化工廠組織生產、科學研究、設計等十多個單位，就聚乙烯醇生產線的技術改進問題進行聯合攻關會戰。同時在四平化工廠維尼綸工廠總結技術革新經驗，為貴州有機化工廠工程施工圖設計提供了改進的依據。

蔣士成是醋酸乙烯及聚乙烯醇工廠的設計負責人，他認真吸收群眾技術革新成果，關注國內裝備技術創新的發展，大膽進行技術改造。比如，在聚乙烯醇工廠聚合工段，日本裝置用的是相對落後的泡罩塔，運行時會造成聚合物對精餾塔的堵塞，經過反複試驗，改用新型的大孔徑篩板塔結構；在回收工段，增設了芒硝回收系統，並改造日本設計的重沸器，由熱虹吸式變為中央循環管式，反應槽改為管式反應器，這樣，生產廢水可用於農業灌溉；在醋酸乙烯工廠合成工段，簡化了回收乙炔系統，取消了鹼洗及水洗系統，借醋酸蒸發器壓力排殘渣，取消了殘渣輸送泵，節約了能耗；將蒸餾殘渣工段的精餾塔改為新型浮動噴射塔盤結構，使精餾系統運行更為簡潔、流暢。

諸如此類的改進在這兩個工廠的設計中就有 11 項之多。

施工圖設計完成後，九院的大部分設計人員撤回，蔣士成留下來負責工程現場的施工圖交底、設計銜接、指導、聯絡工作。

貴州有機化工廠醋酸乙烯工廠設備安裝

　　看到眼前工地上忙碌、喧鬧、熱烈的建設場景，蔣士成無比興奮。他相信，如今的荒山野嶺，幾年努力之後將要變成塔釜林立、槽罐縱橫、廠房鱗次櫛比、管道張弛其間的化工化纖新城了。屆時，這個「瓜蔓式」的工廠，蔓莖纏繞，花葉滋潤，定能在祖國的大西南，結出令中國人民揚眉吐氣的甜蜜豐碩之果！

大字報風波

　　貴州的雨，說來就來，以暴以疾著稱。

　　20 世紀 60 年代中期，一場政治的暴風驟雨洶湧而至。史無前例的「無產階級文化大革命」勢不可擋、鋪天蓋地而來了。這場發揮源於文化領域的政治運動，很快就自上而下地延伸和滲透到國家與社會各個領域，就像貴州山間暴雨中的泥石流一樣，讓人猝不及防。

對於「革命」這個當時社會的高頻詞，蔣士成是滿懷激情、充滿期待的。1964年底，毛澤東主席發出了「發動所有的設計院都投入群眾性的設計革命運動中去」的號召，化工部要求各大設計院開展設計革命化運動。提出「一專多能」的口號，對化工領域每一項技術、每個產品組織攻關，搞設計方面的「蘆蕩火種」。當時蔣士成正參加北京有機化工廠的建設，他親身體驗到，在裝置設備的安裝和調試過程中，在年產1萬噸聚乙烯醇引進裝置的翻版設計過程中，依靠廣大設計人員、工程技術人員以及基層技術工人的智慧和經驗，攻克了許多技術安裝難題，大量利用「小發明」「土方法」節省了資源，節約了投資，形成了許多技術革新成果。這不正是中央提出的「領導與群眾、專家相結合，設計與施工、生產科學研究相結合」的要求嗎？

不鏽鋼是化工裝置不可缺少的基礎材料。特別是凡接觸腐蝕性介質的機器設備、管道，必須使用優質不鏽鋼甚至是更高規格的材質。在日本的設計中，大量地使用了韓國不鏽鋼。但在當時，不鏽鋼主要依賴進口，不僅價格昂貴，進口渠道也受控制。為了節省外匯，化工部組織設備製造廠、設計院和項目單位進行攻關，分別與四平玻璃廠、唐山陶瓷公司、南通碳素廠等單位一發揮研究能夠替代不鏽鋼的材質。經過分析、檢測和裝置試驗，應用到實踐中去。

在貴州有機化工廠項目的設計裡，就運用了許多攻關創新成果。

－－用「搪玻璃代鋼」製造防腐管道，是與四平玻璃廠聯合攻關的。在北京有機化工廠擴建工程中有所應用。雖然對搪玻璃管的加工和安裝缺乏系統的經驗，但其成本優勢十分明顯，因而在貴州有機化工廠的項目中得以大幅度推廣。

－－「陶瓷代鋼」也是一個攻關項目，陶瓷的防腐性能好，在我國的化工生產中早有應用，但為數不多，用於作蒸餾塔的更少。在唐山陶瓷公司的支持下，成功地透過了試驗。貴州有機化工廠項目的

設計中採用了 7 臺陶瓷塔，節約了大量的投資。

　　--石墨換熱器廣泛應用於化工氯鹼工業，但多用於冷卻過程，用於冷凝器以及再沸器較少。南通碳素廠對換熱器原有結構作了幾次修改，滿足了貴州有機化工廠項目的要求。由此，裝置內接觸腐蝕介質的冷凝器和再沸器，大部分都選用了南通碳素廠的石墨換熱器。

　　當然，對設計上的變革，各方的意見不盡一致。合作單位態度非常積極，剛成立「革命委員會」的九化建也十分贊同，而設計牽頭的化工部第九設計院表現出種種顧慮。

　　二室主任李梁臣是貴州項目設計的總負責人，曾赴日本考察維尼綸工業。參與編制「萬噸聚乙烯醇通用設計」，抗戰時期在重慶軍工廠裡從事技術工作，由於技術過硬，被授予過國民黨軍隊中尉軍銜。新中國成立後，留在化工部設計院工作，加入了中國共產黨。1958 年下放到吉林化學公司設計院，是當時九院為數不多的化工設備專家之一。

　　「文革」初期，蔣士成來回奔波在貴州、北京、吉林幾個地區以及幾個合作單位之間。現場的工程進度、合作單位承擔任務的進展、存在的問題和困難，他都要向李梁臣匯報。凡遇到重大事項，李梁臣帶著他一發揮向副總工程師周俊傑匯報。

　　周俊傑是一名資深的化工設計專家。畢業於復旦大學化工系，抗日戰爭時曾從上海趕往雲南為美國飛虎隊做翻譯。抗戰後一直從事化工設計工作，1961 年 9 月發揮任化工部第九設計院副總工程師，主持全院技術管理工作。

　　對轟轟烈烈的設計革命運動，周俊傑與李梁臣一直保持著十分謹慎的態度。尤其是對工藝路線的改進、生產流程的縮減以及設備材質的選擇總是慎之又慎。1964 年完成的聚乙烯醇的通用設計，凝聚了化工部、紡織部和一機部技術部門以及若干個設計院人員的心血，也取得了重大的技術進步成果。但在貴州有機化工廠的設計過

程中，有關方面還是一味要求以「土」代「洋」，降低設備材質成本。針對群眾提出的建議，有些組織了攻關試驗，但沒有進行深入的可行性比較分析就確定採用，有些由於種種原因，在沒有組織試驗的情況下就寫進初擴設計，形成邊建設、邊設計、邊攻關的境況，因而造成設計多次修改、工程窩工、投資不降反增的現象，與搶時間、爭速度、節約投資的初衷南轅北轍。

周俊傑和李梁臣反覆叮囑蔣士成：通用設計只是一個參考的模型，貴州山區與北京、吉林的地質環境和氣候條件不一樣，貴州有機化工廠的設計一定要因地制宜，化工防腐不可馬虎，選用替代材質要充分考慮到運輸、安裝、維修成本，更要進行反覆的試驗。設計人員要親自到設備廠家調研，關鍵設備要落實監製檢驗責任。只有這樣，才能做到對工程的品質負責。

當時的黨委書記找到蔣士成，言之切切：對待資本主義技術，首先是批判，然後才是吸收。過去日本帝國主義瘋狂地侵略中國，現在又在技術上卡我們的脖子，還用不鏽鋼等材料來控制我們社會主義建設。你是新中國培養出來的大學生，要有階級感情。我們的技術和設備，可能在性能上差一點，但這是革命群眾、中國工人階級的智慧結晶。我們不能長帝國主義威風，滅無產階級志氣呀。

在蔣士成看來，九院的兩種意見都是正確的。以周俊傑與李梁臣等為主的技術專家堅持尊重科學，實事求是，不做技術上的冒險；另一種意見則是堅持政治掛帥，自主創造，反對崇洋媚外。這兩種本身出發點相異的意見完全可以統一、調和的，但在「文化大革命」的政治氛圍下變得對立並愈發尖銳發揮來。

於是，在 500 多人的九院內，就有了「保守派」與「革命派」之分。

接著，「保守派」被貼上「洋奴哲學」「輕視群眾」的標籤。

進而，一批優秀的技術、工藝、設備專家被打成「反動學術權

威」。一批技術管理幹部被打成「走資派」。

設計院日常的工作秩序亂了，在建工程的設計圖紙跟不上了，不少設計人員白天在辦公室接受指責批判，晚上在逼仄的家裡趕出圖紙。這些場景讓蔣士成既心酸又敬佩。

蔣士成一路風塵將圖紙送到清鎮工地時，眼前的一幕讓他驚呆了：往日熱火朝天的場面消失了，清鎮工地變成了一個打殺場，被「打砸著」「炮轟著」「火燒著」……

九化建是基建單位，舌戰筆伐的「文攻」很不擅長，舞刀弄槍的「武衛」卻很是在行。

這一時期，不要說是工程建設和生產準備，所有的工作都停滯了，甚至連水電也都停供了。

痛心、迷惘、失望、懷疑、苦悶，多種情緒交織著向蔣士成襲來。蔣士成知道，貴州有機化工廠是我國第一個自行設計的維尼綸原料和維尼綸生產企業，也將是全國維尼綸工廠建設的樣板工程，國家花費了上億資金的投入，這樣下去將要成為一堆廢銅爛鐵，給國家和人民將要造成多大的損失呀！

蔣士成負責設計的聚乙烯醇工廠，投資大，工藝複雜，設備精密，技術要求很高，凝聚了一代化工科技工作者的心血。聚乙烯醇既是維尼綸生產的原料，又是國家緊張的物資，為什麼不大干快上，早日建成投產，使其發揮應有的效益？

蔣士成左思右想，找不出答案。

在北京有機化工廠，蔣士成看到，工廠外大字報鋪天蓋地，工廠內機器轟鳴。他想，北京是「文化大革命」的發源地，這應該才是毛主席所說的抓革命、促生產的正確路線吧。

的確，位於大郊亭的北京有機化工廠全廠幹部職工「高舉毛澤東思想的偉大旗幟」「滅帝國主義威風，揚社會主義志氣」「文革」期間創造了「革命生產兩不誤，穩產高產為國家」的好成績。當年，有多少單位停產鬧革命，有多少單位處於開開停停半停產狀態，更有

多少單位產量下降，品質滑坡，事故頻發。而北京有機化工廠生產裝置沒有停過一天，在當時的近乎瘋狂的政治環境下，實屬鳳毛麟角，堪稱奇蹟。

回到九院後，蔣士成做了一件讓所有人，甚至讓他自己也感到吃驚的事情--在九院辦公的職工出入的顯目處，貼出了九院「文革」以來的第一張大字報。

大字報的標題為《我院運動向何方發展?》，表達了對九院運動冷冷清清，既不抓革命、也不促生產，還停留在批判「三家村」、搞人人思想消毒等現象的強烈不滿。字裡行間充滿了革命熱情。他以北京有機化工廠為例，闡述了「抓革命、促生產」的重要性。他寫道，抓革命是為了促生產，無論是技術革命，還是文化革命，都必須破除陳舊的思想觀念，破字當頭，立在其中。既不能因循守舊，也不能盲目冒進。九院幹部職工肩負著自主設計大型裝置的任務，光榮而艱巨，我們不能辜負黨和國家的重託，乘「無產階級文化大革命」的強勁東風，建設貴有機，氣死帝、修、反！

一石激發揮千層漣漪。蔣士成的大字報在九院引發了不同凡響。

「革命派」找蔣士成談話：大字報通篇不提階級鬥爭，並指責群眾的革命主張為「盲目冒進」，這是嚴重的政治錯誤！

「保守派」用異樣的眼光看待蔣士成：尊重規律是「因循守舊」?

更多人責疑蔣士成：這樣做是不是「煽風點火」?

沒辦法，那個年代，帽子滿天飛，所有人都很敏感，所有人都習慣了對號入座。

是自己政治幼稚? 還是他人誤讀? 蔣士成的心裡雖然感到有些忐忑，不過，忽而又感到一陣輕鬆，他畢竟吐露了自己的心聲。

九院又回到死水一般的寂靜，令人窒息。

魯迅先生說：不在沉默中爆發，就在沉默中滅亡。

誰也想不到，厄運正悄悄地向九院走來，噩夢像一張漆黑的

網，向蔣士成襲來。

關押和幹校生活

1967 年初，隨著部隊進駐第九設計院「支左」，運動升級，形勢愈發緊張惡化。

九院的科學研究技術人員幾乎都成為批鬥的重點對象。副總工程師周俊傑、設計二室主任李梁臣、化工工程師向有成被首批隔離審查。其中周俊傑為國民黨做過「飛虎隊」的翻譯；李梁臣曾就職於國民黨重慶軍工廠任技術員，曾立功受獎，還被授予軍銜；向有成的社會關係更為複雜，出身於大地主家庭，解放時除他本人外，全家逃往臺灣，「反右」運動時又是被定為「右派」。儘管他們的這些經歷，在歷次運動中組織上都做出過「無歷史問題」的結論，周俊傑、李梁臣還光榮地加入了中國共產黨，向有成也摘掉了「右派」的帽子。儘管他們都是新中國第一代優秀的化工技術和設備專家，為我國化工事業的發揮步和發展作出了很大的貢獻，但在那個動盪的歲月裡也無法得到倖免。

1968 年 7 月底，蔣士成是最後一個被隔離關押的。「工宣隊」人員從貴州工地將蔣士成帶回，關押他半年之久，使他受到非人的折磨。

這段時間，他家多次被抄，十幾平方米的宿舍別無長物，不要說是發報機，就連一個半導體收音機也沒有找到。十年來記錄工程數據的筆記本被專案組疑是「密電碼」，要「帶回去研究研究」。

妻子陳雅被要求與蔣士成劃清界限。她卻將專案組要她寫的揭發材料寫成蔣士成從大學畢業後闖南走北，青春獻給化工事業的工作事跡，對強加給蔣士成莫須有的指控給予一一反駁。她多次闖進

專案組，給蔣士成送香菸、食品、衣物，並要求專案組將她和她的丈夫一發揮關押。

陳雅的行為給萬念俱灰的蔣士成注入了生命的動力，在萬般痛苦煎熬中，感知到溫暖，學會了堅強。

這發揮荒唐而殘酷的冤案中，共有 107 人因有作為「國民黨特務」的嫌疑而受到隔離審查，占全院科學研究技術人員半數以上。1968 年 8 月至 10 月間，二室主任李梁臣、工程師向有成、李厚剛、羅萬雄、李勤為等 5 人被迫害致死。❶ 蔣士成身心也受到巨大創傷。

這椿在運動中就見諸報端❷的慘案直到 10 年後才得以平反昭雪，1978 年，主抓科技工作的谷牧副總理在一份材料上作了批示：一個小小的科學研究單位竟然抓出近百名特務，聳人聽聞。責成化工部徹底複查。6 月 28 日，第九設計院召開全院職工大會，為在「文革」「清隊」期間被誣陷的 107 人進行平反，恢復名譽，為被迫害致死的李梁臣、李厚剛、李勤為、羅萬雄、向有成平反昭雪。

同年 12 月 6 日，進一步落實政策，舉行冤、假、錯案材料公開銷毀大會。把「文革」「清隊」中形成的不實事求是的揭發檢舉材料、調查證實材料以及所謂的結論性材料全部當眾燒燬。

單位通知蔣士成領取「平反證」，被蔣士成拒絕了。他說，群眾對這件事最清楚，我沒有任何歷史問題，沒有必要接受這個證明。

1968 年底，尚未「脫帽」的蔣士成被下放到吉林省市郊吳屯北溝「五七幹校」勞動改造。

吳屯北溝位於吉林市的東北郊，與九院相距約 20 公里。北延的龍潭山脈和東延的蛇盤山脈在這裡交匯，這是一座地處荒僻的小村落，20 世紀 50 年代中後期人民公社改造時更名為大屯公社李家大隊第 11 生產隊。1966 年化工部基建局下撥經費 34000 元在這裡辦發揮了副業基地，有旱田 50 畝、水稻 6 畝、菜地 4 畝，還有大片從

❶吉林化學工業公司史志編纂委員會.《吉化志 1938–1988》附錄.
❷解放軍報[N].1968-8-24(1).

未開墾過的荒地。1968 年底改造為「五七幹校」。

「牛棚生活」是知識分子對幹校生活的一種揶揄。面對枯燥乏味的生活環境、不堪重負的體力勞動、形影相弔的孤獨情感、身心交瘁的雙重折磨，有人抗爭，有人憤懣，有人悲戚，有人無奈，有人在含淚帶血中仍沒有忘記追尋著快樂的人生體驗。

也許是近半年的關押審查磨礪了蔣士成的意志，在他柔弱的外表下增添了一份內在的堅強；或許是吳屯北溝相比其他幹校少了些冷漠和殘酷。蔣士成的牛棚生活在苦其心志、勞其筋骨、餓其體膚的同時，給他有時間冷靜地觀察時態，思考人生，讓他從容豁達、積極樂觀。

天將降大任於斯人，斯人則必須有其品質！

九院計劃將全院職工分四批輪流下放到吳屯北溝幹校勞動，每期 8 個月，每批 40 人。蔣士成被分在第一批。雖然大家是同吃同住同勞動，但是實際的待遇是有很大差別的。蔣士成身負的「特嫌」罪名尚未洗清，即使不是特務，「反動學術權威」定是逃不掉的。單位的「鬥、批、改」還在持續，工宣隊員以及「五七戰士」們還在密切關注「階級鬥爭新動向」，蔣士成除了比其他人乾更髒、更累、強度更高的體力勞動外，還要早請示、晚匯報、寫檢查、接受批鬥和監督。

吳屯北溝幹校的生活條件十分簡陋，僅能滿足人類最基本的生存需求。簡易宿舍是就地取材建造的，伐木、壘牆、夯土，習慣於繪圖尺筆的雙手如今掄發揮了笨重又原始的工具，冬日裡照樣是汗流浹背，襯衣干了濕、濕了干。蔣士成發現，在精疲力竭、大汗淋漓之後，又何嘗不感到一種精神解脫？

麻繩為東北農耕傳統的手工品，是生產勞動的主要工具。房屋搭建、發揮吊貨物、車馬套索、捆綁雜什都需求麻繩。就連東北的莊稼人也習慣以麻繩作腰帶，再在腰間插上一支長長的旱煙桿，顯得既樸實又隨便。

苘麻在吳屯北溝的山間鄉野到處可見，它的莖皮纖維色白堅韌，是製作麻繩的極好原料。搓麻繩成了蔣士成的又一項任務，這項看發揮來極為簡單的家常農活做發揮來卻不是那麼容易，沒干多久，雙手就磨出血泡，疼痛難忍。在向屯裡的老鄉認真討教後，蔣士成不僅得到技術方面的要領，而且從中受到很大的啟發。

苘麻從水浸、曬乾、剝皮，到接股、搓撐，有一套完整的麻繩製作工藝，沒有嚴格的工藝參數，所有的祕訣技巧全靠農家世代的心口相傳。農民不懂酸鹼反應，不懂化學方程，不懂機械原理，而他們所製作的繞繩紡車等足以讓專業設計師們汗顏。蔣士成深知，這些創造不知道經歷了多少次的失敗、多少次的改進、多少次的探索試驗。科技原創力的真諦不在於書本，而在於實踐！工業設計的靈感不是源於設計室，而是來源於生活！

幹校食堂實行「輪值制」，每人到夥房輪值半個月，這對從沒有做過飯、下過廚的蔣士成無疑是個挑戰。食材極其簡單無法挑選，人分東南西北眾口難調，在蔣士成看來，安全才是他最要緊的頭等大事。如果當值期間出現某人嘔吐、某人拉稀的事情，肯定有人會將其作為「階級鬥爭動向」為此做足文章。

輪值進入夥房後，蔣士成每天都是凌晨三四點鐘發揮床，先清理好衛生，然後，就像在實驗室裡一樣認真對待做飯的每一道工序、每一道流程。他切的菜刀工整齊，打出來的荷包蛋飽滿圓潤，最拿手的絕活是「鍋巴飯」，俗話說「飯無鍋巴不香」，蔣士成用大鐵鍋燒成的飯總有一絲特別的清香，特別是鍋底的鍋巴，色澤金黃，香脆可口，深受大家歡迎。這段時間，蔣士成還學會了擀麵條、蒸饅頭、燉粉皮等北方家常飯菜的製作技巧。廚藝的長進，花樣的變換，吊足了大家的胃口，為此，半個月的輪值期過後，大家一致要求蔣士成再續一輪。

吳屯北溝的「牛棚」，雖然很簡陋，但能遮風避寒；雖然生活清苦、政治上的聒噪之音不絕於耳，但大家自食其力，開荒種地、掘

井取水，在勞動改造中以肉體之疲換取心靈一時寧靜。

蔣士成在蹲「牛棚」的日子裡，還真的與牛打上了「交道」。

九院與吳屯北溝相通的僅有一條山路鄉道，汽車無法通行，物資運輸只能用牛車。山道逶迤曲折，高低不平，正常人行走都感到吃力，何況負重的牲畜呢？牛是有脾性的，不是所有的牛都溫馴著俯首聽命，也有「橫眉冷對」的時候。蔣士成就親自領教過一次。

那是剛去幹校時不久，蔣士成奉命拉一車柴禾送九院，一位負責監督的、年輕的「五七戰士」同行。接連幾個山坡翻過，那頭老黃牛已經累得直喘粗氣，速度明顯地緩慢下來，小戰士心急，揚發揮皮鞭對著牛屁股猛抽。老黃牛不但沒有加速，反而停了下來，雙目怒視前方，忽然間，兩條前腿彎曲，順勢趴到地上，任憑小戰士的吆喝和鞭笞，它就是紋絲不動。

蔣士成跳下牛車，小心翼翼地解開轡頭，輕輕地撫摸它汗津津的額頭。在與黃牛的對視中，蔣士成突然發現，老黃牛不肯就範的眼神漸漸地緩和發揮來，彷彿帶著一絲哀怨、一絲迷茫。一會兒，它又站立發揮來，在蔣士成的牽引下繼續上路了。

從這以後，凡是有用牛車運輸的任務自然就落在蔣士成頭上了。大家都說蔣士成趕牛車的技術好，而在蔣士成看來，趕牛車根本上不是什麼「技術活」，而是在那個荒謬的年代，人性被扭曲、被扼殺了。動物與人類的本性，有些是完全相通的，悲哀的是，在特定的時代，動物比我們那些人性迷失的同類，不知道要真誠、善良多少倍！

一個風雪交加的下午，蔣士成為了送一車院裡急用的柴禾，在雪地山路上摺騰了四個多小時，到了九院已是深夜。牛車到達的那一刻，等著接貨的同事們都驚呆了。眼前的「風雪夜歸人」哪裡是溫文爾雅的蔣士成？分明是一個飽經風霜的東北老農呀！頭頂著狗皮帽，老羊皮大襖反穿在身上，腰間紮著一根粗粗的麻繩。身後的大車上，堆著四米多高捆綁得整整齊齊的貨物。老黃牛很乖順地依著

他的牽引，亦步亦趨。連他的妻子陳雅一時也沒有認出他來。

「原始的工具原始地品味著苦辣人生，歷史的籌碼歷史地掂量著沉重記憶。」這是後人鐫刻在某一個全國著名「五七幹校」原址石碑上的兩行字，警示著我們不能忘記那一段荒唐悲哀的歷史。品味也好，掂量也罷，蔣士成以及同一代的科學技術工作者懷著對祖國的摯愛之情，對科學技術事業的忠誠之心，困厄之中無怨無悔，在崢嶸歲月裡搏擊人生，在社會大熔爐中綻放著絢麗的光彩！

霧淞是吉林市的一大自然景觀，被列為中國四大自然奇觀之一。在吳屯北溝幹校的日子裡，蔣士成最喜愛的就是冬日山間鄉野的冰雪美景，到處銀裝素裹，晶瑩剔透，輕柔豐盈，婀娜多姿。霧淞給了他心底裡的一份寧靜，給了他思想上的一份澄明，給了他靈魂中的一份純潔。更重要的是，給了他人生的希望和信心。

--冬天來了，春天還會遠嗎？

扎根三線

從清鎮被帶回後的兩年裡，蔣士成幾乎與世隔絕，最讓他放心不下的還是遠在八千里之外的貴州有機化工廠項目。項目進程音訊不通，他不能打聽，也不敢打聽。只能按照項目的進度大綱，惦唸著項目的開車、投料、試生產的每個節點，根據項目設計的瓶頸，擔心項目進展過程中可能出現的種種問題。他痛心的是，眼前的政治運動不僅耽誤了項目建設的可貴的時間，而且現場「武鬥」造成工地秩序混亂，設備損失嚴重。特別是運動中，為項目付出心血的一批工程設計專家在精神和肉體上受到雙重折磨，有的已經含冤辭世。但蔣士成堅信，老百姓要吃飯，又要穿衣，國家就需求維尼

綸，更需求的是獨立自主的化纖生產裝置技術！

1970 年 6 月，中央決定第一輕工業部、第二輕工業部與紡織工業部合併，成立輕工業部。同年 10 月，煤炭工業部、石油工業部、化學工業部合併，成立燃料化學工業部，簡稱燃化部。燃化部成立後抓的第一件大事就是全力以赴建成貴州有機化工廠項目。並決定將年產 1 萬噸聚乙烯醇生產裝置的通用設計迅速向全國推廣，大力配合輕工業部在全國 9 個省布點建設 9 套維尼綸裝置。

這一年，周恩來總理明確提出：「輕工重點抓紡織，紡織重點抓化纖。」

9 套萬噸級維尼綸工廠分別設在貴州清鎮、福建永安、安徽巢湖、甘肅蘭州、廣西宜山、雲南沾益、湖南漵浦、江西樂平、山西洪洞。維尼綸工業即將在全國鋪開！

1 萬噸的聚乙烯醇可供織布 7300 多萬米，9 套裝置生產的維尼綸對解決糧棉爭地、解決民生基本溫飽問題，對動亂中衣食貧困的中國有著舉足輕重的意義。燃化部和輕工業部的決策使電石乙炔法的維尼綸產品將在相當長的時間內成為全國產量最大、分布最廣的合成纖維主打品種。

蔣士成的內心又一次充滿了期待。

他明白，貴州有機化工廠是 9 套國產維尼綸裝置第一個「吃螃蟹者」，無論是成功還是失敗，都將積累經驗與教訓，最終為維尼綸技術的國產化鋪平道路。他參加過萬噸聚乙烯醇裝置的通用設計，又曾擔任過貴州有機化工廠項目設計的現場代表，一定有機會重返清鎮工地，親眼看到貴州有機化工廠「瓜熟蒂落」的一天！

蔣士成惦唸著清鎮，而清鎮也惦唸著蔣士成。

剛從「牛棚」解放出來的王惠美就接到上級要求迅速組織有機化工廠裝置開車的指令。王惠美參加過吉林「三大化」建設，曾任 103 廠長兼總工程師，104 廠籌建負責人。遷址貴州清鎮後任西南第一合成纖維廠生產廠長、施工經理兼總工程師，1967 年 6 月改任第九

此時的王惠美想到的不僅僅是貴州有機化工廠項目投料開車的事情，從全國的維尼綸工業的發展著眼，他要下一盤勝局更大的棋。

王惠美覺得，第九化工建設公司這支隊伍雖然在貴州有機化工廠工程項目中受到了鍛鍊，具備了承擔大型基建工程施工的條件，但是，缺乏工程設計能力的支撐。沒有設計這個工程的靈魂，人手再多，隊伍再大，也將是一盤散沙。他建議燃化部在第九化工建設公司成立設計機構，完成貴州有機化工廠開車投產任務後，可以立即轉戰其他維尼綸建設項目。

燃化部很快同意了這個建議，批准成立第九化工建設公司設計所（以下簡稱九所），隸屬於第九化工建設公司領導，具體負責廣西宜山維尼綸項目的設計工作。但隨即一個棘手的問題來了：人從哪裡來？

通常新機構的成立和人員的調配都是一併考慮的，很少考慮個人的意願。而這次燃化部卻採用了「組織商調」和「個人報名」結合的方法。原因有兩個，一是經過「文革清隊」「一打三反」等政治運動，工程設計和技術人員幾乎全被「打翻在地」，仍處於惶恐不安的狀態，「文革」幾年間，也沒有大學生分配，造成化工工程設計專業人員緊缺且青黃不接；二是與第九化工建設公司合作的是九院，而九院又承接了江西、福建兩個維尼綸廠的設計任務，參加過北京有機化工廠和聚乙烯醇通用設計的其他院也同樣如此。一碗水要端平，所以，燃化部採用類似於後來廣泛使用的「雙向選擇」的辦法實在是不得已而為之。

沒想到的是，九院報名的竟然可以用「爆棚」來形容。更沒想到的是，報名的人員中竟然沒有蔣士成。

九院是隨著吉林「三大化」建設成長發揮來的老牌設計院，論規模實力，九所遠遠落後於九院，論待遇和生活條件，吉林也遠遠優

越於貴州清鎮。但是，劫後餘生的知識分子再也忍受不了九院那沉寂壓抑的氣氛，在無奈中選擇逃離。

蔣士成沒有報名同樣出乎大家所料。無論是專業技術水平還是對現場熟悉的程度，蔣士成都是最合適的人選，就在九化建公司的商調名單中，蔣士成也是處於前幾位的。特別是這幾年他身背無妄之災，受盡了折磨，更是他遠走高飛的理由。

是厭惡過去那種顛沛流離的生活，貪圖江城的安逸？不是。蔣士成恨不得馬上奔赴夢縈魂繞的清鎮工地，將李梁臣他們描繪的藍圖變為現實，將維尼綸推向全國，推向千家萬戶。

是忘記了身上的隱痛？當然也不是。走進九院的辦公樓，蔣士成的視聽常常發生錯覺：逝者的面容在眼前浮現，半夜裡撕心裂肺的哭喊在耳邊作響。他努力想驅除那些痛苦不堪的記憶，而過去的斷章殘篇總是在不經意間頑強地擠進蔣士成的思緒。

個人是渺小的，不能為了個人的委屈影響組織的安排。如果專業技術人員都走了，九院的任務誰來完成？蔣士成的想法就是這樣簡單樸實。

他在一次向黨組織的思想匯報裡這樣寫道：「個人在運動中受到觸及與革命事業的整體利益相比，那就簡直微不足道。我思想上曾希望有機會早日調離這個單位，這正是資產階級世界觀的表現，遇到一些挫折和困難，任何的猶豫、妥協、畏縮和退避的行為，都是可恥的。」

知夫莫若妻。陳雅承擔過貴州有機化工廠醋酸工廠的部分設計工作，深知蔣士成為項目付出的心血和傾注的熱情。她找工宣隊慷慨陳情，言辭切切，自願一輩子在三線扎根。

碰巧的是，負責辦理調動手續的就是對陳雅威逼利誘，要陳雅檢舉蔣士成、與之劃清界限的那個人，那人現已是人武部部長。不知是高升後的得意，還是出於良心上的歉疚，或者壓根兒就沒把留住專業骨幹當回事。那人顯得很爽快，當場就開出了戶口遷移單。

蔣士成知道這件事時，工作調動已經「木已成舟」。

第九設計所是一個「摻沙子」的基建單位。「摻沙子」的說法很形象，總共五六十人，專業技術人員不到三分之一。除了從燃化部各設計院調進的部分骨幹外，其餘人員由第九化工建設公司在內部選調，因此，人員的專業素質參差不齊。

蔣士成被任命為工藝室副主任。到貴州報到安家後，蔣士成就投入到裝置安裝檢查、修復改造的緊張工作中去，1970 年 12 月電石工廠投產，其他裝置陸續開車。由於設計的先天不足，加上幾年荒廢造成的設備損害，以及前後道工序銜接協調上的紊亂，裝置處於開開停停的狀態。

1971 年 5 月，廣西維尼綸廠籌備處在南寧市成立，輕工業部決定將廣西維尼綸廠的設計工作委託燃化部第九化工建設公司設計所等 7 個單位負責。第九化工建設公司設計所為牽頭單位，負責總體設計以及除礦山、抽絲、鐵路、水電、民用建築之外的專業設計工作，蔣士成為項目負責人。任務下達後，蔣士成一行立即踏上新的征程。

轉戰廣西

蔣士成從貴陽出發前，就接到廣西輕工局的通知，自治區領導要在柳州市國賓館接見蔣士成一行。從柳州火車站下車後，幾輛鋥亮的黑色轎車已停在路邊，廣西人的熱情撲面而來，大家都非常激動，覺得身上的工作服顯得寒酸，就近在商店買了新襯衫換上。

令大家更為意外和激動的是，接見他們的是廣西黨政軍最高領導韋國清。韋國清主政廣西 20 年，為廣西的工農業生產、國防

事業殫精竭慮，深受自治區人民愛戴。他的平易近人給蔣士成留下了深刻的印象。他說，廣西維尼綸的項目列為國家第五個五年計劃的重點建設項目，是中央對廣西的支持，也是為了改變廣西輕紡工業狀況、解決廣西人民穿衣問題，我們極力爭取的項目。韋國清還特別強調說，既然是一把手出了面，這個項目就是一把手工程了。

韋國清的風趣驅散了大家一時的侷促和拘謹，同時也讓大家深深感受到這個項目的份量。

第二天進行廠址現場審查。蔣士成了解到，項目伊始，各方就廠址選擇發生了激烈的爭鋒。

廣西輕工局一開始決定選址在融水縣城以西 3 公里的西廊村。融水縣位於自治區北部雲貴高原苗嶺山地向東延伸部分，屬於典型的山區。輕工局的方案完全是出於中央三線建設「進山、分散、隱蔽」六字方針的要求，唯一的有利條件是當時還規劃在圖紙上的枝柳鐵路，可以連接山內山外的交通。但枝柳鐵路的建設一拖再拖，建成時間遙遙無期，因此，這個方案因此遭到不少人的反對。

輕工部提出，在柳州市郊太陽村或貴縣覃塘選址，理由是依託廣西工業重鎮柳州，電力、交通相對便利。這一方案背離了六字方針，自然得不到透過。

最後的折中方案是宜山縣城以西 9 公里處的葉茂獨山。這個地方為低山丘陵地帶，屬喀斯特地貌，石灰石蘊藏豐富，資源及建設條件比融水縣好，依傍黔桂鐵路和兩省公路幹線，交通便利。儘管在工業配套和生活依託方面遠不如柳州方案，但在當時的政治環境和三線建設政策的宏觀背景條件下，確實是一個較為合適的選擇。

宜山是廣西農業縣，工業基礎十分薄弱。不要說在全國，就是在廣西，宜山也只是一個默默無聞的山區小縣。然而，在 20 世紀 60 年代，長春電影製片廠的一部《劉三姐》電影，讓宜山聲名鵲揮。劉三姐從歷史傳說人物嬗變為藝術形象，從唐朝走向現代，從

宜山走向世界。

宜山是劉三姐的故鄉，宜山有個別稱叫做「三姐故里」。

60年代，《劉三姐》一曲唱紅了宜山。70年代，維尼綸項目落戶宜山，會給宜山帶來什麼？不用說，萬噸級的維尼綸可是宜山新中國成立以來最大的工業項目呀！如果搞砸了，對愛憎分明的千千萬萬的「劉三姐」們又如何交待？

現場審查會不久，蔣士成帶領九所設計組有關人員進駐宜山工地。指揮部設在獨山園藝場，操著不同方言的各路人馬聚集在一發揮，泥土為地，蘆席作頂，一個特大工棚可容兩百多人工作休息。

1972年8月，廣西壯族自治區革命委員會生產指揮組和國家建設委員會、輕工業部分別下達了廣西維尼綸廠初步設計審查意見，確定：廣西維尼綸廠建設規模為年產石灰石8萬噸，電石3萬噸，甲醛4千噸，聚乙烯醇1萬噸，最終產品為棉型維尼綸短纖1萬噸。

在總圖設計上，蔣士成改變了過去三線建設通常採用的「瓜蔓式」「迷宮式」「地堡式」的設計方式，完全採用現代化工廠集約化規劃方法，節省了用地，降低了建設成本。

為了說服各方接受這個方案，蔣士成絞盡了腦汁。結果是不費吹灰之力，總圖方案順利透過。說來也巧，1971年9月13日，林彪折戟沉沙蒙古溫多爾汗，沒人再敢強調「六字方針」，廣西維尼綸項目便成為「九一三」事件的意外受益者。

在專業工廠設計上，由於有燃化部新修改的通用設計，以及貴州有機化工廠的設計經驗，九所很快就完成了設計任務。在使用代材方面，貴州有機化工廠的教訓是深刻的，廣西項目的設計階段正是貴州項目的裝置開車調試階段，因代材引發的事故頻發，蔣士成在多個場合據理力爭，排除了各種干擾，大幅度地降低了代材設計用量。

項目計劃於1972年7月破土動工，1973年第三季度建成

投產。

建設中的廣西維尼綸廠

　　但是，沒有實事求是，再急切、再美好的願望只能是事與願違。和所有「文化大革命」期間籌建的企業一樣，廣西維尼綸廠的整個建設過程，也毫無例外地留下了這一時期的印記。項目在 1972 年 10 月開工，一直到 1980 年底才基本建成投產，歷時 8 年，成為名副其實的「鬍子」工程。

「鬍子」工程

　　設計組從宜山撤回清鎮不久，就遇上貴州有機項目建設體制大調整：第九化工建設公司因承擔國家重大建設任務，全建制調往遼寧盤錦；成立貴州有機化工廠，負責項目的工程掃尾和生產管理工作；第九化工建設公司設計所併入燃化部化工設計院，撤銷原第九

化工建設公司設計所，改名為燃化部化工設計院西南工作組。

這突如其來的決定不啻是一記響雷，在清鎮工地上空炸開了。

從項目籌建開始，第九化工建設公司就以「全包制」的形式負責設計、施工、生產準備直至試車投產全過程的建設任務。如果項目已經投產，生產與基建分開屬於順其自然，但目前實在不具備分開的條件。

最初，項目計劃於 1965 年 5 月破土開工，1970 年建成投產。但由於「文革」的耽誤及種種原因，1970 年的最後一天，電石裝置第一鍋電石才勉強出爐；第二年，醋酸裝置試車成功；其他裝置不是開車失敗就是無法開工，聚乙烯醇工廠雖然主要系統設備已安裝就緒，但因代材問題，設備事故頻發，不得不增加填平補齊項目，重新設計，再委託製造；生產最終產品的維尼綸工廠由輕工業部接管後進度受到影響，尚處於設備安裝階段；還有許多配套工程沒有來得及規劃，如三廢處理涉及全廠性的問題，設計施工不落實的話，即便投了產也勢必被迫停工。

總之，就當時情形，全廠沒有一個工廠符合國家規定的交工驗收標準，沒有一個工廠沒有未完項目和收尾工程。

再說，新成立的工廠領導機構缺乏基本建設力量和管理經驗，對全面的基建情況也不甚了解，全面接管確實面臨著很大的困難。

然而，撤離是大局，撤離是命令，再大的困難只能克服，再多的牢騷也改變不了組織的決定。在燃化部基建組的主持下，第九化工建設公司和貴州有機化工廠簽訂了關於工作交接的會議紀要，確定以 1974 年 1 月為交接點，完成資產、財務和所有工作的劃割。

近 9 個月的交接期內，儘管生產、基建、設計三方組織了幾次大會戰，但始終沒有出現交接協議上所描述的同心協力打「殲滅戰」的景象，尤其是 9 月 25 日聚乙烯醇工廠的投產因準備不足而失敗，徹底使廣大幹部職工喪失了信心。

九化建陸續撤離清鎮，現場的基本建設處於停滯狀態，已經投

產的工廠被迫停車，正在安裝的工程部件四處散落，加上管理混亂，設備材料丟失現象嚴重。燃化部新調整的 1974 年全面建成的建設任務根本無法落實。

該項目最後全線建成投產的時間已是 1979 年，耗時整整十五個年頭！

又一個不折不扣的「鬍子」工程！

「鬍子」工程是國人對一些進度緩慢、一拖再拖、長期不能投入使用的基建工程所做出的形象比喻。

有人說，鬍子是長在臉上的，「鬍子」工程從某種程度上說是「面子」工程。

有人說得更直接，「鬍子」工程就是不負責任的「扯皮」工程。

從三十歲到四十歲，蔣士成將旺盛的精力都獻給了中國的維尼綸工業，政治上的磨難、三線生活的艱辛、工程技術上的挑戰，讓他受到了鍛煉，促進了他思想、專業趨於成熟。他經歷的兩個大型項目都是有關民生的國家重點項目，中央重視，地方支持，企業努力，為什麼都成了曠日持久的「鬍子」工程呢？蔣士成陷入了思考。

第一，國家為解決人民穿衣問題發展維尼綸工業無疑是正確的，學習日本先進技術的同時，堅持的獨立自主、自力更生的方針也是正確的。但沒有根據我國的具體情況，採取慎重的態度，在貴州有機化工項目尚未獲取成功經驗的情況下，決定同時上 9 個維尼綸項目，太快也太冒進，造成建設人力、財力、物資的供應不足。同時，基建隊伍龐大，長期吃基建大鍋飯滋長了一些人的不良作風和壞習氣。

第二，國家的「三線」布局固然有策略方面的意義，但將工廠建在山溝裡，不僅增加了建設成本和管理成本，而且建廠和生活條件都很差，影響了職工隊伍的穩定，給企業的持續發展帶來了後遺症。

第三，受極「左」思潮的影響，對進口技術不是先消化後吸收再

逐步改進，而是首先猛加批判，接著標新立異搞改進，所以工藝不合理，設計無根據，特別是選用國產設備、選擇替代建材方面走了很多彎路，造成邊建邊改，不僅浪費了大量寶貴的建設資金，還延長了工程的建設週期，給工程投產帶來一系列困難。

第四，運動式的經濟建設違背了工程建設規律。「首長工程」拔高了項目的意義，滋長了有些領導「亂指揮」「瞎指揮」的風氣，不顧自身實際條件的爭項目，是典型的「面子」工程；形式多樣的「大會戰」固然能夠集中力量辦大事，但是脫離實際的搶時間、爭速度往往給工程安全和品質帶來隱患。

第五，條塊分割的體制不可避免地形成各自為政的利益格局。在目標不一致、利益有衝突的情況下，也是造成扯皮、踢皮球、延誤工期的重要原因。

十年的風雨，十年的奮進。儘管維尼綸工業在中國化纖舞台上閃爍過璀璨的光芒，但多年來，蔣士成在談到這兩個他為之付出十年心血的項目時，總不免發出一聲嘆息！

心潮逐浪高

20 世紀 70 年代初，在中國化纖工業舞台上，除了維尼綸外，還有錦綸、腈綸、滌綸、丙綸等多個合成纖維品種。

錦綸纖維學名為聚酰胺纖維，亦稱尼龍。1958 年，我國自行設計的年產 1000 噸以苯酚為原料的己內酰胺生產裝置在錦西化工廠建成投產，生產的聚酰胺纖維被化工部副部長侯德榜命名為「錦綸」。1959 年，北京合成纖維實驗廠和上海合成纖維實驗廠的兩套錦綸 6 紡絲裝置相繼建成。但苯酚是煉焦工業的副產品，產量很小，供應

也不穩定，客觀上限制了錦綸纖維的發展。

腈綸最初在吉林研發，以電石乙炔為原料，採用二甲基甲醯胺法紡絲形成腈綸纖維。和維尼綸纖維的生產一樣，生產腈綸要大量使用高耗電的電石，全國普遍的電力供應不足也成為腈綸纖維發展的限制。

滌綸纖維的研發在上海，以苯酐為原料，尚處於小型裝置實驗階段。

因此，我國合成纖維工業的生產一開始就受到原料的制約。再加上技術水平比較落後，工程能力、設備製造和儀表水平都難以滿足合成纖維發展的需求。所以，我國合成纖維工業的發展遠遠落後於世界先進水平。

1949 年，世界上第一套石油鉑重整工業裝置的投產，開創了世界石油工業和石油化工技術開發的新紀元。以石油苯類產品為原料的合成纖維工業得到迅猛發展。至 1970 年，全球合成纖維年產量達到 470 萬噸。而中國年合成纖維生產總能力仍不足 20 萬噸。

石油，北宋著名科學家沈括為之命名，並將其載入百科巨著《夢溪筆談》。

大慶油田開發後，勝利油田、遼河油田、江漢油田相繼開採出油，中國一舉脫掉了「貧油國」的帽子。

電影《五朵金花》在全國盛映的時候，石油部的五項鍊油煉化新技術、新工藝成為石油戰線的「五朵金花」。曾被外國人譏笑為「小茶壺式」的中國煉油煉化工業令世人刮目相看。

雖然，石油化工產品作為合成纖維單體生產原料的新工藝、新技術在我國得到探索、應用和推廣，小型石油化工企業應運而生，但在當時的歷史條件下，處於亂布局、小規模、低水平的無序狀態。

一個不爭的現實是：國內市場化纖織物供不應求，而化纖的來源又主要依賴進口。

「的確良」一時風靡全國引發揮毛澤東的關注。

「的確良」是滌綸織品的商用名，滌綸布輕薄結實，色彩豔麗，是當時城鄉老百姓最鍾愛、最奢侈的衣物，在市場上十分緊俏。

1971 年七八月間，毛澤東主席在南方考察途中，讓身邊的工作人員就休息上街的機會做些社會調查，了解群眾反映。有人回來說，辛辛苦苦排了半天隊，才買到一條「的確良」的褲子，毛主席很驚訝，怎麼買一條褲子還要排半天隊？

回到北京後，毛主席把周恩來總理找來問道：「我們為什麼不多搞一點？」周總理說：「我們現在自己還沒有生產化纖滌綸布的技術能力呀。」主席說：「我們自己搞不了可以從國外買嘛。」周總理說那當然行。

在毛澤東的支持下，主持中央工作的周恩來及時抓住機會，立即召集研究進口國外設備事項，力圖以國內缺口巨大的化纖、化肥的設備引進為突破口，打開對外經濟工作的新局面。1972 年 2 月 5 日，國家計委的《關於進口成套化纖化肥技術設備的報告》經過層層審定報送到周恩來手中，周恩來把這份報告呈報給毛澤東，當天就得到批准。

國家計委這份報告以及後續的三份報告，掀開了我國第二次透過引進和利用外資及技術設備建設國民經濟的高潮。從最初的化纖、化肥成套裝置設備的引進，擴大到乙烯、烷基苯、鋼鐵、大型電站成套裝置以及單項關鍵設備的引進；從以解決七億老百姓的吃飯和穿衣問題為目標，擴大到以解決國民經濟幾個關鍵問題為目標；從 4 億美元的用匯計劃擴大到 43 億美元的用匯概算；從與少數幾個西方國家的經貿合作，擴大到與美國、法國、德國、義大利和日本等西方發達國家的經貿合作。這就是著名的「四三方案」。

「九一三」事件後，國內的政治氣候發生了很大變化，「文革」泛濫的極「左」思潮和無政府主義受到批判。「四三方案」請示報告提出了引進技術設備項目要遵循 6 條原則，其中第二條是「學習與獨創

相結合」。周總理強調對引進技術，應當「一學、二用、三改、四創」，即是在先消化、吸收的基礎上，再進行創新、改革。有力地糾正了過去「一批、二改、三用」偏激極「左」的做法。

曾參加過方案制定和組織實施的、又長期在紡織石化戰線工作的陳錦華這樣說過，沒有毛澤東的支持，沒有周恩來那樣的遠見、決心和魄力，中國第二次大規模引進成套技術設備的項目是做不到的。

蔣士成知道四大化纖項目的立項啟動已是 1973 年 8 月。時任輕工業部副部長的焦善民在燃化部領導的陪同下專程來到清鎮，親切地會見了西南工作組的同志們，他詳細介紹了「四三方案」的形成過程和重大意義，並給大家帶來一個振奮人心的好消息：西南工作組將全部參加化纖化肥項目建設，有機專業調往輕工業部第二設計院，無機專業調往燃化部新設在天津的第一設計院！

這次調動，說發揮來還有一個小插曲。

原來，項目確定後，國家部委對工程前期工作進行分工，包括項目談判、設計聯絡、施工管理，等等。燃化部分管乙烯、合成氨和化肥項目，輕工業部分管化纖項目。對石油化工工程，就連燃化部都感到缺少人手，但大家都克服困難，調集人馬，集中隊伍，力爭大干快上。第九化工建設公司就是在這樣的背景下，緊急調遷至遼寧盤錦的，那裡上馬了一個 30 萬噸的合成氨項目，後建成了遼河化肥廠。

但是，輕工業部實在找不到熟悉石油化工方面的專業人員，只能請燃化部支持。而在「文革」前後，化工部設計院都分散下放了，成立了各大區設計院，雖說是業務歸燃化部管，但人事權卻歸到了地方。結果輕工業部分別派人去了山西娘子關的一院和四川成都的八院，兩家都不同意抽調人員。最終事情報到李先念副總理那兒去了，李副總理髮了脾氣，說我們還是不是社會主義國家，連設計人員都調不動。碰巧的是，輕工業部設計院在廣西維尼綸項目上與西

南工作組有過合作，就向李副總理推薦，所以調令很快就下達了。

　　1973 年 9 月的一天晚上，蔣士成交接完手中的全部工作，來到干河壩工地上，周邊的山巒在白色月光的映襯下顯得嬌嬈多姿，由近及遠的工廠蜿蜒於山間，忽明忽暗的燈光在山中閃爍，人聲、機器聲在初秋的涼風中若隱若現。蔣士成知道，有機化工廠的大會戰還沒有結束，而他卻是在清鎮的最後一晚了，他好像第一次發現清鎮夜色是如此美麗，竟有些依依不捨了。這裡，高高低低的山坡上印下了他的足跡，大大小小的工廠裡留有他的蹤影，他為此付出了不少心血，卻帶走了太多太多的遺憾。祖國展示的宏偉藍圖，怎樣才能變為現實呢？

　　把酒酣滔滔，心潮逐浪高。這一夜，蔣士成徹夜未眠。

第|五|章

國門開啟的
「前奏曲」

「的確良」引發化纖革命

　　雖然，「的確良」引發揮毛澤東主席的關注只是一次偶然事件，但是，作為舶來品的「的確良」在 20 世紀 70 年代初一時風靡全國，繼而又引發了中國衣著史上的一次革命，卻是一個不爭的事實。因此，有人將我國第二次引進和利用外資及技術設備的「四三方案」稱作為是一次「中國化纖革命」，是不無道理的。

　　「的確良」，通常被稱作為滌綸，是英文「dacron」的粵語的音譯。發揮初香港人將其翻譯成「的確靚」，音近意佳。「的確良」產品傳到內地後，又被稱為「的確涼」和「的確良」。它是滌綸的紡織物，做成的衣服不僅挺括滑爽，耐穿易干，而且色質光亮、鮮豔。這對一段時期以來習慣於粗衣粗布、單一灰暗色調衣著的國人來說，不能不說是一個巨大的視覺衝擊。所以，「的確良」產品一進入中國，就得到中國人民的青睞。即使是售價不菲，也抵擋不住人們對它的追捧。在那物資匱乏的年代，一個普通人能夠擁有一件「的確良」襯衫，確實是一個美麗且時髦的奢望。

　　有人說，改革開放的勁風一朝颳發揮，最先變革的是人們身上的色彩。

　　化纖革命的意義不僅在於讓老百姓身上的衣服由以棉布為主轉變為以化纖為主，更在於有效地緩解了糧棉爭地的矛盾。「民以食為天」，畢竟解決人民的吃飯問題是共和國的頭等大事。把原來種棉花的土地騰一些出來種糧食、種蔬菜、種食用油作物，增加糧油蔬菜供應。糧食多了還可以養豬，從而增加豬肉的供應。因此，這個決策攸關國計民生，是幾千年來中國經濟史上的一件大事。

　　從技術層面上說，中國化纖的發展歷經了從植物中提取纖維到從石頭中提取纖維的過程，原料和資源的侷限導致成本的上升，現在可以從相對低廉、供應穩定的石油中提取纖維。黑乎乎的石油經過化學的處理加工變成白花花的化纖產品，人們不可思議的事情在國際先端技術下成為現實，這何嘗不是一場深刻的技術革命呢？

　　實施「四三方案」，中央是下了大決心的。43 億美元，錢從哪裡來？為了集中資金搞民生工業，毛澤東拍了板，取消了「曙光號」載人航天飛船的研製計劃。他說，太空人這事要暫停一下，先把地球上的事情搞好，地球外的事往後放放。鄧小平回憶這段歷史時說過：「說到改革，其實在 1974 年到 1975 年我們已經試驗過一段。」因此可以說，以化纖革命為發揮源的「四三方案」吹響了中國改革開放的「前奏曲」。

　　項目醞釀之初，中央曾設想建設「三大化纖」，將項目放在紡織工業比較發達、棉花短缺而人口又比較多的上海、遼寧和四川。1972 年 6 月，根據國務院對進口化纖設備的安排方案，輕工業部在北京召開上海、遼寧、四川三省市會議，部署項目啟動準備工作。後來，天津倚借大港油田的優勢，想把原定在上海的項目搶過去。最後，李先念拍了板，追加了天津石油化纖項目。這樣，就形成了「四大化纖」，項目確定後成立的機構名稱分別為：上海石油化工總廠、遼陽石油化纖總廠、天津石油化纖總廠和四川天然氣維尼綸廠。

　　引進成套設備的「四大化纖」提高了我國化纖工業的視野，促進了新中國與西方大國第一次親密接觸，無論從經濟發展角度，還是從技術發展角度，意義都十分重大，甚至可以說，化纖革命為 20 世紀 70 年代後期波瀾壯闊的中國改革開放發揮了開闢先河的作用。

　　「四大化纖」的建設規模為年產化學纖維 35 萬噸。其中滌綸 18 萬噸，腈綸 4.7 萬噸，錦綸 4.5 萬噸，維尼綸 7.8 萬噸。所需投資相當於建設 1000 萬棉紡錠的投資總和，大約是從新中國成立到

1971 年間的 22 年國家給紡織工業的投資總和，在我國紡織工業建設史上是空前的。

「四大化纖」項目建成後，合成纖維產量相當於 500 萬噸棉花，可以織布 13.3 億米，其中滌棉布 6.33 億米，為解決人民穿衣問題發揮了重要作用。

更為重要的是，「四大化纖」的建設有力地推動了合成纖維成套設備技術的長足進步。在龐大的引進計劃制定之初，輕工業部就秉承中央「能自己製造的不引進」的原則，一方面儘量節省來之不易的外匯，一方面透過學習、消化、吸收外國先進技術促進國產設備的配套生產能力。「四大化纖」的進口設備主要集中在化纖原料的生產裝置，以及聚合和紡絲工藝的關鍵設備。有大量的配套設備需求進行國產化攻堅，透過這些工作的實踐，使大家學習了新知識，開闊了眼界，培養和鍛煉了隊伍，使我國的紡織機械工業水平獲得了新的提升。

這場化纖革命開路先鋒的責任，無疑落在中國輕工業部紡織設計院的身上。

增光路紡織大院

中國輕工業部紡織設計院（以下簡稱輕紡設計院）坐落在北京海澱區甘家口增光路 21 號。這裡在 20 世紀 50 年代還屬於北京的西郊，只有葦子坑、墳地和幾座孤零零的土山，60 年代初，北京市在這裡建造了海澱鋼絲廠，該廠打破了蘇聯的經濟封鎖，自力更生，成功試制了當時蘇聯已經停止供應我國的經濟建設急需的鐵鉻鋁合金鋼，填補了我國冶金工業生產的空白，後更名為北京鋼絲廠，曾

經輝煌一時。增光路原是從甘家口到鋼絲廠門口的一條土路，1965年在朱德委員長的親切關懷下修為柏油路。道路修成後，朱德委員長高地稱稱這條路是為國增光的「增光路」，從此這條路就被正式命名為「增光路」。

和北京許多機關大院一樣，輕紡設計院採用前樓後舍的布局模式，沿街的是辦公樓，「工」字形結構，典型的蘇式建築風格，氣派非凡。後面為零零星星的宿舍樓，辦公樓的左側開了一個側門，方便行人進出。這種源於居家與田園緊密相連的、中國農耕意識引導形成的布局形式，在北京隨處可見。多少年來，不管單位名稱如何變化，大家都習慣又親切地將其稱之為「紡織大院」。

輕紡設計院白手發揮家，創始維艱。參加籌建並長期擔任設計院主要領導的俞鯉庭老院長在《回顧與思索》一文中這樣寫道：「如果『一五』是我們工廠設計的初創期，60 年代進入化纖領域是第一次飛躍，70 年代的特大工程是我們第二次飛躍……我們在困難中成長，從艱辛中趨於成熟。」❶

進入 70 年代以後，為切實解決人民衣食需求，國家決定成套引進化工化纖裝置，建設四個大型聯合企業，利用石油資源加速發展合成纖維工業。建設規模之大，技術之複雜，在我國紡織工業建設史上前所未有。這對於僅有二十年成長史且絕無相關經驗的設計院來說，承擔大型化工化纖聯合裝置的設計，是一個全新的挑戰！

只許勝利，不許失敗！全院職工摩拳擦掌，樹立了必勝的信心和決心！

他們知道，擔負如此重任是責無旁貸的，不僅是挑戰，更是機遇！這是輕紡設計院在石油化纖領域實現再次飛躍的新契機！

為了建設「四大化纖」，輕工業部從全國緊急調集了近 200 名人

❶《紡織工業部設計院建院三十五週年 1952~1987》. 北京：中國崑崙工程有限公司藏檔.

員充實石油化工設計力量，其中燃化部貴州西南工作組的就有 63 人。

蔣士成正是在輕紡設計院即將實現第二次騰飛的發揮飛時刻跨入紡織大院的。1973 年國慶節前，蔣士成一行來輕紡設計院報到，隨後立刻投入到緊張的項目籌備工作之中。

70 年代初，北京的生活條件比貴州好不了許多。蔣士成分配的住房是設計院宿舍樓 4 門 5 號，三室無廳，三個家庭各占一間房，廚房與廁所共用，做飯、如廁都得分段排隊進行。十四平方米的房間勉強擺下蔣士成從貴州帶來的自制家具後，室內所剩空間無幾，既是臥房，又是餐室，擁擠不堪。

更難堪的是戶口問題。因為北京市進戶口有控制指標，這批調動的人數多，又比較緊急，只能分期分批地辦。人到了北京，戶口卻落在河北保定。糧油糖、布線煤，各種票證都要從保定轉來，更有許多票證由於地域限制，不得不去當地購買。蔣士成是調動人員中首批解決戶口問題的，但那已是一年以後的事情了。

大　項

蔣士成在設計院參加的第一個會議是關於「大項」項目的討論會。會議由俞鯉庭院長主持，議題是如何做好「大項」的總體設計。

「大項」是遼陽石油化纖總廠項目的代號。可能是項目決策時的保密需求，也可能是遼陽石油化纖項目在四大化纖項目中體量最大，或許是當時項目的選址還未確定，在相當長的時間內，從中央到地方都以此代號來指代遼陽石油化纖項目。特別有趣的是，「大

項」落戶遼陽後，全省人民為此歡欣鼓舞，一些喜歡熱鬧的老百姓特意趕到遼陽動物園去看引進的大象，鬧出了不少笑話。

國慶節剛過，輕工業部就下達了通知，要求設計院承擔遼陽石油化纖總廠的設計任務，並為總體設計單位，負責該廠的總體設計和滌綸、尼龍 66 抽絲以及罐區、儀修、動修、制氮等廠區配套工程設計以及抽絲區的工程地質勘探。

所謂總體設計單位，就是工程設計總牽頭和總協調的單位。在特大型基建工程過程中，會有很多設計單位參與各單項工程設計，有中央部委的專業設計機構，也有地方上大大小小的設計隊伍。遼陽項目是成套引進設備的多裝置、多類別項目，還要與國外設計單位緊密連繫、分工和配合，拿總這樣一個複雜工程的設計工作，其難度是可想而知的。

會議並沒有「接不接總體設計單位」的議題，但是這個問題自始至終貫穿於整個討論過程，且愈發尖銳，已致於討論會連續開了一週。

按照輕工業部的設計分工，輕紡設計院負責天津石油化纖總廠的總體設計，任務書早在 1972 年 11 月已經下達。設計院隨即開展了廠區地質初勘等先期工作，後因為天津項目原料供應的變化和水源不落實進行了調整，設計工作不得不停頓下來。現在，一下子要做「大項」的主體設計院，大家都感到突然，從情感上難以接受。

「大項」是「四大化纖」中投資最大、裝置最多、流程最長、工藝最複雜的項目。引進裝置多達 17 項、25 個裝置，國內配套達 44 項，包括子項則多達 300 多項，雲集的勘測設計單位 28 個。除了任務艱巨、經驗不足、人才缺乏等客觀原因外，俞鯉庭敏銳地看到，還存在著一些主觀原因：部分同志認為做煉油化工裝置的設計是

「不務正業」；部分同志覺得遼寧路途遙遠，天寒地凍，遠不如天津方便；還有部分同志對當地的政治氛圍心存芥蒂……

蔣士成是作為項目所需化工人才奉調來院的，對這樣一個舉世矚目的特大工程，他和絕大多數工程技術人員一樣充滿了極大的熱情，但對承接「大項」項目心裡也直犯嘀咕，畢竟自己也毫無石油化工工程的設計經驗，大家的擔憂同樣也是他的擔憂。值得他佩服的是，討論會讓大家說出了心裡話，俞院長的會上會後的循循善誘、潤物無聲，讓大家統一了思想，堅定了目標。

俞鯉庭在《回顧與思索》一文中這樣回憶到❶：

> 我們面臨的棘手問題是大量存在的，我們未曾直接參與談判，我們對石油化工有似萍水相逢，並未有足夠認識，究竟會遇到一些什麼難題，心中還是無數。但是我們經歷過三百個項目，紡織部有關部門好心的同志在鼓勵我們，領導也以親切愛撫的眼光期待我們。經過一週的熱烈討論，大家分析了自己走過的路程，在化纖廠設計中，我們就曾是憑著勇氣、信心和決心越過重重困難，奪取了成果，何況石油化纖廠引自國外，事實上國內也還沒有一個工廠設計單位曾經拿下過這麼大的項目，別人是第一次，我們為什麼不能是第一次呢？我們承認困難，也敢於面對困難，克服困難，無非艱苦一些。艱苦本來就是建設者的家常便飯，再何況我們曾為天津項目作過一年多的準備，訪遍全國大的煉油廠和已有引進的大型化工廠。對有利不利條件的共同分析，增強了大家的勇氣和信心，接受新的考驗的決心終於下定了。

---

❶《紡織工業部設計院建院三十五週年 1952～1987》. 北京：中國崑崙工程有限公司藏檔.

也就是在這次會上，蔣士成認識了當時輕工業部進口辦技術負責人季國標。季國標是無錫人，比蔣士成大兩歲，兩人算是大同鄉。季國標 1952 年交通大學（現上海交通大學）紡織工程系畢業參加工作後，曾作為優秀青年技術人員先後被國家選派至民主德國和英國學習，奠定了他堅實的化纖工程技術基礎。為保定第一人造絲廠、南京化纖廠、蘭州石油化工廠的建設立下汗馬功勞。在「四大化纖」的總體規劃、立項方案制定、引進設備選型等方面，季國標功不可沒。但是，泛濫的「左」傾思潮不停地向他發難，有人在輕工業部大樓貼出大字報，指責季國標引進歐美 30 年代的落後設備，是向帝國主義搖尾乞憐的「哈巴狗」。在錢之光部長的支持下，他頂住了壓力，完成了一批裝備及技術的選擇和審批工作。

季國標很詳細地介紹了「大項」方案技術交流和商務談判的過程，引進裝置的工藝路線、技術特徵以及引進國的石油化纖的發展概況。世界石油化纖技術的飛躍發展給蔣士成以深深的震撼。

「大項」引進工程的對外談判從 1972 年 6 月開始，歷經 15 個月 130 餘次談判，1973 年 9 月與法國德希尼布設計公司（TECHNIP）和斯貝西姆設計公司（SPEICHIM）簽訂了第一份《以石腦油為原料生產聚酯、錦綸 66、聚合級乙烯、聚合級丙烯聯合企業合約》，合約包括催化重整等 21 套生產裝置，簡稱 CF7344 合約，為遼化生產裝置的主體。整體技術水平接近 70 年代初國際先進水平。

德希尼布是法國著名的化工工程設計公司，服務範圍很廣，包括可行性研究、浮動與固定式平台、上部設計與建造、項目管理與實施等；斯貝西姆公司是法國施耐德公司集團成員，主要業務是高分子合成原料和溶劑、石油化學產品、肥料、塑料和紡織品等。兩大公司的業務遍布歐洲乃至全球。

法國是西方社會中第一個與中國建交的國家。選擇從法國引進技術裝置，體現了中國人民的重信義、講感情。談判過程中，因為

1000 多萬美元的價格分歧，合約遲遲簽訂不了。法國總統蓬皮杜訪華時，親自出面做工作。法國駐華使館在宴請周總理時，蓬皮杜說這個項目的簽訂，會在全世界引發揮轟動，希望中國政府在價格上讓步。最後周總理從大局上考慮同意了，中法雙方終於把這個合約簽了下來。這個合約果然在國際社會上引發揮了很大的反響，「大項」為我國政治外交，為推動我國改革開放事業所作出的貢獻以及付出的代價同樣讓與會者受到莫大的振動。

討論會期間，CF7344 合約的技術附件還在大連印刷所付排，為了使大家儘快進入角色，設計院派人迅即趕往大連，複印了一份草稿後急返北京，分頭刻寫蠟紙印刷，做成油印本送至每個人手上，並按照裝置和專業做了對口分工。蔣士成承擔蒸汽裂解裝置的對口設計工作。

「大項」引進的法國石油研究院(IFP)年產 11 萬噸乙烯的梯臺爐專利技術具有當時的世界先進水平。乙烯是化纖原料來源，蒸汽裂解裝置是乙烯生產的核心裝置。這樣的分工，讓蔣士成深切感受到領導的信任和肩負的責任。

面對新工藝新技術，蔣士成知道，即便是石油部有「八大金剛」之稱的 8 位技術專家也是第一次接觸此類裝置，既缺理論積累，更無實踐經驗，必須從零開始，從頭摸索，第一步就是要鑽研裝置原理，熟悉工藝流程，掌握對外技術交流和聯絡的主動權。

1973 年 10 月 23 日，蔣士成隨著「大項」全體設計人員第一次趕到遼陽現場，著手項目設計的銜接和前期工作。雖時序已跨入深秋，蔣士成還是感受到現場的熱烈氣氛。工程籌建團隊早已成立，技術幹部相繼調入，設計施工隊伍也陸續進駐，解放軍基建工程兵 300 部隊受國家建委派遣開赴現場。轟轟烈烈的「三通一平」正在進行。「毛主席圈定我施工，建設遼化多光榮」的口號深深刻在每個建設者的心裡。

遼化工地「三通一平」

項目選址在距遼陽市東南 8 公里的一個叫做石場峪的地方，這裡絕大部分為山坡地，南臨太子河，背山面水，相距鞍山煉油廠、原油管線加壓站較近，公路、鐵路交通便利，具備建設大型化工基地的基礎條件。

「要知大項是啥樣，睜開眼睛往南望；要知大項有多胖，十里廠區是個炕。」引進項目所帶來的喜悅和自豪讓遼陽人溢於言表。

踏勘現場後，設計人員前往瀋陽東北工業建築設計院（以下簡稱東北院），組織召開第一次設計會議。東北院是一所實力很強的老牌設計院，在項目籌建之初就介入工作，參加「大項」技術談判的全過程，並被遼寧省內定為項目主體設計單位，後來輕工業部從設計專業的角度綜合平衡考慮才臨時換帥。為了消除由此帶來的消極影響，輕紡設計院領導郎清榮、俞鯉庭、王錦堂親自帶隊上門拜訪，將東北院的東北旅社作為聯合設計的辦公地點，在總圖編制、設計流程、概算編制和設計分工等方面與東北院協同一致，院領導謙遜的態度和高超的協調能力給蔣士成留下了深刻的印象。儘管東北院退出了總體設計，但給了輕紡設計院工作極大的支持，在極其艱苦的條件下，承擔了不少的子項設計工作。

月底，「大項」第一次設計會議在瀋陽召開，中國工業建設史上規模罕見的聯合設計會戰拉開了序幕。

唱「雙簧」

　　引進項目的設計不僅是一項複雜的業務工作，還是一項嚴肅的涉外工作。從技術談判、方案審查、設計聯絡考查、土建施工、設備安裝、投料開車到裝置考核的每道環節，都必須有中外設計人員的共同參與，當時的遼寧是「四人幫」控制嚴格的省份，是非顛倒，「左」傾路線盛行。對於這個每步都十分敏感的涉外環節，稍有不慎，就會被橫加指責，上綱上線，甚至釀成苦果。

　　參加談判的技術人員以輕紡設計院的人員為主，此時被推到風口浪尖上。

　　李志方是輕紡設計院資深的化學纖維工程設計專家，江蘇無錫人，美國麻省理工學院碩士研究生畢業。抗日戰爭勝利後，他懷著發展民族工業的抱負回到祖國，在上海籌建宏文造紙廠，為我國的草板紙生產填補了空白，新中國成立後又響應國家號召，帶領宏文造紙廠公私合營。1956 年李志方進入紡織工業部，參加丹東化纖廠和安樂人造絲廠的恢復建設，為我國化纖工業的發揮步和發展作出重要貢獻。他出身於民族工商業者家庭，母親榮慕蘊是著名民族資本家榮德生的長女，父親李國偉是榮氏棉紡織和麵粉產業的第二代傳人。因此，李志方另一個特殊的身分是「紅色資本家」榮毅仁的親外甥，「文化大革命」期間，榮毅仁身處逆境，受到衝擊，李志方也遭受迫害，舉家被下放到湖北農村，失去了工作。

　　李志方不但有國內外化工企業的工作經驗，還具有較強的談判能力。20 世紀 40 年代上海宏文造紙廠引進的美國設備，從選型、

談判到安裝都是由李志方一手操辦的。為了「大項」對口技術談判，輕紡設計院急調李志方回院工作，但由於扣在他頭上的「帽子」還沒有來得及摘除，按照政審條件，李志方不能出現在和外方人員會談的談判桌上。無奈，設計院不得不上演了「雙簧戲」。

蔣士成第一次見到李志方是在與法方技術會談的瀋陽東北旅社。李志方長蔣士成十五歲，個子不高，面色黝黑，花白、濃密、略帶捲曲的頭髮和一副寬邊的黑框眼鏡透露著一種滄桑感和書卷氣。由於操著相同的江南方言，蔣士成與他多了一份親近。接連兩個多月的朝夕相處，李志方淵博的化工知識、嚴謹的工作態度、旺盛的工作精力給蔣士成留下了深刻的印象，特別是在不公正的環境下，他無怨無悔的大度胸懷，讓蔣士成由衷地感到欽佩。

技術會談共分為 20 多個談判小組，每組 3 到 4 人。9 個分廠中，原料分廠（後為化工一廠）的裝置數量最多、技術最為複雜，主要由從法國引進的催化重整、蒸汽裂解、汽油加氫、芳烴抽提、制氫、對二甲苯等 6 套裝置組成。李志方是原料分廠技術總負責人，蔣士成是蒸汽裂解裝置技術談判組的副組長，兩人便成為「雙簧」中的「前臉」和「後臉」的角色，配合非常默契。

李志方對蔣士成說：「國家耗費巨資引進這個項目，我們作為國家培養的技術工作者一定要想方設法吃透裝置技術，不能只知其然而不知其所以然啊。」

「大項」是「交鑰匙」工程，當時有不少人認為，中方設計部門的主要任務是做好配套工程的設計和銜接，引進裝置的技術和品質與我方並沒有多大的關係。尤其是對於一向不擅於揣摩政治方向的知識分子來說，與洋人打交道，不免心有餘悸。

李志方的一席話語重心長。蔣士成想發揮十多年前恩師斯托爾維奇的那段關於「卡脖子」一語成讖式的忠告，那道令人警醒的弧線又一次閃現在蔣士成的眼前。

技術會談實際上是技術交底，外方依照合約按工廠、分裝置逐個介紹工藝原理、流程路線、設備構造、裝置性能，談深談淺完全取決於外方。對於裝置的核心技術，外方通常是避而不談，或者是淺嚐輒止的。然而，在蔣士成看來，這是學習消化外國先進技術不可多得的絕好機會。

會談的日程排得很緊，談判組為了吃透裝置技術，更是白天黑夜連軸轉，白天與外方會談，晚上整理資料、內部溝通。始終站在談判幕後的李志方幾乎晝夜顛倒，幾個談判組的資料都必須經過他審查彙總，每天的碰頭會上，他總是在仔細聽取各組談判小結後，提綱挈領地歸納出第二天的談判要點。對一些技術關鍵點，他還親自列出詳細提綱，設計談判技巧。許多次，在進入談判室前，蔣士成還會收到他親筆寫就的會談重點提示，那雙充滿血絲又充滿信任的眼神，給予蔣士成無窮的力量。

這段日夜奮戰的經歷，也讓蔣士成受益匪淺。一開始他只是裂解裝置的副主談，很快就上升為主談，不久，領導又將汽油加氫裝置的主談的任務交給他。這樣，蔣士成對引進的一整套處於世界尖端的石油化工裝置先進的技術有了全面的了解，為完成這個特大型項目的轉換設計和配套設計任務打下了堅實的基礎。

技術會談如火如荼之時，正值「文化大革命」「批林批孔」運動時期，每週都要安排幾次政治學習，召開階級鬥爭批判會，有人質疑像蔣士成這樣的非黨幹部當談判組長是「資本主義復辟」，與資本主義國家技術會談是「洋奴哲學」「爬行主義」。蔣士成針鋒相對，他在思想匯報中寫道：「自力更生」與「洋奴哲學」是社會主義建設中兩條路線鬥爭的大是大非問題，引進和學習國外的先進技術是必要的，但我們的方針仍然是「自力更生」，不能一味依賴國外技術，要做到「洋為中用」，學習國外先進技術是為了更好的「自力更生」，加速發展我國的石油化纖工業。

外面的世界精彩也無奈

　　緊張的技術談判結束後，蔣士成被組織選派參加赴法設計聯絡工作。設計聯絡的目的是為外方的初步設計審查做準備。他們 1974 年 1 月 29 日啟程，3 月 7 日回國，歷時一個月零七天。

　　埃菲爾鐵塔、凱旋門、塞納河、香榭麗舍大街給了蔣士成嶄新的視覺衝擊，而法國飛躍發展的石油化工工業更使蔣士成感到莫大的震撼！

　　赴法聯絡組一行 20 餘人，來自不同的參建單位。著裝是統一定製的：深藍色中山裝套服，黑色皮鞋，黑雪花尼大衣。一行人行走之處，十分引人注目。在「萬花筒」般的繁華世界，成為一道別樣的風景線。

　　法國人以陌生、好奇的眼光打量著這群來自東方古老國度的中國人。

　　作為老牌帝國、世界首個化纖企業的誕生國，法國的石油化工工業體系完備，專利技術多，開發、工程化及商貿能力強。遼化「大項」的技術專利購於法國石油研究院和羅納布朗克化工集團公司，承包商德希尼布公司和斯貝西姆公司只是工程設計公司，但他們的業績很輝煌，設備供應商以及所承建的工程成功案例遍布了歐美各地。

　　「外面的世界很精彩，外面的世界很無奈。」20 世紀 80 年代的一首流行歌曲是當時蔣士成複雜心情的真實寫照。

　　一流的技術，一流的企業，恢宏的裝置，高度自動化的生產流水線，讓蔣士成大開眼界，不禁暗自為現代科技而喝彩；同時，他

看到了中外現實存在的差距，想到國家花費巨資引進成套設備，又不免有些許苦澀。

更為無奈的是整個聯絡工作的日程安排。法方人員在「友好熱情」的外表背後，毫不掩飾地散發出與自信和浪漫俱生的優越感。

德希尼布公司陪同聯絡組的是一名年輕的小夥子，非常健談。他可以從拿破崙談到戴高樂，再談到蓬皮杜，從法國的工業革命談到德希尼布的前程願景，滔滔不絕。在衣食住行方面也尤為心細周到，而對參觀考察方面的安排，卻缺少了應有的殷勤。比如，很少安排聯絡組去設備製造廠、儀錶廠參觀；考察位於里昂市費贊化工廠的裂解裝置時，只安排聯絡組走馬觀花式地看一下沒有負荷運行的 IFP 裂解爐，中央控制室及冷區不讓參觀；阻撓工廠裡的工程技術人員對聯絡組介紹情況，等等。

設計聯絡工作是建設合約工廠的重要環節。透過考察，增強對引進技術裝置的直觀認識，才能保證引進設備的品質。蔣士成知道，法方的敷衍了事，一方面是減少中方掌握技術的話語權，讓初步工藝設計審查輕鬆透過；另一方面是法方從心底里對中國同行們的技術能力持懷疑態度。

「這樣的考察，我們怎麼為國家把好審查關？」蔣士成向聯絡組組長反映情況後，帶著詰問的口氣問組長。組長是遼化籌建指揮部的一名老同志，還兼任聯絡組的臨時黨支部書記。他不擅長工程技術，但作為項目業主代表，非常擔心關係搞僵了，影響以後的合作，所以過多地把雙方關係寄託在「友好」兩字上面。但是，他又不得不面對蔣士成所提出的問題。於是，他專門召開臨時黨支部會議，統一意見後，委婉地向法方提出了修改日程和增加考察工廠數量的意見。

法方部分滿足了聯絡組的要求，蔣士成感到很興奮。他主動承擔了聯絡組資料彙總和《簡報》發揮草工作，對老組長依靠組織、依靠集體解決矛盾的方法不由暗自敬佩，畢竟老組長也是第一次出

國，第一次遇到涉外棘手問題的處理，況且當時外事紀律嚴明，誰也難以一語道明「友好」的清晰底線。

　　然而，蔣士成也明白對方不會就此罷休，我方仍舊掌握不了聯絡工作的主動權。果然不出所料，在多次申請下，法方同意第二次安排考察裂解裝置。從巴黎聯絡組駐地到里昂市費贊化工廠有 5 個多小時的車程，當聯絡組滿懷興致地驅車趕到工廠時，恰巧遇上生產線停車檢修。好在蔣士成借彙總資料的理由，與同行的技術人員分了工，有人檢查設備，有人抄錄技術數據，有人畫工藝流程，有人個別了解情況。回來後加以綜合分析，便基本掌握了較為完整的資料。

　　預定的歸期已到，聯絡組無奈地結束了這次設計聯絡考察。在向院領導的工作匯報中，蔣士成這樣寫道：唯利是圖是資產階級的本性，外國資本家賣給我們成套設備和技術，根本目的是為了賺錢，與我國的對外援助搞國際主義決然不同。所以，我們建立合約工廠，既要保持與外方的友好合作，又要敢於有理有節地鬥爭。要按合約辦事，不使我國在政治上、經濟上受到損失。「友好」和「鬥爭」是路線和原則問題，絕不能本末倒置。❶

　　蔣士成的想法得到院領導以及籌建指揮部領導的重視和支持。在與法方初步工藝設計審查的碰頭會上，蔣士成帶領談判組進行了一次激烈的交鋒。

　　三名法方人員在洽談一開始就盛氣凌人：貴方已經按合約對我方提供的裝置設備進行了考察，想必對我方工藝技術的先進性、可靠性有了深刻的認識。這樣，下一步的審查就變得很簡單了。總部授權我們 3 人配合貴方 7 個裝置的審查，其實也沒有什麼可審查的，一個裝置安排兩天就足夠了。

　　蔣士成微微一笑，說：「非常感謝貴方對我們在法工作期間的

❶蔣士成人事檔案.《出國思想匯報》. 1974. 3. 中國石化集團公司人事檔案室藏檔.

熱情接待，也相信三位先生有足夠的技術能力配合好我們下一步的工作。但遺憾的是，我們在貴國沒有能夠按照合約規定看到我們應該看到的內容，甚至連與合約相似主裝置的生產運行都沒有機會看到，我們無法對貴方設備裝置的先進可靠性作出評價。」

「工廠是例行的停車檢修，我們為不夠周到的日程安排表示歉意，那只是一個小小的意外。德希尼布建設的所有的工廠都非常成功，我們三人都是重要的參與者，請相信我們承建的中國工廠在現有業績的基礎上將會更加完美。」法方的主談一邊做解釋，一邊承諾由他們負責對改進後的工藝技術做詳細的介紹。

蔣士成認真地聽取法方所做的詳盡的技術介紹，他心底里十分佩服法方工程技術人員的敬業精神，儘管他們披著一身商務的外衣，但他們從技術上談設計的先進合理性時，擁有純粹的技術觀點，有可貴的創新精神。然而，憑藉對合約的透徹理解以及考察中留心所掌握的數據資料，蔣士成很快就觀察出其商務外表與技術內核之間的矛盾。在工藝設計、設備選型和材質配備等方面，法方選擇了商業利益最大化，最終的代價恰恰是犧牲了裝置的先進穩定性。

幾句有理有節的詰問，讓法方代表面面相覷。原來，蔣士成早就發覺這套裝置的合約缺陷較多，預料在今後的談判中會陷於被動。法方之所以千方百計阻撓聯絡組現場考察，除了保護其核心商業祕密外，在給出的工藝條件、參數、流程以及設備材料選擇等方面就會留有很大的利潤空間。蔣士成明確提出要以德希尼布建成的費贊化工廠等裝置為參照系，彌補合約缺陷，避免造成經濟損失。

這次會談雙方交鋒的結果是，暫停了原定的初步工藝設計審查計劃，與法方簽訂了蒸汽裂解裝置需再次赴外設計聯絡的備忘紀要。

「你是我認識的中國最佳秀的工程師」

第二次設計聯絡工作為期近兩個月，1974 年 8 月 3 日離境，10 月 1 日返京。除了對法國的考察內容，還增加了聯邦德國設備製造廠的考察日程。蔣士成被籌建指揮部指定為聯絡組三人領導小組成員，技術考察的總牽頭人，隨行人員大部分為遼化原料分廠的生產技術骨幹。

德希尼布公司吸取了第一次設計聯絡工作的教訓，協商問題不再那麼咄咄逼人，考察日程、內容基本按照雙方紀要精神安排，具體工作也尊重聯絡組的建議；同時，聯絡組也十分注重溝通的策略和方法，對法方刻意迴避的敏感問題、接待方面存在的困難給予理解和引導，從而保證了設計聯絡任務的順利完成。

這次聯絡考察的重點是法國里昂市費贊化工廠的 IFP 裂解裝置。費贊化工廠位於里昂市南部石化工業區，毗連原油加工能力達 980 萬噸的費贊煉油廠。IFP 裂解裝置採用美國魯姆斯裂解爐技術，裂解原料為石腦油，遼化引進乙烯裝置的管式裂解爐和裂解氣分離流程是這套裝置的翻版。蔣士成對遼化的同行說，將來你們管好裝置工藝和技術的關鍵，就是要認真吃透這套裝置。

聯絡組沒有在巴黎停留，下飛機後立刻轉火車趕往里昂。一開始法方給聯絡組安排在里昂市最高級的四星酒店－－里昂大旅社住宿，標間費用為每天 150 法郎，每天去費贊化工廠要用出租汽車接送，由於路途較遠，需求一筆不菲的交通費。為了爭取更多的工作時間，蔣士成和負責外事的副組長商量後向法方提出選擇就近在費贊化工廠的南郊旅店住宿。

法方陪同人員感到不解，說：「郊區偏僻單調，沒有娛樂生活，旅店設施簡陋，化工區的空氣不夠新鮮。」並告知聯絡組的生活費用沒有超過合約預算。

蔣士成笑著解釋：「我們大部分人員來自中國的化工廠，平時住廠區宿舍，不習慣市區的吵鬧。更重要的是，住郊區離工廠近，工作和休息都很方便。」

法國人雖然對聯絡組的提議感到不可思議，但還是答應了聯絡組的要求，調整了住宿計劃。新的住處離化工廠很近，標間費用僅為每天 60 法郎。與之形成鮮明對照的是，德希尼布陪同人員仍堅持住在里昂市，來回往返。

費贊化工廠對這次聯絡考察非常重視，廠門前掛上了中華人民共和國國旗，在辦公區安排了聯絡組人員的臨時辦公室，落實了對口人員。按照合約，該廠的工程技術人員和工人將分批選派到中國，指導、參加遼化項目的設備安裝和聯動試車。雖然名單還未確定，但從聯絡組與他們的交談中，他們都十分嚮往參加到這個項目來，並以此作為他們畢生的榮耀。

費贊 IFP 裂解裝置建成投產不足四年，要全面了解裝置，不僅要掌握系統的運行數據，而且要掌握裝置的歷史數據，特別是裝置開車調試時的綜合歷史數據，這樣才能舉一反三，保證引進裝置的運行穩定，少走彎路。和上次考察一樣，蔣士成仍然主動擔任資料整理彙總工作，白天收集數據，晚上分析整理，準備第二天的調查提綱，及時拿出階段性總結報告。

由於深入生產現場工作，蔣士成能夠大量接觸到法國工廠基層工程技術人員和操作工人，和他們朝夕相處，打成一片。在增進雙方友誼的同時，為順利完成設計聯絡工作任務提供了不少便利。他們主動提供了一些工廠檔案裡缺少的一些重要的技術資料，比如裂解爐的計算資料和開車時的運行數據，就來自裝置工程師的私人筆記；在具體了解裂解爐高壓清焦水泵的性能規格時，司泵工人生怕

介紹的不夠全面，特意開私家車回家取回設備的原始資料送給聯絡組。

在這次設計聯絡工作中，蔣士成對「友好」的內涵又有了新的認識，他在總結中寫道：過去對團結友好工作方面認識不夠，認為我們的主要任務是設計聯絡，不是友好代表團，友好工作是附帶的。但作為社會主義中國的技術工作者，要學習國外的先進技術，首先就要保持一個謙遜和友好的態度。由於社會制度、意識形態與文化的長期隔閡、經濟發展的差距，以及個體價值觀的迥異，雙方的合作過程中必然會發生誤解和矛盾。因此，我們不僅是經濟合約的執行者，還是增進兩國友誼的對外大使。❶

光有紙面上的數據還不夠，還必須在實測過程中得到驗證。

8 月 15 日是天主教聖母升天紀念日，是法國的國家公共假日，這一日工廠放假，因裝置需連續生產僅有當班工人輪值。為了看清裂解爐的結構和使用情況，蔣士成一行放棄了休息，在當班工人的帶領下，鑽到爐膛內觀察，在一千攝氏度的高溫輻射下，實測裂解數據。爐膛內酷熱難耐，幾分鐘就能讓人窒息，不得不出來透氣。一次進出只能測幾個數據，往往是出來後汗流浹背，進去後又迅速蒸乾。這樣反覆不斷地進出，共測得 70 多個數據，得到了第一手資料。

這一天，工廠食堂不開午飯，他們連續工作了一整天，餓著肚子，體疲力竭，精神卻特別飽滿。

法國工人們感到驚訝：「我們工廠投產以來，從來沒有像這樣測過這麼多的數據。」

裝置負責人在第二天拿到聯絡組的考察資料時，不禁稱讚道：「你們工作的認真細緻程度甚至比我們還厲害，你們比我們對 IFP 爐了解還要清楚，真是令人敬佩！」

---

❶蔣士成人事檔案.《出國思想匯報》. 1974. 10. 中國石化集團公司人事檔案室藏檔.

德希尼布公司的陪同人員驚嘆不解，因為在崇尚自由的法國人的觀念裡，假日是神聖不可侵犯的。他們悄悄地問蔣士成：「我們都是打工的，是什麼神的力量讓你們放棄神的假日而如此拚命？」

蔣士成付之一笑：「中國人民不信仰神。我們之間不同的是，你們是為你們的老闆打工，而我們是為十億中國人民打工。」

也許這些法國的「白領」和「藍領」階層不能理解蔣士成話中的全部含義，不過中國技術人員的吃苦耐勞精神、對工作認真細緻的態度贏得了他們的尊敬。

在費贊化工廠工作了整整一個月後，聯絡組於 9 月上旬趕往聯邦德國慕尼黑和法蘭克福，對設備製造工廠進行實地參觀考察。德國製造業的宏大規模和嚴謹的工業標準給蔣士成留下了極為深刻的印象。

1974 年國慶節，蔣士成隨聯絡組回到北京。第二天他看到報紙上刊登了周恩來總理主持國慶 25 週年招待會的新聞和照片，不由想發揮了周總理年初在遼化項目赴外設計聯絡的法方邀請文件上的親筆批示：「人選一定要精選，讓能夠學習考察一些知識和東西帶回來的人去」，心中無比感慨。他想，周總理所說的「知識和東西」就是世界上最先進的技術，才是中國人民站立發揮來的真正力量。

由於這次設計聯絡工作的細緻充分，在 10 月份進行的初步工藝設計審查中我方取得了一定的主動權。一向傲慢的法方主談明顯放低了姿態，雖然在會談中時常會發生激烈的爭鋒，雙方僵持不下，但在態度上始終是積極配合的。蔣士成知道，審查中每修改一項內容，資本家就要少賺一筆錢。因此，蔣士成總是避其鋒芒，迂迴作戰，有理有節地用數據說話，讓對方最終不得不做出適當讓步。

施工圖審查是工程建設的關鍵環節，既要有技術性，又要有耐性，任務十分繁重。如果圖紙出現錯誤，不在施工前糾正，不僅讓承包方造成損失，同時還會因為增加扯皮情況、延誤工期給國家造成巨大的經濟損失。蔣士成帶領審查組對法方提交的幾千張圖紙逐

一認真審查，結果發現了在總圖與單項圖、管道交叉排線錯亂等方面的幾百個設計錯誤。

對蔣士成審查中指出的錯誤，法國工程經理既感激又羞愧。他對蔣士成說：「真想不到你對我們的設計圖紙如此熟悉，沒有你近乎完美的挑剔，我可能就會滾回法蘭西了。你是我認識的中國最佳秀的工程師！」

萬人會戰

「我接觸到世界最先進的技術，也吃著世界最大的苦。」曾經參加過遼化項目萬人會戰的著名企業家任正非對法國記者如是說。

任正非有一段生活軌跡與蔣士成相似，都是從貴州的三線備戰建設轉戰遼陽的，遼化建設時在法國專家的指導下從事原料分廠的化工自動控制工作。他雖與蔣士成在同一時期、同一區域工作，卻無緣相識。但他描繪的當時工地艱苦惡劣的環境，蔣士成都親身體驗過[1]：

> 進入施工現場時，數十平方公里的現場，沒有一間房屋。部隊全部睡在草地上，當時是七、八月份。後來工廠撥款建了大批的土坯房，漏風、漏水。既不抗凍，也不防風，最低溫度可以達到零下 28 攝氏度。當時中國處於極度困難時期，肉和油的供應極少，東北老百姓每個月供應的食用油是 3 兩，相當於 150 克。沒有任何新鮮蔬菜，蔬菜都是在秋天把白菜和蘿蔔用一個很大的混凝土池醃製發揮

---

[1] 任正非回憶軍旅生涯：那段時間我過得很快樂．騰訊科技頻道．2019-1-21．

來，做成酸菜和酸蘿蔔，一吃就是半年。主要糧食是高粱，而且是最難吃的雜交高粱。我們一邊學習最先進的技術，一邊過著最原始的生活，這就是那段時間的經歷，用一個詞總結，就是「冰火兩重天」。

初步工藝設計審查結束，已是寒風凜冽的季節。三面環山的工地，經過「三通一平」，顯得粗獷而狹長。工地上沒有路，到處可見的是開挖的壕溝。褐色的土地裸露著，推土機、挖掘機留下的履痕縱橫交錯。沒有了植被的庇護，山谷裡的風變得犀利而強勁，天晴時捲著塵土，遮天蔽日；雨雪天氣，不是泥濘滋積，就是冰封地凍，堅硬如石。先行開工的公用工程敷設的各種管線從地上地下，從四面八方向中央生產區湧來。所有施工器具的運送，無一不是依靠人拉肩扛的原始方式。在這樣的惡劣環境下，工地上依然人聲鼎沸，機聲隆隆，遼化主體廠的開工會戰陸續打響了。

遼化原料廠進口設備吊裝

冰凍寒冷磨滅不了建設者的鬥志，暴雪狂風撲滅不了建設者的熱情。先進與落後，自然與人文，共同構繪出一幅奇特的「冰火兩重天」的宏偉畫卷！

輕工設計二院的辦公室坐落在指揮部的東南側，原為勘探測繪隊存放設備的臨建土坯房，而原料分廠規劃在工地的中心地帶。從辦公點到工地，全靠步行，單程就要走一個多小時。除了施工碰頭會，無論是施工圖審查，還是施工交底協調，蔣士成幾乎每天都要到現場，有時一天來回兩三趟。沒多久，他的膠鞋底磨破了，雨靴也蹭開了口子。

來回奔波並不是什麼難事，蔣士成感到最棘手的是施工單位的協調。工程建設進入高潮期，工地聚集了近百家施工單位，建設隊伍有 6 萬多人，數百名外國工程技術人員也相繼入駐。儘管指揮部有大大小小的協調會，但更多繁瑣的技術問題要依靠牽頭的設計院協調解決。

尤其是與法方的協調比較困難。引進裝置的施工圖是法方出的，配套設計和土建施工由兄弟單位承接，按照與外方合約，工程土建階段，法國技術人員到施工現場只有有限的幾次，大量具體的施工問題只能由中方對口人員聯絡協調。法國技術人員住在縣城的外賓招待所，距工地十多里路。雖有班車往來，但常常因為事急跟不上班車時點，蔣士成經常在路邊搭乘老鄉的馬車、架子車，有時回來時天色晚了，不得不步行回工地。

由於工作觀念、生活方式的不同，儘管中方對法國人員的生活十分優待，但他們對這裡枯燥、單調和艱苦的生活頗有微詞。一次，法國國家官員到遼化查看項目，一些法國人竟然打出「我們要休假」「我們要紅酒」「我們要鵝肝」的標語來迎接他們的官員，讓雙方人員啼笑皆非。

這些法國人萬萬想不到的是，他們的中國同行們每天吃的是酸菜、酸蘿蔔和雜交高粱米。雜交高粱號稱「莊稼的騾子」和「鹽鹼地

寶貝」，就像馬和驢雜交生出的騾子一樣，適應在旱澇、鹽鹼、風沙等地區生長。長期將其作為主食，實在是令人難以下嚥。輕工院領導關心職工，趁去北京出差帶一些掛面回來，在土坯房裡用煤油爐開個「小灶」，已算得上是一種奢侈了。

工程協調千頭萬緒，不時還會有突發事件發生。

1975 年 2 月 4 日，遼南海城地區發生 7.3 級地震，鞍山、營口、遼陽三座較大的工業城市都在烈度 7 度區域範圍之內。這場被媒體稱為「土儀器預報出的大地震」，儘管震前得到預測和防範，但還是給人民群眾的生命財產造成了較大損失。

這時，所有的設計圖都已交付，而整體設計方案從沒有考慮過防震的要求。也就是說，這樣一個舉世矚目的全國重點工程，竟然是地震無設防的項目！

輕工設計院立即從地震局調集相關資料，與建設施工單位和對口設計院一發揮，晝夜兼程，修改完善整體設計和單項設計，使項目達到七度設防的要求。

科學設計，科學施工，本是工程項目建設的基本要求，但在「文革」時期卻受到嚴重干擾。

切實完成國家交付的任務，積極爭取建設單位和外方的理解和支持，堅決頂住來自「左」傾政治方面的壓力，輕工院黨委統一思想，確定了應對方針。

冬季施工是世界級難題。為了搶工程進度，指揮部將引進裝置的土建施工安排在零下二十多攝氏度的寒冬臘月，外方負責人連連搖頭。工程品質是百年大計，蔣士成一方面向外方講述工期的緊迫性，一方面主動和他們討論冬季施工的保障條件。

透過幾個月雙方的交流接觸，蔣士成知道，法國人對工作是嚴謹認真的，尤其是對品質的要求近乎苛刻，引進裝置的塔罐設備都有嚴格的施工標準。只要加強檢查，發現問題及時糾正整改，是可以確保品質的。因此，他向法方負責人提出雙方每天檢查、聯合

簽署品質保證單的建議，得到法國專家們的採納。

海城地震後，蔣士成住進了工地棉帳篷，法國工程人員也搬到工地活動板房辦公，方便了雙方現場檢查和聯絡碰頭。有時活動板房的暖氣不足，但法方人員看到中方同行們住的是冰冷的帳篷時，再也沒有發什麼牢騷了。

工程進入土建施工後，職工培訓被提上了籌建指揮部的工作日程，一批又一批的幹部職工從四面八方到指揮部報到。嚴格來說，職工培訓不是輕工設計院的職責，輕工設計院卻主動請纓，組織專業培訓。負責油頭裝置工藝的蔣士成以及負責總圖設計的王廣鎏、負責聚酯裝置工藝的徐熾等一批工程技術人員都承擔了業務培訓任務。

專業培訓的層級多，人員素質參差不齊。管理幹部和技術人員一部分從全國兄弟企業調集，一部分來自高、中等院校的畢業生分配；操作工人除了省部調配、退伍兵安置外，還接受安置了大量的地方勞動力。

無論是哪個層級，都有一個共同的特點，就是對石油化工知識所知甚少或一無所知。即便是從老的化工企業支援過來的技術人員，對引進裝置的結構、原理、工藝流程也極其陌生；大中專院校的畢業生均為工農兵學員，理論基礎和專業能力都相對薄弱。幾年後，他們將要成為這個現代化工廠技術管理的中堅力量，讓他們熟悉裝置，掌握技術，同樣是工程建設的當務之急！

經過技術會談、設計聯絡、工藝設計審查和現場施工對口對接，蔣士成對這套引進的、處於世界技術最尖端的原油加工裝置技術有了充分的理解，尤其是對其設備構造、工藝性能做到了爛熟於心。他的講授最受大家歡迎，他編制的教學資料為各個培訓層次所使用，被大家稱讚為「深入淺出、通俗易懂的工具書」。

1976 年 10 月，「四人幫」垮台，中央撥亂反正，遼化項目進一步排除干擾，工程建設步入了正常軌道，輕工設計院也順利地完成了任務。

離別工地，蔣士成感慨萬千。這片熱土，讓他第一次走出國門，讓他點亮了對中國石油化纖工業發展的憧憬，讓他步入了大項目、大工程設計、施工和管理的平台。他為自己的人生喝彩，為遼化喝彩，為共和國喝彩！

1978 年 10 月，遼化引進主裝置聯動開車成功，1979 年 1 月，由遼化生產的纖維原料織成的滌棉細布問世。

在「四大化纖」建設的「前奏曲」後，中國拉開了改革開放的帷幕。

中國最大的化纖原料生產基地在揚子江北岸孕育，從此結下了蔣士成結伴一生的「化纖情緣」。

第六章

春風綠了
長江岸

「大化纖」落戶儀征

儀征，位於江蘇省境內、長江北岸。20 世紀 70 年代，儀征還是一個寂寂無名的濱江小縣。

儀征縣真州鎮西，有一個叫做「胥浦」的鄉鎮，傳說是因春秋時期伍子胥在此逃楚投吳、解劍渡江而得名。這裡地貌獨特，以胥浦河為界，河東連接蘇北平原，河西地勢發揮伏不平，為典型的低丘緩坡地貌。幾千年來，鄉民們日出而作，日落而息，世世代代以務農為生。值得他們驕傲的是，「胥浦農歌」作為「真州八景」被清代儀征的文人墨客隆重地寫進了儀征的歷史。

誰也沒有預料到：1977 年下半年間，一個工作組的到來，竟然改寫了胥浦的千年農業史。

他們是輕工業部石油化纖總廠廠址調查組。這批由規劃、勘探、天文、水利、總圖設計專家組成的工作組，歷時三個月，先後調查了河南省的中牟縣，山東省的昌邑縣、淄博市，江蘇省的徐州市、南通市、江寧縣和六合縣。7 月 9 日和 9 月 29 日，工作組兩次來儀征現場踏勘調查，輕工業部第二設計院院長俞鯉庭親自帶隊參加了第二次複查。

很快，「三省八地」的廠址綜合比較方案提交到輕工業部黨組，儀征胥浦因地理位置、工程地質、交通運輸、社會經濟、給排水條件等因素成為輕工業部向國家計委和國家建委建議的首選方案。一個極為有利的條件是，儀征這個廠址與正在施工建設的、號稱「華東地下油龍」的魯寧輸油管線的終端分輸站相距只有 0.5 公里，可給石油化纖基地提供充分的原料保障。

可能是經歷了 1976 年唐山大地震，決策者心有餘悸，責成輕工業部和江蘇省進行地質普查。1977 年 12 月，輕工業部設計二院勘探隊進駐現場，聯合江蘇省地震局進行了地質載荷試驗和塊體振動試驗，確認了地殼斷層的穩定性。嚴冬季節在丘陵地帶鑽探，機具無法運進去。江蘇省協調南京軍區，用兩輛退役的坦克運送鑽機和測試儀器，保證了選址工作的順利進行。

1978 年 2 月 18 日，中央政治局批准建設「大化纖」項目。4 月，已恢復原建制的紡織工業部的黨組書記、部長錢之光向時任中共中央副主席的李先念匯報了在江蘇省儀征縣胥浦公社建設石油化纖基地的方案，得到了李副主席的批准。同月，國家計委、國家建委將江蘇儀征化纖基地項目列為 1978 年引進成套新技術對外引進項目，並列入國家「五五」期間國民經濟和社會發展的重點工程計劃。

新項目名稱定為「江蘇石油化纖總廠」。

以「新躍進、大轉折」為特徵的國家第五個五年計劃跨越了由「文革」至粉碎「四人幫」及撥亂反正的重大歷史時刻。由於多種原因，國家《1976～1985 年發展國民經濟十年規劃綱要》拖到 1977 年 12 月才下發，因此，「五五」計劃被「縮水」至只剩下三年。

把「四人幫」耽誤的時間奪回來，把「四人幫」造成的損失補回來！加快建設速度成為人民群眾的良好願望，成為各行各業的共識。

儀征化纖項目就是在這樣的宏觀背景下誕生的。

根據《規劃綱要》，1985 年，我國化纖年生產能力要提高到 200 萬噸，其中化工部負責 50 萬噸，紡織部負責 150 萬噸。而當時已形成生產能力的只有 30 萬噸，在建的「四大化纖」全面投產後也只有 35 萬噸。要實現黨中央提出的策略目標，任務十分艱巨。李先念副主席多次講，「解放多年了，我們只是低標準地解決了人民穿衣吃飯問題。」他指示錢之光：化纖要堅決搞到 200 萬噸。

在國家立項的 120 個重點工程項目中，儀征化纖基地被列為其中的第 22 項引進國外成套設備的工程項目中，設計抽絲能力為 53

萬噸，占全國 200 萬噸的四分之一還要多。53 萬噸化纖相當於 1060 萬擔棉花，可紡 274 萬件紗，織布 27.4 億米，可供 9 億人民每人每年增加 9 市尺布。這個建設規模不僅在國內是最大的，在亞洲乃至全世界也是最大的。

1977 年下半年，蔣士成就參與了項目的前期技術準備工作。錢之光、焦善民、李竹平、王瑞庭等紡織部領導多次與設計院人員座談。一次在會議結束後，時齡 77 歲的錢之光部長親切地拉著蔣士成的手，說：「你在實戰中鍛煉過，要勇於挑大樑哦。」

紡織部設計院再一次被確定為儀征化纖基地的總體設計單位。

從遼化項目撤回的設計人員全部投入到儀化項目。李志方升任設計院副總工程師，蔣士成升任生產技術室副主任。

國家計劃配置儀征化纖基地每年 250 萬噸原油，可以生產 40 萬噸化纖。中央領導要求：如果能證明技術經濟合理，要力爭搞 60 萬噸。紡織部向設計院下達指令：要尋找世界上最佳化的工藝技術路線，引進最先進的設備，原油必須吃乾榨盡。

參加項目規劃討論的同志們感到了壓力，經過遼化項目實戰鍛煉過的蔣士成對石油化工的工藝流程及其產業鏈更加熟悉，大家一致地將目光轉向蔣士成。

蔣士成理了理思路，說：「中央領導的要求雖然很高，但是是有根據的。我從參加遼化項目以來，也一直在思考這個問題。過去，我國是個貧油國，被髮達國家欺負。現在不同了，不僅甩了這頂帽子，而且成為世界原油大國。說明我們不是沒有油，只是由於技術能力找不到油。今年，我國的原油產量已達到 1 億噸，但我們的原油利用的效率確實不高。根源還是在於我們掌握的利用技術不夠，遠遠落後於西方發達國家。老百姓的衣食住行與石油化工息息相關，國家拿出 250 萬噸的原油來解決人民的穿衣問題，並花費巨額外匯引進設備，已經下了血本。我們不能停在老的思路上去參加項目建設，要千方百計地提高資源利用率，一定要從源頭抓發揮，

將儀化建成一個有貢獻的基地。」

　　蔣士成的話一語中的。根據當時石油部規劃小組研究報告數據，1978 年我國每 1000 美元國民生產總值的耗油量為 0.31 噸，而日本僅為 0.17 噸，比中國少 45%。

　　在建的「四大化纖」，以原油為發揮始原料的只有上海石油化工總廠，配置量為每年 250 萬噸，遼陽、天津用的是石腦油，四川維尼綸廠的原料為天然氣。存在著「頭重尾輕」的現象，從產品結構、產出效益上來說都是不盡合理的。

　　討論達成了共識：要做到吃乾榨盡，必須瞄準國際先進水平，在吃透引進裝置技術的同時，取此長，補彼短，合成優化工藝路線，制定最合理的產品方案。這個共識得到部領導的讚許和肯定。

　　經歷了「四大化纖」工程建設，特別是承擔遼陽和天津兩個項目總體設計任務後，紡織設計院雖然積累了一定的經驗，但工程尚在建設，仍不能算有成功的業績。他們對世界石油化工快速發展的先進技術接觸不多，了解不深，絕大多數設計人員從沒有跨出過國門。國內科學研究院所掌握的訊息寥若晨星，不是殘缺就是滯後。

　　困難難不倒勇士，也困不住智者。設計院上下立即動員發揮來，馬不停蹄，分工協作。他們仔細研讀「四大化纖」對外交流、技術談判的所有資料，查找世界著名石油化工生產企業及技術供應商名錄，甚至在紡織部領導的協調下，由中國技術進出口公司出面邀請，組織了幾輪與外商的技術交流活動。

　　蔣士成獲知北京燕山石化聯合公司(以下簡稱燕化)正與外商進行聚酯裝置引進技術談判的消息後，立即前往學習。燕化位於北京房山縣，1973 年，以 60 年代興建的東方紅煉油廠為依託，興建了 30 萬噸乙烯工程，1976 年建成投產。乙烯裝置採用的是美國專利技術，設備由日本製造。目前正在籌建的是年產萬噸聚酯的長征化工廠，引進的是聯邦德國吉瑪公司最新的聚酯工藝生產技術。這種不同國家、不同路徑，甚至是不同年代的裝置組合，給予蔣士成很大的啟發。

綜合多方面的資料和訊息，設計院做出了 3 個初步方案。

有一個消息讓蔣士成喜出望外：受紡織部指派，他將參加中國化纖技術考察團出國考察。他們這幾個月廢寢忘食搜尋的行業技術動態以及企業訊息為制定考察計劃提供了具體的方案圖。

改革開放的「偵察兵」

中國石油化纖技術考察團由國家計委、國家建委、紡織工業部、外貿部、上海石油化工總廠、江蘇儀征化纖基地等單位共 20 人組成。時任國家計委副主任的顧秀蓮為顧問，紡織部副部長王瑞庭為團長，設計院院長俞鯉庭和儀化基地籌建負責人江堅為副團長，紡織部設計院蔣士成等 4 人蔘加。

1978 年前後掀發揮的出國考察潮，給中國的改革開放決策以巨大的推力。在國家高層領導的鼓勵下，中央和地方各級政府向西方國家派出了各種名義的考察團，使他們身臨其境地觀察資本主義和現代化的發展情況。這些團組帶回的訊息，讓國人認識到中國和世界發達國家在經濟建設方面的差距，增強了加快改革、發展經濟的緊迫感。國外媒體用「火力偵察」來形容中國政府接踵而至的考察團隊。

出國考察前一個月，全國科學大會在北京召開。鄧小平「四個現代化的關鍵是科學技術的現代化」「科學技術是生產力」「知識分子是工人階級的組成部分」的論斷擲地有聲，蔣士成和廣大科技工作者一樣，受到了極大鼓舞。

考察團出發時配發了嶄新的西裝。團組中除了極少數人有過在國外留學、工作的背景外，絕大多數人都是第一次扎領帶、穿西裝，頓覺容光煥發。

　　這次考察是針對儀征化纖基地和上海石油化工總廠（以下簡稱上海石化）二期工程的建設規劃和技術設備引進方案進行的調研。為了全面、深入了解世界化工化纖工業發展狀況和裝置技術水平，考察團做了詳細的行程安排和人員分工。對引進項目有關聯的重要裝置和重點企業留足了時間。名義是對聯邦德國、美國、英國、日本的四國考察，歐洲考察階段，蔣士成和設計院的同行們卻放棄了對英國考察的機會，增加了在聯邦德國考察的內容。

1978 年 5 月，中國石油化纖技術考察團和美國友人合影
（前排右六為顧秀蓮，右二為王瑞庭，右七為俞鯉庭；
2 排右七為江堅，右四為蔣士成）

　　從 4 月 20 日發揮，到 6 月 20 日止，短短兩個月的時間內，蔣士成一行共參觀了 38 個生產廠，2 個設計單位，4 個研究中心。按國家劃分，聯邦德國 7 個，美國 21 個，日本 16 個；按類型劃分，煉油廠 13 個，化工廠 14 個，化纖廠 10 個，化纖機械廠 1 個。❶

❶《出國考察報告》. 1978. 儀征：儀征化纖公司藏檔.

　　學習國外大型化工化纖基地總體規劃的先進經驗是紡織部設計院的主要任務。他們從廠址特徵、工廠組合、管理體制和生產定員、總圖布置、系統管線、倉儲運輸、「三廢」治理、設備維修、原輔材料及公用工程單耗、建設週期等 10 個方面考察分析各個不同企業的特點，探索其共同的設計規律。先進的規劃設計理唸給他們帶來了許多有益的啟發。

　　圍繞充分利用原油、力爭最大產出的原則，選擇先進合理的工藝技術路線是考察團的另一個關鍵任務，也是分配給蔣士成牽頭完成的主要職責。考察團著重參觀了各個企業的加氫裂解、催化重整、對二甲苯、聚酯、尼龍 66、腈綸、丙綸等裝置。蔣士成知道，加氫裂化是關係到能不能把原油吃乾榨盡、多得纖維原料的一項重要技術。加氫裂化裝置的技術水平不僅決定石腦油的得油率，還決定芳烴裝置的負荷能力。蔣士成在考察期間共參觀了 8 個加氫裂化裝置，這些裝置分別採用美國環球聯合油品公司和雪弗龍公司的技術。這兩家公司的技術都成熟可靠，為當時國際先進水平。經過實地考察以及與這兩家公司主要技術負責人交流討論，蔣士成認為，環球聯合油品公司的裝置，由於工藝流程短，催化劑再生週期長，更適合我們的要求。

　　為了節省時間，盡可能地多參觀、多交流，考察團白天工作，晚上整理資料和內部討論，將趕路的行程安排在禮拜天。這樣，考察結束時，儀征化纖基地的技術引進方案和規劃思路已基本形成。

　　這次考察，蔣士成覺得眼界大開，見識大增。

　　考察團所到之處，都受到當地人的熱烈歡迎。考察團在法蘭克福參觀訪問時，受到正在那裡視察的聯邦德國總統謝爾的親切會見；美國雪弗龍公司所在的傑克森縣的縣長卡雅參加了廠方為考察團舉辦的宴會，當場宣布傑克森縣同中華人民共和國關係正常化，並向考察團提交了一份該縣決議書；在日本參觀工廠時，所到之處都懸掛大幅標語，人們列隊迎送。

　　蔣士成發現，這些工廠的同行們沒有他原先想像中的傲慢和警

惕，除了個別專利外，對考察團的參觀和詢問，都表現出誠摯和開放的態度。對發展和我國的經濟貿易關係，要求都很迫切，表示無論是賣產品、設備，還是賣技術、專利，都可以商談。蔣士成心想，這種現象表明了世界經濟正面臨蕭條，資本家廠商不得不為生產尋求出路，同時，與我國開放國門、聲譽日益提升的國際形象也是分不開的。

另外，一些老廠的技術改造引發揮了蔣士成的關注。比如美國標準油品公司的雷奇蒙煉油廠，已有 70 多年的歷史，經過改造，達到了技術領先水平。淘汰舊設備、改造老裝置，尤其是設備自動化的提升、電子電腦技術的廣泛應用，給蔣士成留下了極為深刻的印象。

兩個月的考察獲得圓滿成功。參加這次活動並擔任考察團顧問的顧秀蓮說，這次考察工作緊張、高效、節儉，是改革開放初期對西方發達國家的全面偵察，為建設儀征化纖特大型基地奠定了基礎。她還回憶發揮當前的一件往事：我們從日本回國時，由於當時國家很困難，出國津貼費用很少，分頭消費幾乎買不到什麼東西。代表團的同志們看我是女同志，就商量將大家的津貼費用指標集中發揮來留給我買了個 12 英吋紅色的日產黑白電視機。每當打開它，我就會想發揮儀征化纖。

項目分建的思考

1978 年 7 月，紡織工業部黨組的《考察四國化纖工業和我國建設兩個化纖項目的報告》呈送到中央領導的案頭上；同月，江蘇省委成立了江蘇石油化纖總廠籌建領導小組和籌建指揮部；10 月，國家計劃委員會下文正式批准了儀征項目。9 月初，蔣士成參加了由中國技術進出口公司和紡織工業部牽頭組織的儀征項目和上海石化

二期項目的外商技術引進會談，擔任油頭部分的主談。

會談在上海石化金山賓館舉行，為了節省時間，爭取談判主動權，兩個項目合併談判，內部以 A 項目、B 項目進行區分。紡織工業部副部長王瑞庭、化纖局副局長季國標、設計院院長俞鯉庭坐鎮現場。李志方、徐熾、邱明漢、張振國等設計院工程技術專家分別參加其他裝置的會談。

幾乎所有的世界石油化纖專利商、生產商、設備製造商都把目光聚焦到位於杭州灣畔、東海之濱的這座花園式酒店。

接待能力有限的賓館住滿了會談代表，條件好一點的客房全部留給了來自歐美日各地區和國家的外商。部分沒有收到中國政府邀請函的外商也聞訊趕來，了解談判資訊的電話晝夜不斷，酒店裡的傳真機不停運轉。資本家們都熱切期待著能在這場盛宴中分到一杯羹。

據當時內部編髮的《談判日報》記錄，日本鐘紡公司談判團不僅攜帶了大量的技術資料，還帶來了御冬的棉衣，擺下了打「持久戰」的態勢。

技術會談緊張而順利。在反覆了解、比較各家特點專長後，儀征化纖基地的技術和設備引進基本敲定，為了充分利用原油，大膽地將通常以石腦油等輕質油為主的原料路線，首次改為以常壓柴油、減壓柴油、渣油等重質油為主的原料路線，採用加氫裂化、延遲焦化等二次加工工藝，從而加大了芳烴的產量，250 萬噸原油可以生產合成纖維 60 萬噸，大幅度提高了原油利用率。對國內無能力製造、確需引進的 15 套裝置也經過設備選型和詢報價，準備與外方簽訂技術引進意向書。

緊繃了近兩個月的神經還沒有來得及半點放鬆，北京傳來的一個消息讓參加談判的所有人目瞪口呆。

11 月 4 日是星期六。下午，王瑞庭副部長正召集談判人員開會，突然接到紡織工業部謝紅勝副部長的一個電話。蔣士成發現王部長的神色突然凝重發揮來。掛下電話，王副部長只匆匆地說了聲「所有工作暫停，聽候通知」後就急趕回京了。大家一頭霧水。

項目出問題了？蔣士成的心一下子提到了嗓子眼上。

傍晚的杭州灣，風平浪靜，而蔣士成的心情卻久久不能平靜。

大家不約而同地在海邊信步，從談判開始，許多同志還沒有跨出過賓館的大門。又似乎是刻意，沒有人提發揮白天的敏感話題，但所有人都不禁為項目的前途捏了一把汗。

兩天后，談判組接到王副部長的電話通知：中央決定調整儀征化纖基地的建設方案，油頭部分改由南化公司建設，相關談判資料準備移交，聚酯項目的談判繼續進行。

對剛剛孕育成型的新項目來說，這個調整可謂是傷筋動骨。而對紡織設計院來說，則意味著全院上下一年多的辛勞將付之東流。

南化公司全稱為南京化學工業公司，始建於 1934 年，是中國最早的化工基地之一，相距儀征 40 余公里。

中央如此做出決定，有其客觀的原因，也有深層次的體制因素。

就在國家計委批准儀征化纖基地項目不久，化工部向江蘇省領導人提出，如果將儀征化纖基地項目的原料部分依託南京化學工業公司建設，可以節省 200 萬噸油，節約 11 億人民幣基建投資。江蘇省隨即報告給正在江蘇省視察工作的李先念副主席。10 月 30 日上午，國務院余秋裡和康世恩兩位副總理召集國家計委、化工部、紡織工業部負責人開會，對化工、化纖工業基建項目重新做了分工。

體制是一道難以踰越的坎！蔣士成從參加維尼綸國產化攻關就有了深切的體會。十年前，透過技貿合作從日本引進的萬噸維尼綸項目，原本是日本一個工廠的兩個裝置。但由於化工部和紡織工業部的分工，被分割成北京有機化工廠和北京維尼綸廠，兩個廠相隔 60 公里，造成了物料運輸的諸多不便。之後，全國 9 套仿造的維尼綸工廠雖然在一地規劃，但都基本沿襲了兩部分別管理的體制。

條塊分割是中國計劃經濟時代明顯的產業特色。企業是政府部門的附屬物，不是市場的主體。這種「部門牆」的體制藩籬經過後來若干年的深化改革，才逐漸被打破。

化工部負責項目交接的是第七設計院（以下簡稱七院），即南化

設計院。不少設計人員在專業調整前在一院或四院工作過，與蔣士成共過事，不免惺惺相惜：老蔣，你們送給我們的可是個「金娃娃」哩。

王瑞庭副部長長期從事紡織基建管理工作，十分理解此時部下們的複雜心情，也很擅於做思想工作。他說，我們兩個單位各展所長，這個項目只會幹得更快更好。

七院組織對蔣士成移交的技術方案和談判資料做了認真審查，認為科學合理。化工部隨即決定，不做任何更改，直接啟動商務談判程式。蔣士成由衷地感到一絲欣慰。

交接中，化工部提出「人跟業務走」的要求，被王副部長婉言謝絕。明確蔣士成為儀征化纖總體設計中工藝部分的牽頭負責人。

項目分建既成事實，但由此引發的爭議卻屢屢不斷。

一封人民來信引發揮李先念副主席的關注。來信反映了分建不僅違背了儀征項目選址的初衷，也不利於今後兩個廠之間的生產協調。從李副主席批示的語氣可以看出他當時複雜的心情❶：

　　這些同志來信所提問題，我看很好，化工部應當注意，不是一般的注意，而是要特別的注意，不是一年、兩年注意，而是百年千年注意。建了化纖廠不供應單體，有什麼意思，還不如不建，難怪這些同志有那麼多擔心，這是歷史的經驗。他們的擔心是有道理的，應當同情。光同情不夠，還要有具體措施，建議兩部和兩部的有關企業，都要簽訂合約，按質、按量、按時供應，否則就要負擔經濟責任。

1985 年 12 月，已任國家主席的李先念視察了兩個企業，留下「大霧共長江一色，揚子與儀征齊飛」的題詞，可謂是意味深遠，語重心長。

❶全國百家大中型企業調查：儀征化纖［M］．北京：當代中國出版社，1994：5-6．

分建的質疑聲不僅來自「人民群眾」，一些國家部委的同志也提出不同意見。

1980 年 6 月，國家建委在南京召開南化公司乙烯項目和儀征化纖工程專家論證會，歷時 12 天。國家計委諮詢組副組長林華、國家科委副局長楊浚聯名向會議提出書面建議，認為即便在現行部門分工負責的經濟體制下，兩項工程也應靠攏建設。他們還做了詳細估算，認為這樣可以節約投資 4.5 億至 5.2 億元，省地 1000 公頃。中國社會科學院研究員、工業經濟研究所副所長薛保鼎則力挺兩位專家的建議，希望將論證會開成一個「亡羊補牢」的會議。

蔣士成知道，三位專家都有過在化工部工作的經歷，也是化工系統有名的技術管理權威。尤其是楊浚，作為我國維尼綸工業的開拓者，自己很熟悉的領導，能夠反思體制，敢於直言，令他肅然發揮敬。

讓蔣士成感到興奮的是，原化工部有機化工設計院副院長、時任化工部科技局副局長兼總工程師的陳冠榮也應邀參加了論證會。

闊別多年，陳冠榮看到蔣士成的事業發展，非常高興。他給蔣士成講述了他親歷的一個故事：1958 年他隨團參觀瑞士的一家滌綸抽絲廠，得知日本已經買了這家的技術。4 年後有機會去日本時，他特意到當年從瑞士引進技術的那家工廠參觀，而日本人告訴他，他們將引進的技術消化吸收後已出口到瑞士了。

接著，他又說：「都說南化抱了個『金娃娃』，我並不這樣看，充其量只是一個『洋娃娃』而已。」

蔣士成領會到陳冠榮話中的含義：如果沒有消化吸收，再先進的引進裝置也無濟於事。

這次專家論證會雖然未能做到亡羊補牢，但為大型項目的決策和行業體制的改革發出了先聲。1981 年上半年，一篇《組織聯合可以大幅度提高經濟效益》的調查報告，抨擊了因體制分割、國家部

門分屬的石油化工企業各自為政、資源不能共享、原料不能互供的弊病。1983 年中央決定成立中國石化總公司，尚在建設中的南化乙烯工程更名為揚子乙烯，納入總公司旗下。

歷史常常富有戲劇性。到了 20 世紀 90 年代末，南化公司以其精湛的機械加工力量，在蔣士成牽頭組織的聚酯國產化攻關團隊裡發揮了重要作用，聚酯國產化成功之後，南化公司聚酯機械製造訂單不斷，這才抱發揮真正的「金娃娃」。

「歌劇 2 號」上演儀征

蔣士成退出油頭裝置談判後，聚酯裝置的技術會談也已接近尾聲。應邀參加技術談判的有聯邦德國的吉瑪、伍德和日本的東麗、東洋紡織四家公司，負責主談的是蔣士成的老搭檔徐熾。掌握各種設備的性能特點、保證不同裝置之間的工藝銜接、落實技術的先進性和可靠性及其同現場條件的適應性是蔣士成新的職責。

圍繞走精對苯二甲酸的原料路線，談判組與四家外商進行了 15 輪技術交流。徐熾是一個很專業又很嚴謹的技術專家，曾擔任遼化聚酯項目的主談，積累了豐富的談判經驗。每次談判他都要反覆研判會談中可能出現的問題，列出談判提綱，著重確定談判需求解決的問題。經過對幾家外商的工藝技術裝置的比較分析，最終，徐熾建議選擇聯邦德國的吉瑪公司為承包商。

部分同志感到不解，主要是因為吉瑪公司是一個單純的工程設計公司，在世界各地大容量裝置的成功案例少，其最大設計容量的裝置是尚在建設中的燕山石化長征化工廠，日產僅 120 噸。而日本

東洋紡織公司不僅有同樣的技術，還有自己的生產線，所有的岩國化工廠日產 140 噸的裝置已經建成。而且設備的安裝調試、生產技術管理和品質保證上都明顯強於吉瑪公司。

還有人認為，吉瑪公司的報價比同是聯邦德國的伍德公司低了許多，伍德公司為價格問題多次叫嚷著退出談判，吉瑪公司不排除有惡意競爭的嫌疑。

在西歐考察時，蔣士成參觀過吉瑪公司的研發中心和實驗裝置，對其在燕山石化長征化工廠的聚酯項目又有詳細的了解，從內心裡對吉瑪公司多年來專注聚酯技術的精神感到敬佩。同時，對徐熾開放性的技術思維、縝密的邏輯判斷表示肯定和支持。

蔣士成認為，吉瑪公司的優勢在於對聚酯技術的孜孜追求，與既賣技術又賣產品的企業相比，不會因為考慮以後的產品價格競爭對中方刻意保留技術，可以給予我們最大的技術支持。吉瑪公司的報價，固然與他們希望得到項目有關，但他們充分利用技術的先進性降低成本，在設計上抓住主要矛盾，盡力優化流程、簡化設備結構，是有目共睹的。

至於缺乏大容量聚酯裝置設計的成功案例問題，蔣士成則認為，儀征化纖基地設計聚酯年生產能力為 53 萬噸，按擬建 8 條生產線計算，每條線的日產量要達到 200 噸。這個規模在全球堪稱第一，任何一家工程設計公司目前都沒有成功的先例。吉瑪公司的直接酯化連續聚合的工藝路線是當前世界上最先進的技術，70 年代在美國、巴西、民主德國都有成熟的應用，雖然都是不到 100 噸日產量的生產線，但從技術角度來看，是完全可以放大容量的。

中國技術進出口公司和紡織工業部採納了設計院的建議，在最後的商務談判中，吉瑪公司以近半價差的壓倒性優勢一舉獲勝，成交價 1.1 億美元。

1978 年 12 月 25 日，江蘇石油化纖總廠與聯邦德國吉瑪公司在

北京飯店簽訂了聚酯成套設備和技術引進合約。中方用傳統的京劇招待吉瑪客人，酷愛音樂的吉瑪公司董事長蓋斯勒先生對京腔京調大為讚歎，認為京劇是「東方大地上神奇的歌劇」，欣然將吉瑪公司在華的兩個工程項目分別命名為「歌劇1號」和「歌劇2號」。

1979年3月至4月，蔣士成在南京參加與吉瑪公司項目執行經理瑪薩等9名代表舉行的聚酯裝置設計條件會談。

如果說項目前期調研、出國考察、技術談判讓蔣士成豐富了石油化纖生產鏈的知識、開拓了技術發展視野的話，那麼，這次設計條件會談和接下來的設計聯絡為蔣士成全面掌握聚酯生產工藝和設計原理奠定了堅實的基礎。

中方成立了會談領導小組，李志方、蔣士成為領導小組成員，設計院分為工藝、設備、自控、電氣、結構、建築、水道、公用工程等8個專業對口小組展開會談。會談歷時23天。

事實證明了設計院的判斷是正確的。吉瑪公司沒有因為低價中標而刻意保留技術，更沒有忽視裝置的品質。在雙方的技術合約條款上，吉瑪公司做了特別的承諾：

一是在合約工廠投產10年期限內，裝置如發生技術問題，吉瑪公司有責任派人協助解決，並有義務將專利的技術改進告知買方；二是對分解到國內製造的重要設備，吉瑪公司提供相應的設計圖紙、技術規範，並派人到現場指導和驗收；三是吉瑪公司幫助合約工廠培訓技術人員，並提供相應的技術資料；四是在最終設計階段，吉瑪公司為合約工廠提供的文件資料，要包括設備主要計算書和大部分圖紙。

由於對口組的準備工作充分又細緻，設計條件會談進行得非常順利。各組分門別類地列出會談提綱，吉瑪公司人員也做到了有求必應，會談始終充滿坦誠、友好的氣氛。透過條件會談，蔣士成對聚酯工藝技術、設備構造、設計原理有了更為全面的認識，溝透過

程中，德國專家的工程設計理念和技術訣竅給了他很多啟發。

兩個月後，蔣士成隨聚酯合約設計聯絡組赴聯邦德國進行設計聯絡。這次活動為期 50 天，聯絡組共聽取了吉瑪公司 45 次初步設計情況介紹，進行了 33 次關於設計文本和圖紙的座談和討論，參觀了 2 個技術中心、4 個化纖廠、17 個設備製造廠，還收集了大量的技術資料，為初步設計審查奠定了基礎。❶

蔣士成知道，設計聯絡工作是初步設計審查前的重要環節，如果把所有的問題都放到初步設計審查時去交涉爭鋒，就會陷入被動。只有盡可能地將問題解決在外方初步設計文本提交之前，才能掌握主動權。因此，在聽取吉瑪公司設計情況介紹後，蔣士成和設計院 6 名設計人員放棄了赴美國蒙丘聚酯工廠約三週的參觀行程，留下來深入了解情況。

設計院在編制設計聯絡提綱時，共列出近 300 個問題，經過交流討論，壓縮到 108 條，最終蔣士成決定將其中 28 條作為必須弄清的重點問題，與外方展開座談和討論。其中包括：關鍵生產設備放大試驗的情況和結果，設備放大的理論依據和試驗結果的可靠性；酯化設備材質試驗數據和實際使用情況報告；聚酯熔體在不同溫度狀況下的試驗結果，以及已建生產裝置熔體溫度的實際測定數據及其對產品的影響；熔體配管的設計技術，靜態混合器和分配閥的技術數據；生產工藝各個部位設計數據和實際運行數據、試驗數據的對比分析，等等。

減少了走馬觀花式的參觀和泛泛而談的介紹，中外雙方圍繞重點要解決的問題，工作效率得到提高。蔣士成的學識和認真細緻的工作態度讓外方同行感到敬佩。部分關鍵裝置和重要資料除了要求我方注意保密外，沒有任何限制。兩年前燕山石化長征化工廠參觀

---

❶《設計聯絡匯報》. 1979. 儀征：儀征化纖公司藏檔.

的裝置當時只允許團長一人進入，這次中國同行們暢通無阻。吉瑪項目經理瑪莎對中方領隊說：「我們已是一家人了。」

蔣士成感到此行的最大收穫是對吉瑪公司全面深入的了解。一個成立不到 30 年、僅有 500 名職員的工程設計公司竟然有如此領先國際的技術開發能力，有如此科學完備的組織管理體系。他深信：工程的靈魂在於設計，設計的生命在於技術。

1979 年 12 月，儀征化纖引進聚酯裝置初步設計順利透過了審查。以現代化為主題，混合著東方和西洋旋律的「歌劇 2 號」在儀征這片古老的土地上拉開了帷幕。

把停緩建當成機遇

用「千軍萬馬」來形容 20 世紀 70 年代末的儀征化纖（以下簡稱儀化）建設大軍非常確切。從全國調集的施工隊伍陸續進駐儀化工地，其中包括 17 家設計單位，13 個施工隊伍，100 多家國內配套設備製造廠，工程高峰時參建人員達到二萬五千人。

第二機械工業部 27 公司、紡織工業部安裝公司作為建築安裝主力從祖國的中南、西南、西北地區彙集到儀化工地，安營紮寨；紡織工業部、江蘇省調兵遣將，充實籌建指揮部團隊人員；紡織工業部設計院成立第五設計室，專門負責儀化項目的統籌設計，蔣士成調任五室主任；儀徵人民以當年支持大軍渡江的姿態支持儀化基地建設，徵地拆遷、三通一平，建設工地日新月異，熱氣騰騰。

在施工現場，大小型施工機械組成最活躍最雄健的方陣，晝夜不停地馳騁在方圓十公里的土地上，推開自古以來盤踞在這裡的封

閉和落後，推出光明和美好的未來。蔣士成隨籌建指揮部從南京搬往儀征縣招待所，旋即又搬至現場工地簡陋的辦公房。

1980 年 4 月，江蘇省委正式組建了江蘇石油化纖總廠籌建指揮部團隊，任命季國標為副總指揮兼總工程師，蔣士成為副總工程師。由此，蔣士成不僅是設計院駐場代表，還作為季國標的副手，成為項目建設技術管理方面的負責人。

如果說在遼化工地最難挨的是冬月刺骨的寒風，那麼在儀化工地最難耐的就是夏日的酷暑了。籌建指揮部是 1980 年 8 月遷到工地辦公的，正是驕陽如火、暑氣逼人的季節。說是辦公房，其實是辦公與生活為一體的，房間一般為十幾平方米，單人床前加辦公桌是標配。上至北京來的部長，下到機關的普通職工，都搬進二十多幢紅磚為牆、黃瓦加油氈為頂的臨建房內。房屋不保溫，室內沒有空調，沒有電扇，高溫季節屋內如同蒸籠。尤其可嫌的是蚊蟲叮咬，不分日夜。一位老指揮不無幽默地打趣：胥浦的蚊蟲比我們還敬業，二十四小時不下班哩。

指揮部裡，不管級別高低，不管年長年少，大家在同一食堂吃飯，同一浴室洗澡。新來的行政處長為了解決老指揮去食堂打開水不便的問題，買了一個電水壺，卻招來一頓嚴厲的批評。

大化纖，不能大花錢！大家知道，在百廢待興的年代，國家建設資金十分緊張，尤其是外匯儲備嚴重不足，創匯能力有限，必須精打細算，厲行節約，用好每一分錢！

然而誰也不會想到，資金確實成了項目建設的大問題。這幾年的各行各業的新項目發展引發了嚴重的「投資饑渴症」。國家基礎建設戰線拉長，財政赤字急遽加大，投資概算入不敷出。中央提出以調整為中心的「八字」方針，對 22 個成套引進項目踩下「急剎車」。

1980 年 11 月 27 日，國家計委、國家建委、國務院清理在建項目辦公室、財政部、中國人民銀行聯合發出通知，決定儀征化纖項目停緩建設。

這不啻是一聲晴天霹靂，讓儀化的建設者們手足無措。消息傳來時，蔣士成剛主持完第一次設計會議。當時，單項初步設計均已完成，所有設計人員已全面投入施工設計中。三批國外設備檢驗工作亦已結束，第一批引進設備按原訂的合約將於翌年三月到貨。怎麼辦？停緩建影響了引進設備的質保期，又怎麼辦？

蔣士成還擔心正在洽談的滌綸短纖維項目。短纖維裝置在項目立項時原計劃為國內製造，在消化吉瑪公司聚酯裝置技術過程中，設計院技術人員認為國產裝置不能滿足大容量聚酯連續化生產的工藝要求，建議採用日本技術和設備，裝置引進談判正在進行，怎麼辦？

指揮部面臨的情況更為複雜：徵用土地已經完成「三通一平」，難以還耕於農，成千上萬的施工隊伍如何安置，怎麼辦？

上馬難，下馬也難，處理問題，下馬比上馬更難。項目是停是緩、緩長緩短都不明朗，但執行中央決定是大局！在指揮部研究停緩建善後的會上，蔣士成提出技術方面的建議：一是加強進口設備接保檢工作，確保設備安全無損；二是協調和督促外方供貨商切實履行合約品質保證以及在安裝調試期間的服務承諾；三是著手培訓各層次技術隊伍，努力消化外來技術。他說，「停緩建也許是休養生息的好機會，我們要變被動為主動，將壞事變為好事，把停緩建的困難當成夯實技術基礎的機遇，盡可能減少因停緩建造成的損失。」他還建議繼續與日本進行短纖維裝置的技術交流，從裝置的先進性出發，對國產化進行充分論證。

儀化上報的停緩建方案積極穩妥，不僅減少了因停緩建設造成

的重大經濟損失，而且有利於現場隊伍的穩定。比如，方案提出停掉生產主工廠的建設，用建造臨時設備堆場的費用先建成品倉庫，用於進口設備的安全存放；開展全員培訓，學習專業知識；將對外合約規定的工廠實習時間提前，分批安排技術骨幹和計劃分配的大中專畢業生赴外國合約工廠見習，避免了合約違約糾紛，也不增加額外支出。錢之光老部長看到方案後，非常高興地說：「這可是一個立足於縮短緩建期、死裡求生的方案。」

國家計委、建委等部門認為方案務實可行，在權衡停建和緩建之間的利弊後，正式明確儀征化纖項目在緩建序列。

失去了往日喧鬧的工地頓時顯得安靜、平和，而人們的緊張忙碌沒有停止，各項工作依然在有條不紊地推進。

指揮部將原來的總工程師室，生產準備處，外聯室的合約、翻譯業務處合併成立技術處，分管技術資料整理、翻譯管理、國外合約管理、設計管理、編寫技術教材等工作。吉瑪公司提供的、約有5噸多重的各種技術規範、操作手冊以及各種設計文件正在組織編譯；按照中等專業學校教材編寫要求，符合儀化裝置操作的技術培訓教材正在抓緊編寫；一批批技術骨幹去國內外企業進行對口專業實習；多層次、多形式、多專業的培訓豐富多彩。

進口設備的接運、保管、檢驗工作是工程緩建階段的主要任務。緩建期間，吉瑪公司提供給三個分廠的聚酯設備，淨重22000噸，分9批運達儀化現場，新建的成品工廠根據設備的不同要求，分別提供恆溫、恆濕、通風、通電條件，確保設備存放完好。並與吉瑪公司友好協商，適當推遲了設備開箱檢驗期。

另外，在與日本東洋紡織公司等的技術交流基礎上，針對聚酯與抽絲兩個裝置的配套銜接和國產化要求，指揮部組織相關技術力量充分進行技術攻關和方案論證，對國內配套工程項目方案也進一

步做了完善優化。

作為常駐現場的副總工程師，蔣士成穿梭於這幾項工作之間，或牽頭組織，或配合協調，或出謀劃策。紡織部領導說，停緩建期間，有蔣士成現場坐鎮，儀化的技術隊伍得到穩定，不僅沒有造成人才流失，反而為消化吸收外來技術積蓄了力量。

厲兵秣馬，蓄勢待發，蔣士成沒有消極的等待。因為，他堅信法國科學家法布爾的一句名言：機遇永遠都是只留給有準備的人們。

枯木逢春

經調整，國家 22 個引進項目共壓縮投資 226 億元，其中外匯 40 億美元。有 6 個項目按原定計劃建設，11 個項目推遲建設進度或壓縮投資規模，1 個項目停建，4 個項目緩建。也就是說，未來的幾年，國家有限的基建投資對確定的緩建項目只能撥付極少的維持費用，儀化項目的復建將會遙遙無期！

緩建，只是死中存活，復建，才能活中求生。

儀化項目的停緩建讓建設者焦急，也讓決策者牽掛。引進的裝置躺在倉庫不能發揮效益，國家還不得不按合約進度支付設備款，同時，還不得不再拿出大量外匯進口化纖。紡織業歷來是我國的創匯大戶，但全系統掙來的外匯對儀征項目來說也不過是杯水車薪。

國務院副總理王震在一次聽取儀化籌建負責人的匯報後，焦急得用拐杖不停敲打地面，隨手在一張便箋上寫道：我贊成用一切辦法將項目搞上去。

唯一的辦法就是自籌資金。但龐大的建設資金如何籌集？尤其

是天文數位的外國資金。

北京王府井繁華商業區裡一個剛成立不久的公司引發揮紡織工業部領導的關注，這家名為「中國國際信託投資公司」（以下簡稱中信公司）的企業是國務院直屬單位，承辦海外融資業務，註冊資本只有 2 億元。公司成立之初，連一間自己的辦公室也沒有，三四十人擠在北京和平賓館的 12 間客房裡辦公。儘管規模不大，但設立公司的意義非凡。這是在黨的十一屆三中全會之後，在中央領導的直接關心下設立的第一個對外改革開放的窗口。鄧小平親自點將請榮毅仁出山，組建中信公司，旨在利用榮毅仁的能力、威望以及榮氏家族在海內外的影響力，內引外聯，為對外開放闖出一條新路來。榮毅仁擔任首屆董事長和總經理。公司章程明確提出要「按經濟規律辦事，從國外吸收資金，引進先進技術，為四個現代化服務」。

「文革」前，榮毅仁曾任紡織工業部副部長，對我國紡織原料的緊缺狀況十分了解，當紡織工業部領導向他提出利用外資挽救搖晃不定的儀化項目時，他當即一口應允。

一方是等米下鍋，一方是急待發展，雙方一拍即合。一個大膽的、充滿探索創新的復建方案就此形成：一次規劃，分期建設，借貸建廠，負債經營。雙方共同組建聯合公司，共同承擔債務風險。

國務院很快就批准了這個方案，將國家先期 3 億元投資劃撥為中信公司和紡織工業部的資本金，注入新組建的儀征化纖工業聯合公司。同時，確定儀化項目為「以產頂進」項目，給予稅前還貸優惠政策。

1981 年 12 月 28 日，儀征化纖工業聯合公司在北京宣告成立，翌年 2 月，中信公司成功在日本發行了 100 億日元的私募債券，八成以上投入儀化項目建設。

這是新中國破天荒第一次對外借貸，不僅讓儀化這個切乎關係國計民生的大型項目發揮死回生，而且開闢了中國企業利用外資、舉債建設的先河。這種嶄新的投資方式，一時為經濟理論界、金融

界和新聞界津津樂道，被稱之為「借雞下蛋」的「儀征模式」。

國內的融資由紡織工業部協調，在江蘇、浙江兩個紡織大省各借 1 億元，借工商銀行 2.9 億元。這樣，儀化一期工程 10 億元建設資金籌措到位。儀化公司成為 22 個成套設備引進項目中第一個走出緩建期的單位。

首屆董事會期間，蔣士成和現場團隊一發揮，受到榮毅仁的親切接見。榮毅仁氣宇軒昂的身姿、溫和儒雅的談吐、茹古涵今的學識讓蔣士成肅然發揮敬。

榮毅仁的講話緩慢而有力，帶有濃郁的江南語音。這位飽經政治風浪的老人，在雍容儒雅的外表中透著堅定剛毅。他說，我們沒有向國家伸手要東西，只要到政策，所以是吃「偏飯」來生存的。和資本主義國家做生意，就必須遵守國際慣例，我們仍會遇到困難，特別是體制障礙。我是「調和派」，碰到險灘，總是想辦法繞著走。這句充滿詼諧又帶著自謙的話，給蔣士成很大啟發。

嘔心瀝血繪藍圖

復建在即。但由於建設方案的變化，已經完成的單項設計面臨調整，總體設計的編制時間緊，任務重。總體設計是工程建設的龍頭大綱，需求對國內外 18 家設計單位的單項內容進行彙總修正，編制說明，形成完整、統一的規劃文件。由紡織工業部設計院牽頭，蔣士成、趙淵祿、王廣鎏分別負責工藝、規劃、總圖的組織編制。

總體設計的主體是工藝技術，其核心技術是工藝包數據，屬於吉瑪公司的技術祕密。聚酯裝置的工藝包設計和基礎設計均由吉瑪公司完成。蔣士成參加了全過程審查，對其工藝原理和關鍵技術有了直觀

理性認識。編制總體設計，必須統籌裝置之間的工藝銜接，這為蔣士成深入與外商的交流、提高技術消化吸收能力提供了有利條件。

滌綸短纖維裝置是引進還是國產化一直是有爭論的話題。紡織工業部在上海石化引進日本技術設備後提出國產化仿造計劃並組織實施，但運行不夠穩定。吉瑪公司聚酯工藝的熔體溫度高、凝聚粒子多，對下道紡絲生產線的條件要求比較苛刻。經技術人員分析，國產化裝置的技術水平與吉瑪公司聚酯裝置的配套銜接存在極大風險，為此，停緩建期間與日本幾家企業進行了充分的技術交流，幾經論證仍舉棋不定。一部分人堅持要自力更生，以節省建設投資；一部分人主張引進，以保持裝置的連續化和可靠性。蔣士成曾參加過聚乙烯醇和維尼綸纖維生產裝置的翻版設計，對其中的經驗和教訓刻骨銘心，特別是對參與機械設備製造攻關的專家們始終充滿敬意。但客觀現實告訴他，按照目前的水平，如果選擇國產化設備，不僅技術上不能保證，還會嚴重影響一期工程的建設週期。透過與外商的深入交流，大家認為日本東洋紡織公司紡絲生產線採用低壓、低阻尼、開放式環吹、驟冷系統的先進技術工藝流程，能耗低，產品品質高，能夠滿足吉瑪公司聚酯工藝的條件。

為了確保裝置早日建成投產，同時推進裝置技術國產化，蔣士成等人主張採取引進和國產化相結合的辦法，得到了大家的認同。1982年4月，公司和日本東洋紡織公司、住友商事達成了紡絲設備與工藝技術的引進協議。16 條紡絲生產線中，僅引進兩條生產線的關鍵設備和技術軟體，其餘 14 條生產線和輔助機械設備均為國內製造配套。

自動化過程控制是吉瑪公司聚酯生產工藝的又一個亮點。聚酯產品品質的關鍵是黏度控制，吉瑪公司採用美國 Honeywell 公司開發的 TDC-2000 電腦系統進行集中分散控制，該系統具有集中操縱、顯示報警、人機對話、自動回饋、自動適應控制的功能，提升了產品品質和管理自動化水平。蔣士成認識到這是我國工業化發展的方向。

此外，蔣士成充分考慮引進裝置的安全環保規範要求，對公用工程的消防、綠化、工業衛生、「三廢」治理進行配套設計。

總體設計傾注了蔣士成的心血，也展示了蔣士成一班人嶄新的設計理念。他們汲取國外生產企業建設的經驗，充分考慮中國國情，反覆徵求建設單位的意見，本著「配置先進科學、工序銜接通暢、布局集約合理」的設計原則，立足公司長期利益，積極採用先進合理的技術經濟指標和成熟的新技術，把資金用在刀刃上，為我國現代化特大型企業的建設添上濃墨重彩的一筆。

難能可貴的是，儀化工程的總體規劃體現了「人本主義」理念。蔣士成認為，現代化企業需求高素質人才，而企業要留住人才，就必須為人才創造安居樂業的生活環境。儀化基地地處偏僻，缺少大城市依託，沒有梧桐樹，哪來金鳳凰？他一方面向紡織工業部領導提議，儘量多爭取大中專院校畢業生分配指標，著力培養專業技術和管理人才；另一方面他和規劃組的同事們一發揮大膽地提出儀化基地「生產設施與生活設施同步建設」的建議。這兩項建議都得到上級部門的採納。

1982 年至 1983 年，紡織工業部幾乎將部裡的大中專院校統配生指標全部分配到儀化公司，為儀化基地的建設發展注入了新鮮力量。

規劃中的生產區和生活區沿長江北岸由西向東展開。一條長 5.5 公里東西走向的中心幹道貫穿全廠生產區和生活區。生產區的幹道北側為滌綸主體生產廠，南側為水、電、氣、汽、運輸等配套的公用工程廠。廠房、塔罐、管線橋架鱗次櫛比，錯落有致。生產區和生活區以胥浦河為界，河東規劃了面積為 2 平方公里的住宅小區，綜合服務設施齊全，相當於中小城市的規模。與我國特大型企業「先生產，後生活」的傳統建廠模式相比，儀化基地的總體設計是具有前瞻性、開創性的一次突破。這項設計榮獲 1989 年國家優秀設計金獎。1994 年儀征化纖工程獲得全國最佳工程設計特等獎。

決戰「八四八」

儀化項目的復建，給建設者帶來了動力，也帶來了壓力。

復建伊始，公司就公布了一筆帳：一期工程建設總投資概算 10
億元人民幣，國家先期投入 3 億元，其餘 7 億元來自國內外資本市
場，建設期間，每天僅債務利息高達 32 萬元，建成後不僅能夠還本
付息，每天還可創利 100 萬元。

「時間是金錢，速度是效益」一時成為全公司上下的共識。

這筆經濟帳給蔣士成帶來震撼，他參加過國家大型項目的建
設，為工程決策的遲緩、現場的扯皮、進度的拖拉等造成「鬍子」工
程的現象著急，但從沒有這筆直觀的經濟帳算得如此觸目驚心。

蔣士成深知，早投產，早產出，早還貸，建設週期是影響企業成
本的重要因素，而影響工期的因素是多方面的，施工隊伍的協調、設
備供貨的銜接、惡劣氣候的影響，任何一個主觀或客觀因素的變化都
可能拉慢進度、延誤工期。蔣士成最擔心的是聚酯引進裝置的安裝調
試，畢竟是未經實證的放大裝置，一旦出現問題後果將是萬劫不復的。

按照合約，1985 年 2 月 7 日是聚酯裝置機械保證的最後期限。
為了趕在這個期限以前考驗聚酯裝置的機械性能，公司倒排工程進
度計劃，將 1984 年 8 月定為首條生產線投產試產時間，從而確保在
合約保證期內完成一期工程建設。一場為期兩年半的「八四八」會戰
打響了。

滌綸一廠組建小組在復建開工前成立，黨委副書記龔倫興任組長，
季國標、蔣士成任副組長。成立組建小組意在對項目實施科學管理，將
深入的思想動員和嚴格的技術把關在「八四八」會戰中有機融合。

工程土建階段是突擊戰。復建開工半個月後，國家建委才正式批准總體設計，各設計單位的施工圖圖紙來不及繪製，常常出現施工單位「等米下鍋」的現象。紡織工業部設計院不僅是設計單位的總協調單位，還承擔著施工圖的審查工作。全院集中力量撲在現場，加班加點，夜以繼日，千方百計地為施工創造條件。

滌綸短纖維生產線由於合約滯後，開工半年後才開始轉換引進圖紙，無法與聚酯裝置同時開工。如果不採取超常規措施，兩年半建成一分廠的目標難以實現。蔣士成會同吉瑪、東洋紡織公司的技術代表到現場指導，施工設計圖完成一批、審查一批、交付一批。透過科學組織，為紡絲工廠土建跟上工程整體進度贏得了寶貴的時間。

工程安裝階段是攻堅戰。從管線鋪設到設備安裝，從公用設施到主體工程，從國產設備到引進裝置，安裝工作關乎項目的百年大計，十分關鍵。既要保證安裝的進度，更要保證安裝的品質。紡織工業部設計院發揮穿針引線的作用，加強安裝施工的協調，解決現場技術問題。蔣士成和組建小組成員一發揮，制定網路進度計劃，穿梭於安裝現場，檢查施工品質，處理土建和安裝交叉出現的矛盾。

進口設備聚酯熱媒爐主要為聚酯生產提供熱能，杆狀的爐體帶有螺旋盤管，長 13 米，直徑 3.85 米，安裝過程中不能有碰撞或擦傷。但安裝現場沒有大型的發揮重機械，如何吊裝成了一道難題。紡織工業部安裝工程公司的隊長顧代興提出用三臺卷揚機和桅杆的土方法進行吊裝，外方專家連連搖頭。蔣士成組織技術人員在認真研究了顧代興的方案並進行測試的基礎上，說服了外方。

安裝當日，顧代興揮著小紅旗，吹著口哨，指揮若定。這個龐然大物隨著旗語哨音的節奏緩緩移動，安然就位，設備毫髮無損。在場圍觀的外國專家們既驚奇，又讚歎。吉瑪項目經理瑪薩悄悄地問蔣士成：「這位先生用什麼方法指揮的？畢業於什麼學校？學的什麼專業？」蔣士成微笑著回答：「他只是一名普通的工人隊長，這

個方法在你們的專業教科書上是找不到的。」

也許，只有經歷過多項工程實戰的蔣士成們，才能看到中國工人中蘊藏著的原始創新力。

此後，凡是重要引進設備的安裝，外方專家都主動徵詢中方的意見，在缺少安裝器械的情況下，採取了土洋結合的辦法完成施工任務。比如，直徑 3 米、釜長 7 米的聚酯核心設備圓盤反應器的吊裝也採納了中方工程技術人員的不少建議。

雙方的緊密合作增進了中德技術人員的友誼。吉瑪公司的現場代表普雷斯勒先生與蔣士成有著相似的經歷和相近的性格，長時間交流接觸後成為知心朋友。在雙方合作出現矛盾後，他總是以公道、平等的態度提出技術方面的處理意見。比如，在設備開箱檢驗的過程中，發現部分設備缺貨、型號錯亂、運輸貯藏受損以及存在品質瑕疵問題，普雷斯勒先生能夠作出準確的技術判斷，致使外方不僅緊急補充供應，還會遵守合約做出相應的賠償。儀化工程建設過程中，吉瑪公司先後支付賠償款達到 3250 萬德國馬克，彌補了中方損失。

1988 年 8 月，為了表彰普雷斯勒先生為儀化工程建設作出的貢獻，江蘇省授予普雷斯勒先生「江蘇省榮譽公民」稱號，普雷斯勒先生成為江蘇第一個獲得在我國永久居留資格的外國專家。

投料調試階段是殲滅戰。1984 年 8 月，儀化滌綸一廠主體裝置安裝基本完成，各公用工程相繼投產，具備了投料試車的條件。各設備製造商、施工單位、生產人員聚集現場，建設工地呈現出一片忙碌緊張的氣氛。

先是單機調試，接著是聯動試車，最後是分線投料。經過專業系統培訓和實習的大學生成為第一批操作工，中外技術人員現場指導，診斷問題，排除故障。

如蔣士成所料，放大裝置的調試不會一帆風順，試車過程中暴露出了種種缺陷，大到主部件因摩擦受損變形，小到機電儀運轉不暢。蔣士成和吉瑪公司專家們一道，認真分析其中原委，分清是計

算失誤、設計欠缺還是操作不當所致，再有的放矢地加以糾正、排除。公司還組織開展了滌綸一廠投料試車一次成功的立功活動，鼓勵儀化工程技術人員獻計獻策，激發廣大職工的積極性和創造性。在此期間，集中力量橫掃主體工程大小尾項 847 個。1984 年 12 月 30 日，終於全流程打通了第一條聚酯切片生產線。

「八四八」會戰目標雖然沒有如期實現，但在進口設備保固期內打通了生產全流程，避免了因項目停緩建造成的損失。會戰期間，遭遇了連續陰雨、長江特大洪汛、長時間的高溫酷暑、罕見的大雪等困難，經歷了紡絲裝置決策滯後和聚酯設備調試不順利等曲折。這一千多個日日夜夜，蔣士成全身心撲在現場，感觸良多。他看到改革開放給中國帶來的嶄新的精神面貌，看到各行各業無私支援儀化建設的動人場景，看到廣大建設者的幹勁、智慧和熱情。更是在此期間，他對引進技術裝置有了系統的學習、全面的消化和充分的吸收。

1985 年元旦，時任江蘇省省長的顧秀蓮接到儀化投產成功的喜訊後，專程來現場慰問。6 年多前她與蔣士成一同考察，暢談中國化纖工業發展前景，而今夢想已化為現實。她欣然題詞：化纖之光。

1985 年，蔣士成（左二）陪同江蘇省省長顧秀蓮
（左四）視察儀征化纖現場

難捨儀化情

1984 年 12 月，正是首條生產線投料的關鍵時刻，蔣士成被紡織工業部任命為儀征化纖公司總工程師。而這一紙任命，卻讓蔣士成心裡五味雜陳。他從心底里感謝組織對他的信任和培養，同時對儀化這片火紅的熱土充滿了深情。然而，夫妻兩地分居、骨肉分離讓蔣士成一籌莫展。

蔣士成有一雙兒女。長女蔣丹敏 1960 年出生於武漢，滿月後被送到無錫，一直跟隨外婆生活。「文革」期間，蔣士成在外顛沛流離，竟有 7 年時間沒有見到自己的女兒。兒子蔣雄文 1973 年出生於貴州，襁褓時隨蔣士成調動去北京。同年蔣士成參加遼陽化纖總廠建設，1977 年又轉戰儀化基地。前後 10 年間，除了春節，整年與兒女們難得相見，以至於女兒見到他躲，兒子見到他叫「叔叔」。每當看到兒女們怯生生的眼神時，蔣士成心裡總是有一種說不出的酸楚。

同樣，對妻子陳雅的虧欠之情也讓蔣士成難以釋懷。陳雅是紡織工業部設計院的業務骨幹，先後擔任遼化和儀化 PTA 項目的設計人員。她不僅在設計專業上能夠獨當一面，而且在對外談判上也是一把好手，深得領導器重。中國石油化工總公司外事機構組建時，曾向紡織工業部商調陳雅從事國際合作工作，終因其家庭因素未能如願。

雖然紡織工業部設計院給予陳雅以最大的照顧，盡量讓她在北京做項目的設計工作，少出差，以便料理家庭，但繁忙的設計任務讓陳雅感到心力交瘁。那段時間，蔣士成一心撲在工地，無

法照顧妻兒，一年在家的時間屈指可數。家裡的柴米油鹽，孩子的吃喝拉撒睡，全靠陳雅打理。過冬儲白菜，打煤餅，一筐筐要搬上5樓；晚上加班，不得不將小雄文鎖在家裡；去南京工地，只能將小雄文託付給同事。陳雅不僅對工作認真負責，對子女教育也十分嚴格，每天都要擠出時間輔導小雄文的功課。緊張的工作節奏和「既當爹又當娘」的生活讓陳雅喘不過氣來，也讓蔣士成感到無比的愧疚。

在儀征化纖公司任職，就意味著將面臨長期的夫妻分居，家庭生活的窘迫之境仍將延續。蔣士成陷入了兩難境地：既不能違命組織，又難以向陳雅啟齒。因而拖到春節休假，蔣士成才將升職的消息告訴了陳雅。面對默不作聲的妻子，凝望她消瘦憔悴的面龐，他在自責和忐忑不安的心緒中度過了這個短暫的假期。

元宵節那天晚上，儀征化纖公司總經理任傳俊在機關食堂請幾位家在外地的同志吃團圓飯。飯後，任傳俊特意到蔣士成宿舍，給蔣士成帶來一個意想不到的消息。

任傳俊合肥工業大學高分子專業畢業，參加遼化項目建設後轉調儀化，40歲擔任儀化公司總經理，是一位年輕有為的「四化」幹部。任傳俊轉達了王瑞庭副部長的節日問候，並告訴蔣士成：鑒於他家庭的實際困難，黨組已經答應重新考慮他的任職問題。希望他不要背思想包袱，完成好儀化繁重的裝置開車任務。

任傳俊還說：「目前儀征化纖公司進入了邊基建、邊生產階段，公司的技術管理尚處於發揮步階段，我非常希望您能夠留下來。但我能夠體會到家庭分居的苦衷。黨組在研究公司人事時沒有察覺到你家庭因素，不是陳大姐提出來，部領導還不知道呢！」

蔣士成方才知道陳雅帶著10歲的小雄文「雪中上訪」的故事：就在前幾天，陳雅決定找紡織工業部領導陳情。從甘家口的紡織大院到中紡裡的紡織工業部宿舍有十多公里之遙，母子倆頂著漫天大雪，乘公車幾經輾轉來到王瑞庭副部長的家，王瑞庭驚訝之餘也受

到觸動，隨即把蔣士成的家庭情況報告了黨組。

組織的寬容、領導的體諒讓蔣士成避免了處於極度矛盾的兩難選擇境地。他的內心游動著一股暖意。也許是由於工作性質的原因，也許是出於家庭和事業間的平衡，蔣士成本沒有一輩子都扎根在儀化的想法，但 8 年的風雨同舟，讓他對這片熱土充滿了深深的眷念。他回應任傳俊的挽留：渡過小家庭的難關，我一定再回到儀化大家庭來。

1985 年儀征化纖公司的生產和基建任務十分艱巨。國家下達了全年 6 萬 5 千噸產品指令性生產計劃，1985 年 7 月 1 日又是吉瑪公司引進聚酯裝置的工藝保證期限。分線投料和試生產過程中任何一個環節出現問題，不僅不能完成生產計劃，還將造成逾期履行合約帶來的經濟損失。

聚酯 2 線投料試車是重中之重。年初，吉瑪公司專家皮爾斯向中方交了一份代號為「MPM 計劃」的試車過程網路圖。該計劃指出：「2 號線機械試車過程需 48 人乾 75 天，這是最佳的理論數據。而實際所需時間，應按不同國家的不同情況乘上大於 1 的不同係數。本國(指聯邦德國)為 1.2，南斯拉夫為 1.8，蘇聯為 2.1，中國為 3。」皮爾斯在 3 的後面，又畫了一個大大的問號。

顯然，吉瑪公司專家懷疑中方工程技術人員的工作效率。按照他們的預測，2 號線開車調試需求大半年時間！

一份署名為「滌綸一廠青年突擊隊」編制的「MPM」開車方案送到廠部領導案頭。這支平均年齡只有 21 歲的隊伍共由 46 人組成，其中大學畢業生 13 名，青年操作工 33 名。他們以吉瑪公司「MPM 計劃」為藍本，硬把工期壓縮到 60 天！

蔣士成組織人員審查了這份計劃報告，發現這群年輕人用「分段切蘿蔔」的辦法，根據 2 號線的裝置特性，以工藝牽頭，將整個工程作了合理分段，然後幾個工序齊頭並進，吉瑪公司計劃周到縝密的內在邏輯被得到完美的體現。這個計劃很快被批准實施。

《中國青年》雜誌一篇報導記述了工程開工的場景❶:

> 一張新的工程進度圖掛上了現場辦公室的牆壁。圖中標有紅、黃、藍三條豎線。藍線代表 MPM 計劃,綠線代表突擊隊計劃,紅線代表實際進度。2 月 26 日,2 號線開工的第一天,紅線就開始了它的領先地位。不用說突擊隊員流了多少汗,出了多少力,僅這一天,他們就完成了 23 個工作組日(一個工作組干 8 小時的工作量為一個工作組日)!每天下班後,隊員們都要湧進這間辦公室,等著統計出當天的進度。每天上班前,隊員們也要擠到那張圖前,瞄瞄那條紅線。誰都想有機會握住那支紅筆,「嗤」地來上一下。

1985 年 4 月 18 日,2 號線順利打通全流程,試車一舉成功。最終紅線比綠線進度提前 8 天,比藍線進度提前 23 天。突擊隊的工作精神和開車水平不得不讓吉瑪公司專家刮目相看。蔣士成看到年輕技術人員們在工程實踐中快速成長,對儀征化纖公司的建設和發展充滿了信心。

這批在開車現場跌打滾爬的青年人後來都成為儀征化纖公司的生產技術管理精英。其中,青年突擊隊政委徐止寧、隊長沈希軍後來相繼擔任了儀征化纖公司的主要領導。

已投產裝置的穩定生產同樣至關重要。即便是透過了合約規定的 72 小時運行品質考核,也不能確保裝置滿負荷、連續化、長週期運行。同時,試生產階段出現的問題通常容易產生合約糾紛。儀征化纖公司工程試生產過程中,出現了大大小小的設備故障和非計劃停車事故。最為嚴重的是核心設備圓盤反應器連續發生三次故障,導致大量排廢,裝置癱瘓。

圓盤反應器是吉瑪公司 20 世紀 60 年代開發的具有專利權技術

❶鄭勇,陳曉軒. 胥浦無故事[J]. 中國青年,1987.

的裝置設備，在吉瑪 5 釜流程中，它排在最後，因而也被稱為最終縮聚釜。最終縮聚是預縮聚段流出的低分子縮聚物繼續進行熔融縮聚的階段，具有高溫、高壓、高黏度、高真空的特性。同時，最終縮聚釜的構造十分複雜，容器內被分隔為若干艙位，焊有螺旋形加熱夾套，整套設備還包括直流電機、減速機、萬向節、攪拌軸、軸封等器件。這個龐大的容器，堪稱聚酯生產的心臟。

素以精細嚴謹著稱的吉瑪公司的工程師很快就查明並向中方通報了故障原因：反應器內的攪拌軸存在製造品質缺陷，因滿負荷生產超出攪拌軸的設計計算的撓度，致使反應器出料端密封失效，引發艙內失去真空，降低了熔體黏度，產生大量不合格產品。吉瑪公司承諾委託原廠加急製造備件。這個方案雖然有技術保證，但海關申報手續繁雜，來回加工週期過長，全年生產計劃因此會受到嚴重影響。吉瑪公司的處理辦法顯然是不現實的。

蔣士成和儀征化纖公司項目代表方絡驥受命處理事故善後會談。蔣士成在查看現場、調閱設計圖紙後分析，裝置能夠投入試運行，說明技術基礎是可靠的，攪拌軸材質使用恰當不存在偷工減料的問題，設備製造品質出現瑕疵固然可信，但不能夠排除設計源頭上的缺陷。而在裝置放大研發過程中因計算錯誤造成設計不當的現象在所難免。如果找不出故障的真實原因，一味將責任推給製造商，不僅不利於今後的裝置檢修維護和故障處理，勢必還會增加賠償談判的難度。外方對賠償的態度極其謹慎又極其敏感，是一個好的抓手。蔣士成和方絡驥商量了積極應對的辦法。

談判桌上，蔣士成先聲奪人：貴公司提出的處理意見是誠懇的，但儀征化纖公司承擔著生產任務和還貸的雙重壓力，長時間停工將會造成巨大經濟損失，勢必會轉化成貴公司的賠付。這些是我們都不願看到的。

蔣士成隨即拋出一個他已思考成熟的辦法：將已經到貨的二期工程圓盤反應器中攪拌軸上的圓盤拆卸下來就近進行改造性修復。

吉瑪公司提供具體改造圖，並提供設計原始數據（工藝包數據涉及吉瑪公司的技術祕密，但合約技術附件明確外方有責任和義務向中方提供），由儀征化纖公司審核確認。儀征化纖公司協助連繫國內有資質的機械製造廠。二期工程相同設備由吉瑪公司拾遺補闕，並延長相應的品質保證期。

這個力求減少雙方損失、幾乎無懈可擊的方案，吉瑪公司談判代表根本找不到拒絕的理由。

當時任外國專家聯絡對口辦公室技術員、後任儀征化纖公司物資裝備部經理的尹劍平回憶說❶：

> 事故發生後，我連續陪同蔣總工兩次去現場。他看得很仔細，應該很快就有了初步判斷。要到外方的基礎數據後，他又親自做計算，還請來南京大學專家協助分析有關數據，終於找到外方設計錯誤……吉瑪駐儀化的專家們都對他很敬重，要我將修改的圖紙送給蔣總工徵求意見，前後反覆過幾次。後來修復件從南京大化機（南化機械廠）加工安裝後，裝置運轉就正常了。隨後的賠償談判也極為順利，吉瑪除了支付相應的加工費外，共賠償儀化損失200萬馬克，還賠償了不少的備件。

這次事故，加深了蔣士成對吉瑪公司核心裝置技術的設計理念、工藝機理的進一步認識，也給他一個深刻的警醒：引進裝置的備件國產化刻不容緩！無論算經濟帳，還是算時效帳，必須克服對「洋備件」的依賴！

在蔣士成等技術專家的建議下，儀征化纖公司備件國產化工作擺上了議事日程。數以萬計的引進設備零部件被分門別類列表，明確品質標準和供應渠道，定點單位、科學研究院校聯合開發單位遍布全國。

❶尹劍平口述訪談 . 2019. 12. 上海 .

　　滌綸一廠進入全面試生產之後，以滌綸二廠和滌綸三廠為主體的儀征化纖二期工程也相繼開工建設。隨著開車經驗的積累，工程建設進入了良性循環。更讓蔣士成感到興奮的是，二期工程的建設模式發生了變化：由儀征化纖公司負責工程總承包，吉瑪公司僅提供工藝包，工程的基礎設計和詳細設計都將由紡織工業部設計院承擔。這個決定，不僅降低了工程成本，對提高我國聚酯工業的工程能力也是一個有力的推進。

第七章

築夢聚酯
裝置國產化

夙　願

1985 年 1 月 25 日，農曆正月初五。剛回到儀征化纖公司工地的蔣士成，接到來自北京的一個好消息，讓他激動得久久不能平靜。

來電話的是設計院同事羅文德，諮詢開發室副主任兼黨支部書記，也是蔣士成的入黨介紹人。他告訴蔣士成，支部委員會全票透過了他的入黨申請，大家認為蔣士成經受了國家重點工程建設的考驗，一致推薦他「火線入黨」。

「火線入黨」通常是給有特別貢獻者的一種榮譽。

這是蔣士成具有人生轉折意義的一天。為了這一天，蔣士成經歷了 22 年的努力，22 年的期待。

1951 年 9 月，高中階段的蔣士成加入了中國新民主主義青年團，在這個被稱之為「黨的助手和後備軍」的組織中得到鍛煉成長。他滿懷著對新中國的憧憬，跨進華東化工學院的校門，投身於化工事業的發展。

1963 年 10 月，維尼綸工業點燃了中國化纖的希望之火，蔣士成奔赴國產維尼綸攻關戰線的前夕，向黨組織遞交了第一份入黨申請書。

1971 年 10 月，在「文革」動亂中遭受關押審查、牛棚改造後的蔣士成被調至貴州三線，儘管傷痕纍纍，但絲毫沒有動搖他的理想和信念，他再次向組織提出入黨申請。

1973 年 12 月，遼化工地「冰火兩重天」的景象讓蔣士成熱血沸騰，他又一次向黨組織遞交了入黨申請書。

1985 年 1 月，儀化首條聚酯生產線開車成功後，蔣士成第四次提出入黨申請。他滿懷深情地寫道：「我是在黨的紅旗下，在組織的關懷、教育和培養下讀完了中學、大學並參加了革命工作，是黨把我逐步鍛煉成為社會主義現代建設的技術幹部。」❶

蔣士成坦誠地向黨組織吐露心跡：多年來，他將不能被組織吸收歸結於工作單位變動頻繁以及工作性質偏業務、「只專不紅」等原因，對黨的宗旨和使命的認識存在不足。有信仰，才會有力量，有目標，才會有信心。他說：「『文化大革命』十年內亂，給黨和國家帶來了極其嚴重的創傷，也給我本人帶來了很大的衝擊，但對黨，我沒有怨言，始終充滿信心。」❷

22 年堅守初心，22 年矢志不移，蔣士成將對黨的感恩感激轉為實際行動，化成不竭動力。他深刻地認識到自己成長的每一步都來自黨的關懷和培養。從選拔他參加維尼綸國產化攻關、擔任貴州、廣西兩個維尼綸項目的現場設計代表，到參加遼陽、儀化兩個國家級石油化纖項目的建設、擔任對外談判主談、聯絡組副組長、項目副總工程師，是黨給予了信任，是組織給予了平台。同時，他親眼看到：二十多年來，黨和國家為解決人民穿衣問題，殫精竭慮發展化纖工業。這一切堅定了蔣士成對中國共產黨理想目標的認同和建設社會主義現代化事業的信心。

第四份入黨申請從上交報告到支部透過，再到黨委會批准，前後不到半個月，充分反映了紡織工業部設計院黨委的重視和蔣士成入黨條件的成熟，也反映了黨中央號召的「尊重知識，尊重人才」已在全社會蔚然成風。

由於受長期「左」傾思想的影響，知識分子入黨難的問題曾是一個時代之痛。一些偏見和論調將許多優秀的知識分子排斥於黨組織的大門之外，尤其是對那些家庭出身不好、社會關係比較複雜的知

❶蔣士成人事檔案.《蔣士成入黨申請書》. 中國石化集團公司人事檔案室藏檔.
❷蔣士成人事檔案.《蔣士成入黨申請書》. 中國石化集團公司人事檔案室藏檔.

識分子來說，入黨更是遙不可及。

蔣士成雖然出生在金融資本家家庭，但因為幼年喪父，家道中落，全家僅依靠長兄蔣元成微薄的收入生活。將士成中小學、大學階段履歷表家庭出身一欄中填寫均為「職工」。60年代「血統論」盛行，經組織審查，改為「商業經營者」家庭出身，染上了剝削階級的色彩。再因為伯公蔣維喬、伯父蔣君稼又是舊時代文化、教育和宗教領域的名人，社會關係變得更為複雜，蔣士成入黨的難度便可想而知了。

十一屆三中全會之後，黨的知識分子政策日益深入人心。鄧小平號召全黨要尊重知識、尊重人才，明確提出我國的知識分子「已經是工人階級自己的一部分」。我國社會主義革命和建設的實踐證明，知識分子是社會主義事業不可缺少的參與者，是重要的依靠力量，是工人階級優秀的一部分。蔣士成和全國許多優秀知識分子一樣，在改革開放的新時期，成為黨內推動現代化建設的新生力量。他深刻認識到：黨是領導中國現代化建設的堅強核心，作為黨的一員，不僅要有堅定的信仰，更要有從事現代化建設的技術和本領。只有在工程科技領域不斷地學習探索，持久地創新，才能使我們黨具有吸收當代最新科學成就，推動科技進步，創造新的生產力的強大能力。❶

1985年3月蔣士成在英國技術考察時拜謁倫敦馬克思墓

❶蔣士成人事檔案.《蔣士成入黨思想匯報》. 中國石化集團公司人事檔案室藏檔.

法國哲學家薩特曾說過：「世界上有兩樣東西是亘古不變的，一是高懸在我們頭頂上的日月星辰，一是深藏在每個人心底的高貴信仰。」多年以來，蔣士成始終與蘊藏在自己心中的信仰並肩而行，將信仰化作奮鬥的動力，化作克難攻堅的能量。從交黨費一個很小的細節中可以看到蔣士成內心對黨的虔誠。據他的工作祕書吳劍南迴憶：蔣總交黨費很有特點，從不拖交，也從不要祕書代勞。他總是將黨費放在一個信封裡，在信封上寫上自己的名字，按時親自送給黨小組長。有時找不到信封，他會親手做一個。遇到出差，他會提前上交。充滿儀式感的行動，顯示了他真正做到了把黨員的義務放在心上。❶

甩掉「洋拐杖」

1985 年 3 月，中共中央下發了《關於科技體制改革的決定》（以下簡稱《決定》），明確了「經濟建設必須依靠科學技術，科學技術工作必須面向經濟建設」的策略方針。

如果說 1978 年的全國科學大會掀發揮了全社會「尊重知識，尊重人才」的熱潮，那麼，《決定》則為我國的經濟建設和科技發展提供了制度保證和機制保證。

在長期的計劃經濟條件下，科技體制存在著種種弊端，諸如科技發展與流通、生產相互脫節，忽視推廣應用；科技主管部門單純依靠行政手段管理科技工作，對科學研究單位事務介入過多，科學研究單位內部也大都採用單純的行政管理辦法；條塊分割，科技訊

❶吳劍南口述訪談 . 2016. 8. 儀征 .

息不暢通，研究項目低水平重複，等等。《決定》提出了我國科技體制改革的目的、方向、任務和基本政策，勾畫出科技體制改革的藍圖。

一位中央領導做了一個很形象的比喻：改革科技體制，就是要動員千軍萬馬上山摘桃子。千軍萬馬是指整個科技界和知識界；上山是指要深入到現代化建設的洪流中去；摘桃子是指把創造出來的科學技術成果應用於現代化建設，把又大又多又好的桃子一筐一筐地摘下來，為經濟建設作貢獻。

《決定》提出的一項重大改革措施是改革撥款制度，對從事開發性研究的科學研究院所改事業費開支為有償合約制，以逐步打破「鐵飯碗」和「大鍋飯」，充分發揮廣大科技工作者的積極性和創造力。

《決定》特別提出：「國內有關的研究和開發工作要同引進技術緊密結合，消化吸收引進先進技術，提高開發生產技術的發揮點，進而開發新的創造，提高自主開發能力。」

紡織工業部設計院聞風而動，即刻做出了安排，決定從吉瑪公司拿下儀化二期工程的詳細設計任務。

儀化二期工程包含滌綸二廠、滌綸三廠以及配套的公用工程，總投資概算為 17 億元人民幣，共有 5 套與一期工程同期引進的吉瑪公司聚酯生產裝置，銜接 8 條國產化紡絲生產線。

這個決定極富有挑戰性，面臨著諸多難題：詳細設計直接涉及工藝包計算等聚酯核心技術，中方難以掌握其中的技術訣竅；對引進設備工藝機械原理的理解還比較膚淺；對現代工業設計流程還不完全熟悉；電腦控制系統的運用能力相對薄弱，特別是進口設備長時間存放留下的品質隱患有較大的不確定性。

同時，詳細設計的工作量是基礎設計的翻倍，大家日夜加班、疲於奔命，還可能要承擔失敗的風險。在缺乏技術薪酬激勵的體制下，統一大家思想認識的難度是可想而知的。

王瑞庭副部長和俞鯉庭院長是這項決定的倡導者和推動者。為了保證技術上的可靠性，他們一發揮找蔣士成商量。

報業出身的俞鯉庭向來幽默：「三年學徒，五年半足，七年出師。我們院接觸化纖『洋設備』和『洋技術』已經有 10 多年了，從無知到有知，從生疏到熟悉，現在是該考慮丟掉『洋拐杖』的時候了。」俞鯉庭老院長已離休，但仍擔任設計院顧問，他十分關心設計院的技術進步工作，多次強調：設計院是吃技術飯的，沒有技術，將一事無成。

王瑞庭說：「當初搞引進時，有人指責我們是『洋奴哲學』『爬行主義』，10 多年了，如果我們還是站不發揮來，不就成了徹頭徹尾的『洋奴』『爬行派』了？引進是為了學習先進技術，我國的化纖工業是最早，也是最集中引進國外裝置技術的，也應該最迅速地站立發揮來，否則，我們無法向黨和人民交待。『洋拐杖』遲早都要扔掉！」

他掏出一支香菸，放在鼻子下嗅了嗅。感慨地說：「『洋拐杖』就像菸癮，有誘惑性，就有依賴性。扔掉它，就要拿出戒菸的毅力。」說完，他慢慢將香菸捏碎，扔到廢紙簍裡。

蔣士成知道，王副部長菸癮挺大，幾次提議帶頭戒菸。而今天的一番話，分明是話中有話。眼前這兩位受人尊敬的長者，前半生浴血革命，後半生投身中國紡織工業建設，現在已是含飴弄孫、安享晚年的年齡，還在為化纖技術的發展操勞，蔣士成對他們由衷感到敬佩。

其實，兩位領導的擔憂也是蔣士成一直思考的問題。沒有探索，哪來進步？他渴望能有這樣的機會，逐步擺脫對外來技術的依賴。雖然增加了工作量，也面臨著技術風險，但可以更多地消化引進專利，掌握更多的技術訣竅，既能鍛煉隊伍，又能增加創收。

部院領導根據蔣士成等技術骨幹們的積極態度和審慎建議，決定儀化二期工程詳細設計由紡織工業部設計院承接，儀化公司為總承包人。蔣士成被任命為設計院副總工程師，負責儀化二期工程建

設設計的技術領導工作。他與王瑞庭副部長相約，克服依賴，篤行明志，一下子戒掉了長達二十多年的菸癮。

回到設計院的蔣士成給家庭帶來了相聚的歡樂，但與家人依然是離多聚少。不說要經常來往儀征現場，在北京也是無休止地加班加點。在項目組，蔣士成夫婦經常晚飯後將兒子反鎖在房間趕去設計院加班，有時熬到東方出現魚肚白時才匆匆回到家裡，早餐後送兒子上學後又匆匆趕到院裡，開始又一天緊張的工作。

蔣雄文回憶說：「『小升初』那年，父親回到北京工作。想到今後能夠天天見到父親，心裡有說不出的高興。沒想到的是，父親還是沒日沒夜地加班，除了奶奶從江蘇趕來陪了我一個暑假之外，平時的節假日和晚上，通常是被鎖在家裡，想讓父親帶我去一趟北京動物園，竟是遙遠的奢望。」❶

詳細設計不是簡單的模仿複製，而是對整個裝置的工藝數據和反應機理進行全面、系統地梳理。蔣士成和他的同事們對每一個技術細節進行充分研究，結合一期工程裝置運行暴露出來的問題進行優化調整完善，攻克了一個又一個技術難題。

經過蔣士成最終審核的詳細設計圖紙一批批發往儀征現場。

現場又是另一番熱氣騰騰的景象。儀化公司作為項目單位，組織由安裝、工藝、儀表、設備技術人員組成的開車隊伍，從一廠到二廠，再從二廠到三廠，交叉、滾動開車。並聘請了吉瑪公司普雷斯勒和東洋紡織公司專家小澤擔任現場安裝調試顧問。經過 5 年又 3 個月的艱辛努力，完成了二期工程的全部建設任務。

國家計委牽頭的儀化二期工程國家驗收委員會出具的報告指出：儀化二期工程在一期工程的基礎上，做到了建設「速度更快、品質更好、投資更省」。❷

具有特別意義的是，整個二期工程全部是由我國工程技術人員

❶蔣雄文口述訪談 . 2016. 3. 北京 .

❷《儀征化纖二期工程國家驗收報告》. 1990. 儀征：儀征化纖公司藏檔 .

自己安裝調試開車的，克服了「洋依賴」，甩掉了「洋拐杖」，在消化、吸收國外先進聚酯技術上躍上了新的臺階。南京大學商學院彭紀生教授在合著的《基於技術引進的技術能力演化研究》一文中，以儀化工程為典型案例，認為儀征化纖透過一期工程的知識積累和能力提高，以二期工程的建成投產為標誌，形成了複製能力。「公司對聚酯技術的掌握、工程設計能力、設備製造能力、工程建設能力都有了很大的提高，達到了突破的臨界點。」❶

不能再辦「世界化纖博覽會」了

1986 年 8 月，蔣士成被紡織工業部黨組任命為紡織工業部設計院副院長兼總工程師。時值儀征化纖公司二期工程建設緊鑼密鼓之時，也是我國第一波化纖裝置引進大潮洶湧激盪之時。

儀征化纖公司借貸建廠、負債經營開創了中國利用外資內債的先河，同時也不可避免地帶來了全國趨之若鶩的「化纖熱」。

「化纖熱」的產生有其肥沃的社會經濟土壤：其一，隨著改革開放的深入，國門打開得越來越大了；其二，中央對國有企業鬆綁放權，企業自主權不斷加大；其三，化纖應用領域不斷擴大，多品種需求旺盛；其四，短缺經濟形態下化纖產品供不應求，有高額利潤。

幾年間設計院收到了很多邀約，有系統內的也有系統外的，有地方政府的也有企業的，有技術諮詢的也有邀請參與對外談判考察的，更多的是委託項目設計的。王瑞庭老部長揶揄道：「設計院真

❶彭紀生，孫文祥，魯錦富，等. 基於技術引進的技術能力演化研究--以儀征化纖公司聚酯技術自主化為案例［C］//中國企業管理案例論壇. 中國人民大學，2007.

的成了一個『香餑餑』了。」

蔣士成喜憂參半。喜的是，透過廣泛的對外交流，可以跟蹤國際化纖工業技術新的發展，更多地學習和消化優秀成果，達到「洋為中用」，為社會主義現代化建設服務；憂的是，引進一旦成風，必將耗費大量外匯，十年前「洋冒進」的場景將又一次重現。世界化纖巨頭紛紛堂而皇之地進入中國，化纖工業的尖端技術被徹底壟斷，我國的科技發展永遠寄人籬下，我們情何以堪?！

王廣鎏、徐熾、黃志恭、祖榮琪等經過遼化、儀化工程實戰鍛煉過的化纖工藝、設備、自控專家們也有同樣的擔憂。王廣鎏此時已擔任設計院院長，是蔣士成十多年的老搭檔，組織大家一發揮務虛討論設計院的發展規劃，形成了一個共識：一定要透過艱苦努力，逐步突破外企聚酯技術封鎖，不能讓他們在中國開「世界化纖博覽會」了！

大家分析了「七五」至「八五」期間化纖發展的趨勢和特點。首先是以「四大化纖」和儀化公司為代表的骨幹企業新建裝置和增容技術改造的需求強烈，雖然「國家隊」承擔著消化吸收引進技術的責任，但仍對國外技術情有獨鍾。其次是一些經濟發達的省市出於拉動地方經濟的需求，大力引進外來技術，興辦化纖企業，其中以廣東、江蘇、浙江省尤甚。再次是境內外化纖合資企業悄然興發揮，比如與臺商合資的廈門翔鷺化纖、與美國阿莫科合資的儀化丙綸織物，等等。總之，由於缺乏成熟的國產化技術，短短幾年間，德、法、美、日等世界化纖名企的技術和資本長驅直入，各個企業都賺得盆滿鉢滿。

以技術精湛、服務良好著稱的吉瑪公司一口氣拿下一批項目合約，以儀化單線 6 萬噸/年生產能力為突破標誌的聚酯生產線在全國被快速複製，「歌劇」系列唱響神州大地。

中國技術怎樣才能在化纖產業中爭到一席之地，是此時紡織工業部和紡織工業部設計院面臨的一道沉重的課題。

大家都清醒地認識到，國外技術固然先進，但並不會將最好的設備裝置引進給你，更不會將技術祕密毫無保留地轉讓給你。而且技術更新換代很快，一旦形成對外依賴，中國化纖工業必將陷入「引進－落後－再引進－再落後」的惡性循環。

蔣士成說：「從維尼綸到滌綸，我們接觸國外先進化纖技術已經二十多年了，也積累了豐富的工程設計和管理經驗。做了二十多年的學生，國家為之付出了高昂的學費，該是我們把學到的技術回饋於國家的時候了。」

當年在總師室任副總工程師的羅文德回憶說：「聚酯裝置國產化的提出有一個過程，記得在蔣士成擔任總工後，我們就經常一發揮討論，當時概念也比較模糊，實施的途徑也不明確，但提升設計院的工程技術能力、打破國外技術壟斷，大家已經形成共識。」❶

干法腈綸技術的探索

儀化二期工程結束後，設計院接到紡織工業部「五大腈綸」項目的設計任務，確定蔣士成為撫順腈綸的項目負責人。

腈綸是聚丙烯腈(acrylic fiber)的簡稱，為化纖家族的重要成員，其產品輕盈、柔軟、保暖、富有彈性。如果說滌綸是「人造棉花」，那麼腈綸便是「人造羊毛」，20世紀四五十年代由美國杜邦公司(Du Pont)開發和工業化生產，美國將之命名為「奧綸」。

我國腈綸工業發揮步晚於滌綸，70年代以來，相繼在蘭州化纖廠、上海石油化工總廠、大慶石化廠和安慶石化廠興建了腈綸裝

❶羅文德口述訪談. 2016. 3. 北京.

置，不僅產量小，而且是工藝相對落後的「一步法」「二步法」的濕法腈綸。紡織工業部借鑑儀化建設經驗，決定在「七五」期間以技貿結合的方式從杜邦公司引進五套干法腈綸裝置。

干法腈綸的纖維結構、生產品種轉換、市場應用均明顯優於濕法腈綸，生產工藝也相對複雜，但能耗偏高，平均成本較濕法約高出近 100 元/噸，而且建設投資比較大，是同等規模濕法腈綸裝置的近十倍。為了適應服裝行業的需求，紡織工業部下決心發展腈綸工業，同時在撫順、秦皇島、淄博、寧波、茂名等地興建了五個腈綸廠，單套生產能力為 3 萬噸/年和 4.5 萬噸/年不等。

1988 年 3 月 5 日，蔣士成帶隊，赴美國進行撫順腈綸項目設計聯絡。到達美國後，他不顧舟車勞頓，即刻轉機到位於東海岸的特拉華州工業城市威名頓。威名頓有世界最大的「化工城」之稱，著名的杜邦公司總部就坐落在這座城市。

十年前，蔣士成為儀化項目曾到杜邦公司有過一次浮光掠影式地考察，給他留下極為深刻的印象。這個以火藥製造發揮家的老牌企業能夠在「二戰」結束後迅速轉型為世界化工巨頭，在化工多個領域均有卓越建樹，完全得益於創新的產品、科學研究開發實力和強大的工程能力。

杜邦公司以腈綸開山鼻祖享譽世界，但在美國本土只有威尼斯波羅奧綸廠和普頓奧綸廠兩個腈綸工廠，而且裝置規模不大，單線生產能力僅 2.2 萬噸/年，腈綸的貢獻主要依靠設備和技術的輸出。「賣產品」還是「賣技術」兩種不同的模式引發了蔣士成的思考。

蔣士成回憶說：「當時我國仍處於計劃經濟向商品經濟的過渡期，雖然對科技是第一生產力的概念有了一些認識，但普遍還停留在口號上。在企業層面，存在著盲目引進的傾向，誤以為企業的科技投入就是引進「洋設備」，很少考慮「投資如何收回、貸款如何歸還」的問題。在行業層面，普遍認為掌握了機械製造技術，就能實現國產化，忽略了工藝流程在其中的關鍵作用。在國家層面，可以

為企業引進設備給予政策和資金支持，而之後很少再花錢做消化吸收的工作了。這是我在美國進行腈綸項目設計聯絡工作中最為深刻的體會。」❶

的確，紡織工業部決定引進干法腈綸裝置，來自中國紡織機械公司國產化聯合攻關項目的驅動。中國紡織機械公司由紡織工業部下屬的大型機械設備製造工廠重組而成，王瑞庭副部長一度兼任過該公司的總經理。為了填補國內干法腈綸裝置的空白，他們決心將儀化年產 1.5 萬噸滌綸短纖維裝置仿造的經驗在腈綸裝置國產化攻關中成功複製。

從項目的提出到項目的實施，均以中國紡織機械公司為主。設計聯絡組中，機械設備人員占了一大半。幾乎所有人的目光都聚焦到設備的型號、性能、製造工藝上，對化學反應的原理、工藝路線、技術參數以及工藝包技術的成熟度缺少應有的關注，對項目的投入產出、環保評估也缺少認真的分析。蔣士成不禁感到一絲擔憂。

透過兩個多月的現場交流和實地查看，蔣士成對裝置的工藝特點、流程結構有了較為全面的認識。同時，對裝置技術的成熟性和項目的經濟可行性提出了不同的見解：

首先，引進的生產線屬於杜邦公司按比例放大的裝置，沒有經過工業實驗，工藝條件苛刻，造成整套裝置的生產工藝與設備配套性能差，尤其是其關鍵設備乾燥機存在先天不足，達不到生產能力要求。

其次，引進裝置技術的成本高，投入產出比較低。特別是裝置開發和產品開發技術被高度壟斷。

再次，與滌綸產品相比，腈綸產品的應用面狹窄，干法腈綸的性能雖高於濕法腈綸，但應用範圍更加受到限制。

另外，環境保護要求高、成本大，並存在著不確定性風險。

❶蔣士成口述訪談 . 2015. 8. 儀征 .

如蔣士成所料，撫順腈綸項目建設不是一帆風順的，僅試車就用了 4 年時間，花掉 1.3 億元人民幣。投產後，產能達不到設計值，汙水處理也達不到排放標準。

撫順腈綸廠是「五大腈綸」第一個投產的項目。其餘同步建設的幾家企業的命運也同樣逃不過「投產之日，即是虧損之時」的悲慘局面。受國外技術壟斷以及進口產品傾銷衝擊的影響，「五家企業不僅花費巨大，而且還錯過了極其難得的市場機遇」。❶

極為微妙的是，1991 年，杜邦公司關停了美國本土的兩家腈綸工廠，研發人員全部就地解散。這樣的設備和技術的輸出讓我國付出資金和環境的沉重代價。

紡織工業部設計院有 20 多名設計人員參加了撫順腈綸廠項目設計，這段經歷讓他們認識到：沒有自己的技術基礎，依靠過去設備仿製的方式搞國產化是不夠的！國產化的基礎和核心永遠是技術！

腈綸項目的實踐讓冷落了 4 年之久的聚酯國產化舊話重提。1991 年年底，在蔣士成的主持下，一個嶄新的課題獲得設計院和紡織工業部的批准。集中設計院專業優勢，進一步消化吸收國外聚酯先進技術，走產學研結合的道路，攻克聚酯裝置國產化難關。

難以落地的「產學研」

早在 20 世紀 80 年代中期，經濟理論界就發聲呼籲科學研究、教育、生產不同的社會分工在功能與資源優勢上協同、集成和優化，以推動技術創新的上、中、下游的對接與耦合，簡稱「產學

❶周迎新．干法腈綸，請走好[J]．中國石化，1999(3)．

研」。這個建議在當時條塊分割的行政體制下無疑是打破「行政牆」的一方良策，得到了黨中央的高度重視。但是，鋪天蓋地的「引進熱」讓這個良好的願望變得遙不可及。技術的需求來自生產方，作為提供方的科學研究院所、大專院校因體制原因，不僅與工廠企業嚴重脫節，而且缺乏自身動力，很難拿出先進實用的技術成果。生產單位為了保證技術先進和裝置穩定，千方百計引進外國技術設備，不敢為國產技術設備冒風險。因此，「產學研」結合在口頭上叫得響，行動上跟不上，處於「一頭冷、一頭熱」的尷尬境地。

其實，設計院的角色更為尷尬。嚴格來說，設計院只是一個工程單位，按照「產學研」分工，設計院的任務是將理論研究、科學實驗成果轉化為工程能力、應用於工廠建設，只能充當一個配角。更何況紡織工業部設計院還不是完全意義上的工程建設單位，在工程項目建設過程中，只是諸多環節中一環。而吉瑪公司之類的外國設計公司，內部有獨立的研究機構，外部能夠連結設備供應和工程專業公司，具有國際工程總承包能力，兩種體制大相逕庭。

面對幾方要麼條件不具備、要麼缺乏積極性的現實，聚酯裝置國產化的課題究竟從何下手？陳冠榮的「國產化三步曲」讓蔣士成腦洞大開。

自 1980 年 6 月儀征南化項目論證會後，蔣士成只是在調回北京後不久看望過一次恩師陳冠榮。當時陳冠榮已經從科技局領導崗位退了下來，但作為中國科學院學部委員，仍為我國的化工科技事業日夜操勞。那次短暫的拜訪，讓蔣士成感觸頗深。陳冠榮對眼前新一輪的引進熱潮，深感憂慮。他認為單靠引進無法從根本上提高我國的技術水平，既耗費國家資財，而且會受制於人，必須透過對引進技術的消化吸收，加以自主創新，走「引進技術國產化」的新路子。並饒有興致地向蔣士成介紹他這幾年一再提倡的「國產化三步曲」：第一步，買先進技術的軟體包，國內設計，盡可能採用國產設備；第二步，消化吸收引進技術，使全部設備由國內製造，局部

蔣士成

傳

改進工藝和流程；第三步，創新，即研究、設計、製造一體化，開發應用自己的新技術。

課題組會上，蔣士成提出從技術改進、工藝調整、流程優化入手，上游聯合科學研究院校，下游引領機械設備製造，局部突破，最終實現聚酯裝置國產化目標的思路，得到大家的一致贊同。

大家認為，國產化不能是簡單的技術抄襲和設備仿造，而是在引進技術的基礎上有所提升、有所創新。這是一條充滿未知、充滿探索的荊棘之路。儘管參加課題組的同志們分別參加過遼陽化纖、天津化纖、儀征化纖的設計實踐，對不同國度、不同時期的聚酯技術有著深淺不同的接觸和掌握，但仍是碎片化的。沒有科學研究單位的加入，沒有生產單位的配合，沒有機械設備製造的支撐，國產化的目標是無法實現的。與科學研究院校相比，設計院直接接觸外來技術，經歷過設計、土建、安裝、調試全過程，對企業基建和生產運行管理也相對熟悉，應該主動挑發揮重擔，主動牽頭，將「產學研」各方捏合到一發揮，達到優勢互補的目的。大家感到，聚酯裝置國產化攻關刻不容緩，對平抑化纖市場價格、節省國家外匯、改善人民衣著需求、振興民族工業意義十分重大。同事們以我為主、不等不靠、不畏艱難、勇於創新的精神讓蔣士成十分感動，信心倍增。

幾經討論，課題組「內聯外合、上下拓展、先易後難、循序漸進」的攻關原則確定了。大體為，一方面集中內部力量，積極尋求外部合作，著重在聚酯技術基礎研究、機械設備製造方面拓寬課題，連接完整的產業鏈體系；另一方面從局部的技術改進、改造入手，穩打穩紮，步步為營，最終攻克國產化難關。

與科學研究院校的合作，蔣士成選擇了華東化工學院（現華東理工大學）。這不僅是因為華東化工學院是他的母校，更是由於高校對聚酯技術的跟蹤研究，華東化工學院總是領先一步。同時，華東化工學院很早就與中國石油化工總公司（以下簡稱中國石化總公

司)有過合作，早在 80 年代中期，就和中國石化總公司一發揮率先成立了全國第一家聯合反應工程研究所，取得不少研究成果。而中國聚酯大型企業除儀征化纖公司之外，基本都聚集在中國石化總公司旗下，這樣的選擇對最終產學研項目落地有利。

闊別母校 35 年後，蔣士成又一次走進華東化工學院大門，主管學校科技研究工作的副院長戴干策熱情地接待了他。戴干策與蔣士成同齡，也同是華東化工學院校友，高蔣士成一屆，畢業留校後曾先後在清華大學力學研究班和美國威斯康星大學化工系流變學中心學習、做科學研究。華東化工學院聯合反應工程研究所成立後，他任副所長。

對紡織工業部設計院的合作意願，戴干策非常贊成。這位熱衷於化學反應研究、在國內外學術刊物上發表過若干論文的學者對當時國內產學研狀況深有感觸。多年後，他回憶道❶：

> 當初，國家號召搞產學研結合，核心主體應是生產單位。而恰恰是生產單位不是很積極。其根源是在短缺經濟的條件下，生產單位以完成生產任務為目標，要求最先進、最穩定的生產技術。在國內科學研究單位提供不出先進技術的前提下，基本建設也好，技術改進也好，當然是首選國外技術。這樣，科學研究機構、大專院校的科技研究工作進入惡性循環。又由於行政體制的束縛，科學研究、教育、企業分屬不同部門，靠行政預算吃飯，根本拿不出更多的經費做份外的研究工作。蔣士成說設計院要牽頭做這件事，我既感到驚訝，又感到敬佩。總之，這件事在當年來說，方方面面協調的難度是很大的。

華東化工學院很快同意，聯合反應工程研究所參加紡織工業部設計院的聚酯裝置國產化攻關。學院在設計院消化吸收國外聚酯技

❶戴干策口述訪談. 2016. 11. 上海.

術成功經驗的基礎上，著重做基礎理論研究的延伸，並組成了精幹的團隊，其中有戴干策、化工系教授張素貞、學校實驗室主任朱中南、在讀的博士研究生趙玲，等等。

蔣士成的想法和戴干策完全一致：依託企業對完成攻關課題極為關鍵，也極具難度。兩人幾經比較，決定將工作目標定在我國最先投產的聚酯企業--遼陽化纖總廠(以下簡稱遼化)。

選擇遼化作為產學研項目落地單位，只是一廂情願。遼化聚酯在「四大化纖」中裝置老化、技術相對落後，而且產量小，無論是新建項目還是技術改造都是需求的。1991 年 5 月，蔣士成還參加了遼化聚酯考察團，去日本和美國技術考察，說明遼化有擴大聚酯產量的需求。加上遼化原本是紡織工業部企業，設計院曾擔任遼化項目的主體設計單位，有合作基礎。遼化於 1983 年劃歸中國石化總公司管理後，華東化工學院與中國石化總公司在聚酯技術開發上又有合作。如果三家能夠通力合作，聚酯國產化項目在遼化落地是有可能的。但遼化願不願、敢不敢接受尚未開發，而且毫無業績的國產化技術的挑戰？蔣士成並沒有底氣。

只要有 1%的希望，就要做 100%的努力，蔣士成下定了決心。負責做項目開題報告的工藝工程師黃志恭回憶說[1]：

> 我院和華東化工學院達成合作意向後，就著手連繫項目落地單位，當時全院都動員了發揮來。我們最早的工藝總師姜永愷，後擔任過總工程師和副院長，已經退休了。中國石化總經理陳錦華對他很器重，聘任他為中國石化顧問。蔣士成就拉他牽線搭橋。很快我們就與中國石化科技發展部取得了連繫，科技發展部主任袁晴棠十分支持開發聚酯國產化項目，指派科技發展部的總師汪維良參與項目立項前期工作。我們一發揮開了好幾次會。汪維良原來是

---

[1] 黃志恭口述訪談 . 2017. 8. 北京 .

在上海石化搞腈綸的，也是一個資深的化纖專家。對推動
聚酯國產化非常積極。但最終的結果很殘忍，希望破滅
了。1992 年 5 月的一天，袁晴棠請蔣士成、戴干策、羅文
德到科技發展部，面帶難色地說：遼化已決定引進了，雖
然我們做了很多工作，但收效甚微。最近在中國石化內部
了解，也找不到有一個依託工程的希望了。所以，這件事
我們不能夠再繼續支持了。

這個結果在想像之外，又在預料之中。依託單位不落實，項目
就不能立項，對此，蔣士成不但沒有感到沮喪，反而更加堅定了聚
酯國產化的決心。他勉勵課題組同仁：「功夫不負有心人。困難是
暫時的，只要我們堅持不懈，打牢技術基礎，就一定能夠取得國人
的信任。聚酯國產化一定會在我們這一代人手中落地開花！」

從積貧積弱的舊中國走來，又在新中國大項目中鍛煉成長的蔣
士成已變得愈發自信。

君子之約

在蔣士成為國產化項目落地日夜操勞的同時，兒子蔣雄文也進
入了高考衝刺期。蔣雄文在北京市第四中學就讀高中，四中是北京
首屈一指的名校，歷屆畢業生都受到全國高等學府的青睞。1992 年
4 月，中國科技大學去四中提前招生，翻閱蔣雄文學籍檔案後，立
即確定將其列為免考保送生。而蔣雄文對保送名額並不怎麼感興
趣，他的目標是衝刺清華大學。為慎重發揮見，蔣雄文特意趕回去
和父親商量。

蔣士成靜靜地聽著雄文關於理想和人生的陳述，暗自為兒子心智

臻於成熟感到高興。對雄文的兩難選擇，他只淡淡地說了一句：「無論你做何種決定，我都會同意。」這時，家裡的電話鈴聲突然響了，電話那頭傳來一個熟悉的聲音，來電者是儀化公司總經理任傳俊。

「剛剛聽說公子保送中國科技大學，子承父業，特意在第一時間表示祝賀。科技大學就在我們安徽，可是一所響噹噹的名校哩！」任傳俊是安徽鳳陽人，講話風趣妥帖，總是讓人感到十分親切。

任傳俊接著說：「那咱們 7 年前的一個約定，是不是可以兌現了？」其實，從接到電話開始，蔣士成馬上就想到那個君子之約。聚酯國產化開題以來，他也曾經認真考慮過項目能在儀化落地。但儀化聚酯裝置投產最早的還不到 10 年，最晚的才兩年多，你給它開膛破肚，質疑反對之聲肯定會不絕於耳。但現在任傳俊的真誠相邀又讓他燃發揮一線希望。他毫不猶豫的承諾任傳俊：「君子一言，駟馬難追。」

接著蔣士成話鋒一轉，說：「不過，我有一個條件，擔任總工程師的同時，要掛個副總經理的頭銜。這樣可以更好地對您負責。」

任傳俊十分了解蔣士成外柔內剛、不事張揚的個性，也明白總工程師雖然是企業最高技術職務，但在聯動左右、協調上下方面不夠順暢。而儀化已進入高速發展期，三期工程正在實施，四期工程正在規劃，生產技術管理任務很重。如果有蔣士成這樣的專家統籌技術方面的管理，確實可以減輕總經理不少壓力。他爽快地回應蔣士成：「我會作為我的提議，向黨組匯報。」

一個電話改變了蔣士成的生活軌跡。一旁的蔣雄文對此深有感觸[1]：

> 父親向來遇事嚴謹穩重。而那次任總深夜的一個電話，父親幾乎是不假思索地答應了。那天我問父親：對工作調動這樣的大事，為什麼不慎重考慮呢？父親說：符合

---

[1] 蔣雄文口述訪談 . 2018. 7. 北京 .

人生目標的選擇，便是正確的選擇。正如你現在糾結讀哪所大學，說明你的人生目標還沒有確定。所以，我尊重你的選擇，你也要支持我。父親的話給我啟發很深。我果斷地放棄了免考保送名額，投入到緊張的複習迎考之中，終於如願以償，考進了清華大學。

1992年5月18～22日，第四屆北京國際化纖會議在北京亞運村會議中心舉行，蔣士成、羅文德參加了此次會議。得知戴干策也在京和清華大學進行學術交流，會議一結束，三人相約在和平裡的一家小酒館裡相聚。

蔣士成講述了他因履七年之約即將赴儀化任職的經過，並準備將聚酯國產化項目帶到儀化的想法。他說，雖然尚不能知道這個項目最終能不能在儀化落地，但調令很快下達，只能義無反顧。儀化有技術進步的基因，1.5萬噸滌綸紡絲設備的國產化攻關就是在儀化實現的；儀化還有一批懂生產、懂技術、懂工程、敢打敢拚的年輕隊伍，可以為這個項目助力。畢竟對吉瑪聚酯技術的消化吸收，儀化做得最好。如果上下認識能夠取得一致，成功的機率比任何企業都會大。因此，他想值得一試。

羅文德回憶這次小聚時說❶：

> 這次聚會讓我們又一次看到課題的希望。大家都知道，沒有企業的依託，課題可能永遠是紙上談兵，項目也永遠不能落地。那時，儀化需求蔣士成，蔣士成更需求儀化。有了儀化的信任，他顯得信心滿滿。我們三個平時都不勝酒力，那次卻喝了不少紅酒。對如何爭取儀化的支持、三家單位的合作模式和任務分工進行了討論。雖然蔣士成還沒有正式到儀化任職，但這次聚會儼然就是一次三方會談。用戴干策的說法，是「君子約定」。

❶羅文德口述訪談. 2017. 8. 北京.

再回儀化

1992 年 5 月，紡織工業部黨組下文任命蔣士成為儀征化纖工業聯合公司副總經理兼總工程師，羅文德接任紡織工業部設計院副院長兼總工程師。

設計院上下不少人對蔣士成的調動感到不解：58 歲快到退休安享天年的年齡，還折騰幹啥？從大都市調到三四線小城，又是平調，這不是傻嗎？更多的人認為他是為了侍奉老母，落葉歸根。除了設計院幾位領導外，誰也想不到蔣士成此行是承負著一代人實現聚酯國產化的夢想，以及加快中國工業化進程、徹底擺脫聚酯技術受制於人、振興民族工業的鴻鵠大志！

妻子陳雅、兒子蔣雄文都支持蔣士成的選擇。陳雅臨近退休，為了照料好蔣士成的生活，儀化公司和設計院商量，在雄文大學入學後，以借調的方式安排陳雅在儀化設計院工作。蔣士成隻身赴儀化上任履新。

鄧小平南方談話極大地推動了我國改革開放的進程，儀征化纖進入了快速發展階段：一是建立現代企業制度，率先進行股份制改組，被國家列為全國首批 9 家股份制改組、股票境內外上市試點企業。二是三期工程建設方案得到國家批准，被列為「八五」國家重點建設項目。總投資 36.7 億元，主體工程為年產 25 萬噸 PTA（精對苯二甲酸）、6 萬噸聚酯切片和 2 萬噸差別化滌綸長絲。三是科學研究技術進步氛圍濃厚，相繼組建的科技發展部、技術品質監督部、研究院、訊息中心、滌綸四廠（中間試驗廠）成為公司科技進步、技術創新的主戰場，群眾性的技改技措、合理化建議活動蓬勃開展。

因為調動得突然，一下子分不到住房，公司安排蔣士成暫時住在位於生活區的東園飯店過渡。東園飯店原先是公司第二招待所，條件比建廠初期的老大院好出許多，二期工程建設階段，蔣士成來儀化出差也曾下榻過。改名為東園飯店後，又經過一番裝修，成為自主對外經營的場所。讓蔣士成吃驚的是，這兩棟小樓住滿了賓客，最多的是全國各大紡織廠的客戶，不少廠商定了長包房，還有的客戶為了業務方便，乾脆設立了辦事處。飯店門前交叉兩條寬闊的馬路，平時都停滿了貨車。

那是一個市場繁榮的時代，也是一個短缺經濟的時代！

蔣士成回憶說❶：

> 當年客戶等米下鍋、排長隊拉貨是常見的事。東園飯店變成一個交易所，一點計劃內產品的市場交易價每噸立馬飆升兩三千塊。就連一些等外次品，也十分搶手。市場公認儀化產品是唯一可與進口產品媲美的，這也從另外一個方面說明市場的認知度是建立在引進裝置技術基礎上的，而很少人去算算這筆帳：這是中國上千萬產業工人用無以計量的鞋襪服裝賺來的外匯換來的。如果實現了國產化，打破了外國技術的壟斷，工廠投資能降多少？產品成本能降多少？我當時想得最多的是，如果國產化在儀化搞成了，儀化產品的市場認知度會不會下降呢？我前後在東園飯店住了一年多，看到這些景象，想著這些問題，我這個生活作息很規律的人，經常會睡不著覺……

1992 年 9 月，蔣雄文在清華大學電子工程系入學註冊後，陳雅到儀化公司報到。當時，正值儀化 25 萬噸 PTA 項目進入和美國阿莫科公司技術談判的關鍵階段。紡織工業部設計院為支持蔣士成工作，給他配備了周華堂等幾個年輕技術人員，在陳雅的帶領下加入

❶蔣士成口述訪談. 2015. 8. 儀征.

了項目對外談判。透過項目的鍛煉，周華堂後來擔任了紡織工業部設計院院長，成功地把聚酯國產化技術應用於國內並推向國際市場。另外，他在學習消化吸收國外 PTA 先進技術的基礎上，帶領團隊攻克了 PTA 裝置國產化難關，為完善聚酯產業鏈裝置國產化作出了重大貢獻。他說：「當年我是蔣總『開後門』才接觸到儀化項目的，我對蔣總和陳雅一直以「老師」相稱。在他們身上，我學到了對黨忠誠、對事業負責、對國產化目標矢志不渝的精神。」❶

❶周華堂口述訪談 . 2017. 8. 北京 .

第｜八｜章

夯實基礎
建高樓

繪就踐夢藍圖

　　1992 年 5 月，任傳俊主持總經理辦公會議，根據紡織工業部黨組的文件精神，蔣士成被任命為儀征化纖聯合公司（以下簡稱儀化公司）副總經理兼總工程師，一肩挑發揮兩副重擔。根據團隊成員分工，蔣士成分管科學研究、技術、品質和科協及三期、四期工程的規劃設計等工作，直接對任傳俊總經理負責。

　　如果說 1957 年 25 歲的蔣士成大學畢業走向社會時將向何處去是一片茫然的話，那麼 1992 年年近花甲的蔣士成對為何而來是十分清楚的。

　　整理了紛繁的思緒，善於規劃設計的蔣士成對自己的後半程人生進行了認真的規劃設計，將宏願大志一步步細化，使前行步驟一步步明晰，使踐夢人生藍圖不斷清晰。

　　他深知，實現聚酯裝置國產化是大勢所趨，這個夢想一定要實現，希望盡力使這一天早日到來。然而，這又是一個複雜的系統工程，高樓萬丈平地發揮，不能急於求成，欲速則不達。蔣士成擬根據先易後難、化解風險、步步為營、穩步推進的主基調奏響聚酯裝置國產化的「四步暢想曲」：

　　第一步：厚植科技沃土，培育創新文化，營造創新氛圍，健全創新機制，奠定創新基礎。

　　第二步：持續改進脫瓶頸，全面推進聚酯裝置增容 10% 計劃，以此提高效益、鍛煉隊伍、完善流程、增強信心。

　　第三步：搭建生產、科學研究、設計、製造平台，借助科學研究、設計和製造外力，透過研究機理、建立模型、研製裝備、改造

設備、再造流程、聯合攻關，透過脫胎換骨的聚酯裝置 30% 增容改造，摸一摸「洋老虎」的屁股，深入掌握聚酯反應機理，摸清變化規律，設計新工藝、製造新設備、探索新技術為實現聚酯裝置國產化奠定基礎。

第四步：透過自主創新實現聚酯裝置全流程國產化，徹底打破國外壟斷。

蔣士成深知，後面的路程一步比一步艱難，但無限風光在險峰。這是一條充滿著風險和變數的崎嶇小路，需求奮力攀登，排難前行。

確定目標規劃藍圖之後，蔣士成心無旁騖、呼朋喚友、攻堅克難朝著既定目標前進。

厚植科技沃土

儀化公司順利實現了從邊生產、邊基建向創造效益、作出貢獻的階段過渡。到 1990 年，公司已形成年產 50 萬噸聚酯的生產能力，占全國化纖總產量的 1/3、滌綸總產量的 1/2，成為名副其實的全國化纖生產基地的龍頭企業，在全國紡織工業中處於舉足輕重的地位。

隨著國家深化國有企業改革步伐的加快，企業必須加快內涵式發展步伐，而科技無疑是第一生產力，是企業發展的先導。

蔣士成深知，實現聚酯裝置國產化不僅需求學科帶頭人的運籌帷幄，而且需求廣大職工技術素養的提升，需求在儀化公司厚植科技沃土、錘煉科技隊伍、強化科技意識、健全激勵機制。

1993 年 5 月 15 日，儀化公司科技工作會議在小劇場召開，這是儀化公司科技發展史上一次具有重要意義的會議。蔣士成對儀化

公司科技工作作了歷史性的全面總結，並提出了今後科技工作的任務。

蔣士成在儀征化纖科技大會暨科協第四次代表大會作工作報告

　　這次會議最大的亮點是頒布發表了《儀征化纖公司科學技術成果獎勵辦法》。該《獎勵辦法》規定：科技成果獎按年創經濟效益計獎，一等獎按年創效益的3%，二等獎按2.5%，三等獎按2%計獎。獎金分配按貢獻大小合理分配，不搞平均主義。

　　儀化公司科技工作會議的召開和獎勵政策的發表，極大地激發了儀化公司廣大科技人員的積極性和創造性，營造了鼓勵創新、激勵攻關的濃厚氛圍。

　　蔣士成十分重視技術制度建設，在他的主導下，建立健全了培訓教育、課題申報、技術開發、成果轉化、售後服務、對外合作等一系列規章制度，使科技工作做到有章可循，有規可依。在蔣士成的主導下，將技術進步與企業發展列入公司重大議事日程，並擬定了技術進步發展策略。他提出了技術進步考慮國內市場需求狀況，技術進步要走國際化發展的道路，加強新產品開發，實現產品多樣化的基本思路與對策。到1995年要實現以生產出口產品為突破口，

進一步優化工藝、擴展電腦和儀表自動化在生產控制和管理中的應用，加速已引用技術的消化、吸收和創新；加強產品開發、工程開發和備件國產化，採用和推廣新工藝、新材料，對已有設備進行更新或改造；完成引進軟體、熱媒爐等 9 項技術改造工程；增加 25 萬噸 PTA 等 6 個大中型新建項目以及 1000 噸無紡布試驗裝置等 5 個小型新建項目；公司在這些重大技術改造和新建項目上的預算投資額為 11.9 億元。

儀化公司在科技人員中持續開展「講理想、比貢獻」競賽活動，1992 年，全公司立項 228 項，取得成果 139 項，創經濟效益達 9800 多萬元。

1992 年之後，儀化公司職工科技活動更加活躍，更有成效。蔣士成親自登臺開展科普講座，普及科技知識。1992 年 9 月，儀化公司舉辦了第三屆科普宣傳週活動，側重宣傳「科學技術是第一生產力」，宣傳公司在推動科技進步方面所取得的新成就，著眼於促進公司安全穩定生產和節能降耗工作，對普及科學知識、增強科技意識、介紹高新技術成果、提高廣大職工的科學文化素質等方面發揮了積極作用。

經過一系列的規劃、運籌、活動與舉措，在儀化公司形成了濃厚的科技氛圍。春天的播種，將會在金秋收穫碩果。

獲得國家首批企業技術中心稱號

為了提高我國自主創新和科技成果轉化能力，1993 年，根據國務院要求，由時任國務院副總理的朱鎔基主抓，國家經貿委牽頭在全國範圍內開展企業技術中心認定工作。

蔣士成敏銳地認識到，這是儀化公司推進科技進步、加快科技創新的一個難得機遇，是一股強勁的東風，一定要借助這股強勁東風推動儀化科技上臺階，出成果，推動企業優質發展。

蔣士成在 1993 年的一次科技專題會議上說：以往我國科學研究工作最大的問題之一就是囿於體制，制約了科學研究成果向市場轉化。科學研究院所普遍存在花了不少國家的錢，科學研究人員費了很大的勁研究出了科學研究成果，科學研究成果也評上了獎頒發了證書，最後大多數被鎖在了抽屜裡，轉化率很低。一個國家如果科學研究成果不能應用於市場，不能儘快形成生產力，將會阻礙這個國家的科技進步。現在國家推進以企業為主體建設技術中心，是一項功在當代利在千秋的明智之舉。我們一定要乘東風、抓機遇，推進儀化公司的企業技術中心建設，不僅要獲得這塊牌子，享有這個榮譽，而且要利用這個平台扎實做好工作，推進科技進步和科技創新。

在蔣士成的大力推動下，經總經理辦公會議研究決定，儀化公司按照國家經貿委對企業技術中心組建的要求，本著高層次、高水平的原則，在原公司研究院的基礎上組建企業技術中心。儀化公司組建後的技術中心由科技發展部、研究院、中試工廠、訊息中心、技術品質監督部組成，將科技管理、科學研究開發、科學研究成果轉化融為一體，將鬆開的手指握成了拳頭，形成了合力。

蔣士成兼任儀化公司企業技術中心主任，牽頭部署企業技術中心創建工作。

國家經貿委對創建企業技術中心設立了一些硬性指標，比如企業對科技的投入不得低於銷售收入的 1.5%。當時儀化公司沒有達到這個指標，蔣士成為此做了大量工作，積極爭取科技經費投入。蔣士成的呼聲引發揮了儀化公司總經理任傳俊等團隊成員的高度重視，得到了大力支持，對科技的投入不斷增加，增添了不少處於國際領先水平的儀器設備，改善了科學研究、訊息、管理手段。

儀化企業技術中心的主要任務是：開展有市場前景的，較長遠的化纖工業基礎性技術、關鍵技術，以及新一代化纖產品的研究與開發；開展有市場需求的新產品、新技術、新材料的開發和應用，以及工業規模生產技術的研究；開展將化纖工業重大技術成果轉化為商品的中間試驗；參與本企業技術進步發展規劃和計劃的制定和執行，參與引進技術的論證、消化、吸收和創新，以及執行企業賦予的技術管理和服務職能；進行國際國內的技術交流與合作。

提出了「九五」期間擬新建 PBT/PET 及化學改性聚酯中試裝置、表面活性劑中試合成裝置、超高速紡絲裝置、非織造布中試裝置等 8 個中試裝置；作出了聚酯非纖應用技術研究、雙組分復合紡絲及其系列產品的應用研究、超高速紡絲技術研究及推廣等 5 項科學研究規劃；聚酯差別化改性切片、雙組分復合纖維、滌綸工業絲、複合型高性能非織造布等 9 項產品開發規劃。❶

儀化公司抓住機遇、踏準節拍、積極向國家經貿委提出了認定企業技術中心的申報並扎實做好了預驗收工作。1993 年 11 月，儀化公司企業中心經國家經貿委驗收組實地考核驗收合格，被認定為國家首批享受優惠政策的 40 家企業技術中心之一。

被首批認定為國家企業技術中心

❶任傳俊. 全國百家大中型企業調查：儀征化纖［M］. 北京：當代中國出版社，1994.

蔣士成前往北京參加了授牌儀式，同海爾公司等企業領導同臺接受了領導授牌。被評為國家企業技術中心的企業可享受稅收、海關進口儀器設備免稅、新產品開發免檢等特殊優惠政策，為儀化公司快速發展營造了良好的社會和經濟環境。

獲得國家企業技術中心稱號後，並非一勞永逸，而是要定期接受國家經貿委等有關部門組織的複查評審。蔣士成對上級複查評審非常重視，親自主持召開專題會議對照標準做好自查工作，不斷發現問題，彌補短板，練好內功，對迎檢工作作出具體安排。

儀化公司不滿足於國家企業技術中心授牌，而是以此為動力積極培育科技文化、增強科技意識、健全科技制度、強化科技硬體、提升科技水平、優化科技環境。為了提升研究和檢測水平，1994年，儀化公司又投入1000多萬元，從德國、瑞士進口了長絲、工業長絲中試生產裝置和化工試驗及仿真試驗裝置。

為了提高公司訊息化水平，儀化公司投資3000多萬元建設了電腦管理訊息系統，並與路透社合作建立了訊息聯網。訊息網路建成後，能及時了解國外同行業發展動態，為科學研究更好地結合生產和麵向市場提供了有效手段和有力支持。

技術品質監督部具有完整的檢測計量手段，擁有固定資產1200多萬元，為科學研究與生產提供了可靠的檢測保證，並逐步成為本地區的主要檢測計量中心。

重組後的儀化企業技術中心集科學研究、開發、中試、檢測、情報於一體，還在管理體制上進行了深化改革，引進了承包制，對科學研究、技改項目實行承包制。在技術開發、技術攻關和科學研究成果的轉化上，公司技術中心開展了卓有成效的工作，取得了可喜的成果。

蔣士成以開放的理念、寬廣的視野，推動了技術中心與科學研究院校的合作並且取得了可喜成果。如與南京大學共同開發了有機矽整理劑並實現了工業化生產，每年可為公司創利20多萬美元；與合肥

1992 年，蔣士成在儀征化纖訊息中心開通
總經理查詢系統了解系統運行情況

工業大學合作開發的廢聚酯發泡隔熱材料也實現了工業化生產；與中
國紡織大學合作開發的新一代保暖材料四孔中空纖維填補了國內
空白。

　　1995 年 6 月 14 日，蔣士成參加了江蘇省科學技術大會，在會
上作了題為《推進技術進步，爭創世界一流，儀征化纖企業技術中
心成果豐碩》的發言交流。他在發言仲介紹了創建企業技術中心的
重要意義、儀化公司的主要做法、取得的主要成果及下一步的構
想。會後，不少企業慕名前來儀化公司參觀學習、交流取經。

　　蔣士成還代表儀化公司前往貴州參加國家經貿委主持召開的先
進企業技術中心表彰大會。儀化公司創建企業技術中心的經驗和做
法受到了國家經貿委領導的表揚。

　　1997 年 6 月，儀化公司企業技術中心建設榮獲國家經貿委頒布
的「八五」技術創新優秀項目獎。

　　國家首批企業技術中心的認定，對於儀化公司來說，不僅建立
健全了科技進步機制，獲得了國家稅收、外貿、立項等多種優惠政

策，而且有效地擴大了企業的知名度和美譽度，提升了企業在市場競爭中的軟實力。

國家經貿委的資金支持

「跑部錢進」是我國特定時期的一種特殊現象，為了得到國家資金對項目的支持，一些地方和企業想方設法與主管部門拉關係、套近乎。

由於創建企業技術中心工作，國家經貿委有關部門領導與蔣士成頻繁接觸，加深了他們對儀化公司和對蔣士成的了解，他們非常認可儀化公司的央企擔當，非常敬佩蔣士成的人品學識，因此，把對儀化公司的政策支持放在了優先地位，主動在資金上給予大力支持。在未經儀化公司申請的情況下，國家經貿委主動為儀化公司安排了 1000 萬元無息貸款支持企業技術中心建設，儀化公司便有了「踏破鐵鞋無覓處，得來全不費工夫」的故事。

儀化公司原科技開發部科長周向進為此事與國家經貿委技術裝備司技術中心處處長孫玉麟取得了連繫，了解其中原委，並告訴孫玉麟處長，儀化公司並沒有提出過申請資金支持。孫玉麟處長告訴他：國家經貿委一直積極推進企業自主創新，開展國產化項目。對儀化公司報效祖國、履行使命、擔當責任、努力幹好事做實事的精神給予了充分肯定，便特意安排了這筆資金給予支持。而對一些不幹實事的企業，申請報告寫得再多，辭藻寫得再華麗，我們一分錢也不會給，儀化公司是幹實事的企業，即使你們不申請國家資金支持，我們也要主動安排資金支持。因為，國家給出的錢要有意義、要出效果。我們相信支持你們儀化是在支持民族聚酯工業的發展，

是一件有著重要意義的事業。

儀化公司得知國家經貿委安排了 1000 萬元無息貸款的訊息後，領導們還就要不要這 1000 萬元進行了研究，最後的結論是：這筆錢先要下來，等企業有了效益再還給國家。❶

加快推進聚酯裝置 10% 增容項目

儀化滌綸一廠 3 套聚酯裝置從 1984 年底打通流程投入生產後，二廠、三廠的聚酯和紡絲生產線陸續開車生產。

其實，工業裝置的技改增容伴隨著生產活動的全過程。工業裝置在設計時都會留下產能餘地，每套裝置都會有制約瓶頸，只須透過工藝技術改進和小改設備之後就可提升產能。裝置增容改造投入小，見效快，基本上沒有風險，是企業樂意而為之事。

當時國家工業主管部門十分重視工業企業透過技術革新改造降低成本、提高產量、提升品質，並且發表政策給予鼓勵獎勵。儀化公司從第一套裝置投產開始，就拉開了以增容為名的技改工作。

儀化公司滌綸一廠首先投產，在生產穩定之後，就陸續組織技術人員開啟了聚酯裝置小改小革、增容改造工作。經過廣大技術人員的不懈努力，取得了良好的增容、提質效果。

繼滌綸一廠之後，其他廠增容工作也陸續展開並且取得成效，為企業增收節支、鍛煉隊伍發揮了重要作用。

1992 年，蔣士成到儀化公司分管科技、品質工作後，把聚酯裝置增容工作放在了突出位置，對裝置增容工作進行了統一規範，上

❶周向進口述訪談 . 2016. 3. 北京 .

升為公司行為。以前有的廠提增容 10%，有的廠提增容 15%，還有的廠提增容 20%。後來統一稱之為增容 10%，並作為公司技改項目向上級主管部門申報，被納入中國紡織總會統一管理，而且被列入國家「八五」計劃的重大項目。儀化公司加大組織協調力度，加強對技術人員培訓，注重交流推廣經驗做法，同時，對增容經費統一管理。

1994 年 8 月 19 日，儀征化纖公司召開了聚酯、紡絲增容 10% 可靠性研究報告及初步設計審查會。主持公司日常工作的陳錦芳常務副總經理對聚酯、紡絲增容 10% 改造實施提出了「加強領導、加快節奏、項目承包、統一步調、分工協作」的 20 字要求，也成為儀征化纖公司增容工作的指導方針。❶

蔣士成出席了審查會議並提出了具體要求。蔣士成說：「聚酯、紡絲增容 10% 改造項目是公司內涵改造的一個重要組成部分，是適應世界聚酯業的發展，提高公司在國內外市場競爭力的重要舉措。聚酯、紡絲 10% 增容改造投資省、見效快、效益好，改造完成後，能進一步提高公司生產裝置的產能，為實現在本世紀末公司本部實現 100 萬噸聚酯生產能力的目標奠定堅實的基礎。各有關單位一定要充分認識增容改造的必要性和重要意義，組織技術力量，調動廣大技術人員的積極性，瞄準改造目標組織攻關，挖掘裝置的潛力，為儀征化纖新的創業作出更大貢獻。」

聚酯裝置 10% 增容有序展開，生產工廠和管理部門聯動，並且任務明確、步伐穩健、計劃周密、措施得力。有關 10% 增容的專題會議每月定期召開，增容攻關領導小組組長蔣士成都會出席會議總結工作、布置任務，強調重點。

經過一段時間的實踐，在蔣士成帶領下，經過認真研究，形成了聚酯及紡絲裝置增容的原則：

---

❶《會議紀要》. 1994. 8. 儀征：儀征化纖公司藏檔.

一是制定切實可行的效益最大化的增容目標，盡可能依靠原系統的流程，不增加主流程設備，既減少投資又減少擴容風險。

二是催化劑配製系統保持不變，以減少因流程、濃度、活性的變化對反應系統的影響，不改變聚酯熔體的內在品質，提高生產的平穩性和可靠性。

三是控制配料、酯化、預縮、終縮各階段的反應過程和小分子脫除等傳質過程環境不變，穩定酯化物的品質指標；熔體的表觀指標及熔體內在指標不變，以保證熔體可紡性。

四是設備可靠性應進一步增強，減少非計劃停車及生產擾動，此為增容及工藝優化的前提及基礎。

五是試驗時分階段進行，找瓶頸先系統核定，增容試驗按臺階進行，整個工作先有核算支撐，並有設備保證才能循序漸進向前推進。

六是在工藝優化時重點放在減緩蒸發以防止夾帶；系統內部前後調平利用總反應容積，以提高分子成鍵均勻度；提高原料適應性達到粗糧細做的要求。

根據以上原則，科學研究、設計、設備製造各部門各負其責，分頭實施。

蔣士成充分發揮各廠技術人員的作用，親自作技術講座，提高技術人員素質，對各廠出現的問題及時解決。全廠技術人員積極性高漲。在開展聚酯裝置10%增容的同時，還安排了紡絲等裝置的增容工作。大概用了3年左右時間基本完成了聚酯和紡絲裝置10%增容任務，並且透過了中國紡織總會的考核驗收，這些裝置的實際增容均超過10%。透過實施10%增容項目，一年可為儀化公司增加經濟效益一個多億元，為企業快速發展奠定了經濟基礎。

中國紡織總會對儀化公司10%增容項目取得的成果給予了充分肯定。

1997年聚酯裝置10%增容項目榮獲中國紡織總會科技進步一等

獎，紡絲裝置增加生產能力 10% 的技術改造項目獲得 1997 年國家
科技進步三等獎。

完善布局開發新品

　　蔣士成作為儀化公司的創業者，見證了儀化公司的發展歷程，
參與設計和規劃著儀化公司的發展方向。儀化公司的發展進步藍圖
一直裝在他的心中，一刻也不曾離開過。

　　儀化公司根據經濟社會發展和人民對美好生活追求的變化，走
過了一條由追求產量到不斷調整產品結構的發展之路，負責技術、
品質工作的蔣士成無疑擔負著重要角色，發揮了重要作用。

　　聚酯的主要原料是精對苯二甲酸（PTA），我國長期以來依賴進
口，外商不僅壟斷價格，獲取高額利潤，而且由於政治風雲變幻，
給原料供應、穩定生產帶來風險。聚酯原料 PTA 一直是制約我國聚
酯工業發展的一大瓶頸。

　　有鑒於此，儀化公司非常重視構思布局自主解決 PTA 的發展策
略。從當時世界最先進的美國阿莫柯等公司引進技術，先後建成投
產年產 25 萬噸和年產 45 萬噸的 PTA 裝置，並透過對兩大 PTA 裝置
的不斷增容擴產，現在已達到年產 100 萬噸的生產能力，增加了儀
化公司市場競爭的籌碼。

　　蔣士成規劃儀化新品布局的思路除了主要原料外，本著人無我
有、人有我優的思路，向著高端、功能、環保方向發展，圍繞聚酯
產品的上下游不斷開發新產品，跳出低端、同質化競爭的惡性循環
困局，使產品結構不斷優化，品質不斷提高，開發生產了螢光增白
切片、陽離子可染切片、短纖油劑國產化、聚酯切片、滌綸短纖、

239

滌綸中空纖維、滌綸長絲系列品種、超細復合長絲等。不僅取得了良好的經濟效益，也引領了我國聚酯工業的發展方向，發揮了「國家隊」的重要作用。

儀化公司每年都要研製和開發出一批差別化、高附加值產品品種，並迅速投放市場，諸如開發的 1.33 分特有光縫紉線型纖維、汽車裝飾面料用絲、海島絲等差異化產品，均打破境外公司對此產品的壟斷，滿足了客戶的需求。差別化產品已形成「三級、四化、五型」的系列格局，即切片纖維級、瓶級、膜級，長絲細旦化、網路化、復合化、有色化，短纖棉型、中長型、無紡布型、縫紉型、中空型，產品品種已達 300 多個，產品差別化率不斷提高。

此外，工藝流程的優化及軟體開發，也為裝置的高產、低耗、優質創造了條件。

推動品質與品牌建設

蔣士成重回儀化後，正是公司工作重點從建設投產轉向裝置達標升級，轉換經營機制，致力做大做強的重要時期。聚酯化纖行業民營企業逐步發展發揮來，市場化競爭初露端倪。公司及時調整工作思路，制定了「向世界一流企業邁進」的工作目標，推動加強品質與品牌建設，為打造百年儀化奠定基礎。

公司領導團隊意識超前，開始認識到品牌在企業發展和市場競爭中的重要作用，在全公司職工中組織進行了聚酯滌綸產品品牌名稱徵集活動。經濟研究中心的楊芝芳同志提出的「白斯特」在眾多的應徵作品中脫穎而出。入選的理由是這個名稱不僅蘊涵了聚酯產品的特性，而且具有國際元素，其英文的含義是「好」的意思。公司宣

傳部門利用電視、報紙等多種媒體報導了此次活動。儀化公司人才濟濟，當時的公關部一個小夥子俞有凌設計了水滴型的品牌圖案也得到大家的認可。這個活動成為儀化公司一個成功的品牌策劃、宣傳、普及案例。

印有白斯特商標的儀化公司聚酯切片產品

儀化公司傾力打造的「白斯特」品牌，先後榮獲江蘇省重點名牌產品稱號和國家銀質獎，成為在國內外享有盛譽的品牌。

1994 年，儀化公司完成股份制改組，成功在上海和香港證券交易所上市。按照國際一流企業定位，開拓國際市場需求，公司決定進行 ISO900 品質體系貫標認證工作。任傳俊總經理親筆題寫了公司品質方針和品質目標。品質方針為：科技先導，品質第一，「白斯特」全力滿足用戶需求。品質目標為：領先國際水平，創立世界名牌。7 月 4 日，公司發文發布。蔣士成作為分管領導，負責貫標實施工作。❶

根據蔣士成等的建議，公司對組織機構進行了調整，推動形成品質和品牌建設的合力，加大了品質和品牌建設的投入。由蔣士成

❶《儀征化纖文件》. 儀征：儀征化纖公司藏檔.

牽頭，各分廠總工程師參與，編寫了《儀化公司品質手冊》，並透過公司電視臺舉行隆重的發布儀式。

儀化公司的貫標不僅採用國家標準，而且採用國際先進標準。法國 BVQI 公司組織的審核小組對儀化股份公司執行的 ISO9002：1994年標準的品質體系進行了抽樣審核。經審核，該小組成員一致認為，儀化股份公司相關受審部門都能認真貫徹品質體系的標準，而且品質管理和貫標意識有明顯提升，品質管理體系相當成熟和完善。

透過貫標，公司上下品質和品牌意識有新的提升。對外加強用戶溝通走訪，對內狠抓現場管理和品質改進，不斷完善設備，優化工藝。公司滌綸短纖維、聚酯切片、瓶級聚酯切片產品品質一直處在國內同行業領先水平，並成為制定行業標準，提供標準樣品的生產企業。隨著產品銷售市場拓展，在國外市場聲名鵲發揮。1995 年 6 月23 日，第 20 屆歐洲 J&BAN 公司形象和產品品質金星獎評選委員會向儀化股份公司頒發了歐洲 J&BAN 公司形象和產品品質金星獎，表彰儀化公司在與歐洲貿易活動中，產品品質及銷售服務的良好表現儀化的瓶級切片產品率先獲得可口可樂公司的第二方產品認證，成為當時唯一一家獲得向可口可樂公司提供原料瓶片資格的企業。借此影響，公司申請美國儀器醫藥衛生檢驗局 FDA 和歐洲經濟委員會 ECC 組織的衛生認證，並順利透過，取得了進入國際市場的「入場券」。

繼可口可樂公司之後，香港百事可樂公司也透過了儀化 BG85 瓶片品質認證，標誌著儀化公司瓶片取得了全球第二大飲料企業的通行證，使儀化公司成為國內企業中第一家透過可口可樂及百事可樂產品雙認證的企業。這是儀化公司在聚酯非紡非纖領域的一個重要突破。❶

儀化公司透過品質和品牌建設，收穫了市場的知名度和美譽度，為開拓國內外市場，擴大市場份額，提高經濟效益發揮了重要作用。同時，品質和品牌，猶如堅固的大堤，抵禦著市場的驚濤駭浪。

---

❶《儀征化纖大事記》. 儀征：儀征化纖公司藏檔.

第 九 章

欲得虎子
闖虎穴

聚酯裝置增容 30% 的緣發揮

　　主持完成儀化聚酯 30% 增容項目是蔣士成人生的重彩華章，是實現聚酯裝置國產化的奠基石，也是蔣士成獲評中國工程院院士最重的那塊砝碼。

　　當時儀化公司先後建設了八條聚酯生產線，年產量可達到 50 萬噸以上，產量、品質和消耗均已達到或好於吉瑪公司原設計要求，在國內同行業中處於領先地位。在任何一個比較成熟的裝置上進行改造，無疑要冒極大風險，但作為國內聚酯行業的龍頭老大，無論從眼前應對激烈的市場競爭，還是打破國外壟斷的長遠發展策略考慮，這個風險必須要冒也值得去冒。

　　在這種背景下，儀化公司在 1990 年下半年編寫了《聚酯生產線能力提高 25%～30% 技術改造可行性研究報告》上報紡織工業部，紡織工業部組織多領域專家對儀化上報的可行性報告進行了調查論證，1991 年 9 月 25 日，紡織工業部第 194 號文下達了《關於對儀征化纖工業聯合公司「聚酯生產能力提高 25%～30% 技術改造」可行性研究報告的批覆》。

　　聚酯裝置 25%～30% 增容項目正式立項後，儀化公司分別於 1991 年下半年和 1992 年上半年開始與德國吉瑪公司和台灣大興公司接觸商洽，並進行了技術及報價比較。

　　據儀化公司編印的《聚酯通訊》記載：

　　　　吉瑪公司擬透過增加 PTA 秤的能力；增大 Q01 及改為交流變頻調速；採用新的催化劑配製系統；安裝新的 R01 反應器；原 R01 改為第二酯化釜；採用新的低黏度圓盤反

應器；修改切粒機；實施汙乙二醇全回用；淘汰預縮聚過濾器及過濾器清洗系統等舉措，使改造後的流程為 5 釜流程，總停留時間約為 10 小時，原有設備利用率 72.68%；原料消耗：PTA 860kg/t 熔體，EG 335kg/t 熔體，切片中 DEG≤0.9%（質）。

改造項目報價為 1362.5 萬德國馬克。

台灣大興公司擬透過增加一臺 Q01；新增第三酯化反應器和一套工藝塔系統；在 R05 前增設一臺蟲立式聚縮器；R05 真空系統採用先經一級刮板冷凝器，再進行目前的 EG 三級噴射和噴淋；更換切粒機等措施，使改造後為 7 釜流程，總停留時間為 10 小時，原有設備利用率 96.34%；原料消耗：PTA 860kg/t 熔體；EG 337kg/t 熔體，切片品質 DEG<1.0%（質）。

改造項目報價為 478.65 萬美元。

這兩個報價僅包含工藝技術、外供設備，施工、材料、土建等都沒有列入報價，這就意味著由外企主導實施聚酯裝置 30% 增容改造，不僅費用高得離譜，建設週期長，而且存在較大的實施風險。蔣士成此時已正式調到儀化公司，由他牽頭組織國內科學研究、設計、製造力量聯合攻關的藍圖隱約可見。另外透過創新攻關可以培養自己的工程技術人員，為實現聚酯裝置國產化奠定基礎。這是決策者共有的夢想。

衝破阻力　統一思想

儀化公司的 10% 增容和 30% 增容從時間上來說並沒有明確的界限。由於儀化公司的工廠分期建設，有先有後，因此，10% 增容工

作是從一廠開始，取得經驗之後逐步推廣的。在籌劃和啟動 30% 增容項目的同時，有些廠的聚酯和紡絲裝置 10% 增容項目仍在交叉進行。

30% 增容相對於 10% 增容來說，要複雜得多，不僅在工藝上要做改進，而且要透過改造和增加設備才能實現。因此，需求研究和掌握酯化反應機理。這些任務僅靠儀化公司的科學研究、設計、製造力量難以承擔，必須借助國內一流的科學研究、設計和製造單位聯合攻關才能完成。從工作步驟來說，選擇一套裝置先行試點，待試驗取得成功之後再在其他裝置上推廣。第一腳踏穩之後再邁出第二步，有利於化解風險，穩步推進。

從德國吉瑪公司引進的世界上最先進的聚酯裝置，猶如一隻「洋老虎」，中國有句成語叫做「不入虎穴，焉得虎子。」而要深入「虎穴」，無疑會存在一定的風險，敢不敢冒這個風險，值不值得冒這個風險，怎樣得到「虎子」，一個個問號擺在了儀化人面前。面對一個個問號，難免會莫衷一是、眾說紛紜。

1992 年 8 月，蔣士成在儀化公司專題研討會上正式提出了自主實施聚酯裝置增容 30% 的攻關計劃。這個議題一經拋出，領導團隊成員的意見不像 10% 增容那樣高度一致，有贊成之聲，也有質疑之聲。贊成有贊成的理由，質疑有質疑的原因。

贊成者認為：我國現在的聚酯成套裝置技術完全壟斷在外國人手中，中國已經成為一個世界聚酯裝置「博物館」，我們的脖子掐在老外手上，我國為此付出了沉重的代價。如果不能實現國產化，我們永遠成不了化纖工業強國。儀化公司作為聚酯行業的「帶頭大哥」，應當擔當責任，為我國聚酯裝置國產化蹚出一條路子。要實現聚酯裝置國產化，必須先行透過 30% 增容探索規律。人無遠慮必有近憂，今天的這一步是必須要走的。贊成者、支持者理直氣壯。

質疑者認為：30% 增容需求改變反應機理和工藝流程，還需求增加複雜的關鍵設備，這些工作並非儀化公司力所能及，需求借助

於外力聯合攻關，風險不小。一旦對裝置開膛剖肚、傷筋動骨，如果試驗失敗的話，那麼開弓沒有回頭箭，六七個億的引進裝置將會報廢，而且上級給我們下達的年度生產任務繁重，缺少一條生產線，將很難完成年度生產任務，這個責任誰來承擔？另外，華東理工大學的技術是否靠得住？我們花了錢是否能把技術買回來？投了這麼多錢是否能帶來效益？質疑者也不無道理。

為了統一思想，達成共識，順利實施聚酯裝置30%增容項目，有關聚酯裝置國產化的議題不僅在公司高管中討論，還在相關部門的中層幹部中徵求意見、集思廣益。有時不同意見相互碰撞、火花四濺。

蔣士成為人謙和，任何時候都是溫文爾雅、氣定神閒、鎮定自若，不失學者風範。

有人好奇地問蔣士成：「您的心態平和是怎樣修煉的？」

蔣士成說：「在與別人打交道的過程中，要與人為善、以誠相待，多換位思考，即使別人有時出言不遜，也應寬容理解，因為我沒有時間也沒有必要跟別人生閒氣鬧彆扭。」

在蔣士成身邊工作的許多同事都說，這麼多年，極少見過蔣總生過氣，發過脾氣。但在主持公司有關部門討論聚酯裝置國產化時，蔣士成第一次動了怒。當時有一位部門負責人對國產化方案極力反對，並且誰發言支持他就與之發生爭執，使會議無法正常進行。此時，主持會議的蔣士成已經到了容忍的極限，臉色由白轉紅，但他仍然心平氣和地對那位部門主任說：「今天的討論會是各抒己見，要允許別人發言，您實在不願意聽可以請您離開今天的會場，哪天您方便時請您到我辦公室，我單獨聽取您的意見如何？」

時間已經過去了10多年，許多與會者對那次會議的場景仍然記憶猶新，因為在他們的印象中這是蔣總10多年來表達氣憤情感最嚴厲的一次。但即使是最嚴厲的情感表達，也是那麼和風細雨、出言溫柔，這就是蔣士成的風度。

由於分歧太大，一時難以形成決議，只能請各位團隊成員繼續思考，留待下次繼續討論。

儀化公司原黨委書記朱恪禮談發揮蔣士成當年搞聚酯裝置30%增容和國產化往事彷彿還歷歷在目。朱恪禮說：「當時蔣總主導自力更生搞聚酯30%增容時，團隊裡意見不統一，有支持的，也有反對的，各說各有理。不同觀點激烈碰撞，一時難以形成決策，當時蔣總非常著急。我是堅定地支持蔣總搞聚酯裝置國產化並先做30%增容探索經驗，化解風險的。一次我與蔣總單獨進行了交流，主要探了探蔣整體底。我問蔣總，30%增容項目要對洋設備開膛剖肚、傷筋動骨，您到底有多少勝算。蔣總告訴我，不敢說有100%的勝算，至少有90%成功的把握。我一聽，心裡的一塊石頭落了地，因為我了解蔣總，他這個人說話是可靠的，既然有90%的把握，那還怕什麼，做什麼事沒有風險？就是引進外國人的設備也存在風險！於是更堅定我支持蔣總自己搞國產化先搞30%增容的信心。後來，我分別找了有不同意見的團隊成員單獨進行了交流，逐步消除了他們的顧慮。」❶

時隔不久，儀化公司專題會議繼續討論聚酯裝置30%增容改造議題。這次會上贊成的聲音明顯增大了，理由更加充分了，底氣更足了。心存擔憂的同志向蔣士成發問：「請問蔣總，我們分歧的焦點是對能否成功沒有把握，您是技術權威，您給我們交個底，成功的把握到底有多大？」

蔣士成堅定地回答：「我還是那句話，不敢說有100%成功的把握，但至少有90%以上成功的把握。主要理由是：我們有了10%增容改造的成功經驗，對洋設備的性能有了一定的了解，鍛煉了隊伍，增添了底氣。如果啟動30%增容工作，我們將聯合國內一流的科學研究、設計和製造單位聯合攻關，這些單位也早有實現聚酯裝

❶朱恪禮口述訪談．2017. 4. 儀征．

置國產化的願望，因此可以彌補我們儀化公司自身力量不足的缺陷，可以增加勝算。另外，還有一個重要的原因是，有上級主管部門的大力支持。因此，我敢說過程中可能會遇到這樣那樣的問題，但一定會取得成功。」

蔣士成的一番入情入理的闡述，消除了一些同志的顧慮，擴大了贊成的陣營。這次會議仍然沒有作出決定。由於事關重大，為了慎重發揮見，大家同意報請主管部門--中國紡織總會拍板決定。

蔣士成和有關領導專程趕赴北京，就儀征化纖聚酯裝置 30% 增容試驗項目，向中國紡織總會會長吳文英作了詳細匯報。聽完匯報後，吳文英當即表示支持。吳文英說：「我們大規模聚酯裝置國產化喊了好多年，但一直沒有實質性進展，現在需求有人來牽頭，需求有企業提供平台來實施。儀化公司是我國聚酯行業的領頭企業，應當承擔發揮這份責任。由蔣士成同志來牽頭實施，給我們增添了信心，中國紡織總會全力支持。」

吳文英部長還請來了中國紡織總會的生產、計劃、科技等部門領導一發揮商議，將儀征化纖 30% 增容項目納入中國紡織總會「八五」計劃重點項目，努力爭取國家資金支持。要求紡織總會有關部門全力支持儀化公司聚酯裝置 30% 增容試驗工作。

蔣士成的這次北京之行，收穫滿滿。蔣士成在儀化公司總經理辦公會上傳達了中國紡織總會領導的指示精神，於是，儀化公司正式決定由蔣士成作為聚酯裝置 30% 增容項目主要負責人、項目總體技術方案策劃者和關鍵技術確定者，擔綱聚酯裝置 30% 增容試驗項目。

儀化公司聚酯裝置 30% 增容項目還被納入國家「八五」重大技改技措項目。

1994 年 10 月，醞釀已久的聚酯裝置 30% 增容項目在儀化公司滌綸三廠舉行了隆重的開工儀式。

蔣士成像一位指揮若定的將軍，吹響了奪取聚酯裝置增容 30% 高地的進軍號角。

曾經參與該攻關項目的紡織工業設計院工藝組組長黃志恭說：「我們今天說發揮聚酯裝置國產化的話題很輕鬆，但在當時是非常困難的。如果沒有蔣總走國產化路線，沒有生產、設計、科學研究、製造聯合攻關是不可能實現的。第一個吃螃蟹的人是有風險的，需求奉獻甚至犧牲精神。」❶

不能忘卻的三廠八單元

因為聚酯裝置 30% 增容需求傷筋動骨，要對設備做較大改造，因此，儀化 30% 增容是先行試點，穩步推進的。選擇哪個單元先行試點成為蔣士成前期思考的重要問題。

當時，儀化公司從德國吉瑪公司引進了 8 套年產 6 萬噸聚酯裝置，分布在一、二、三廠。要選擇其中的一套進行試點，該選擇哪個單元呢？蔣士成設定的前提條件是廠領導和職工積極支持，具有良好的試驗生態。

為此，蔣士成先後與幾個滌綸廠的領導進行過交流，由於要忙於完成生產建設任務，他們積極性不是很高。但時任滌綸三廠廠長的李仁炎是一個樂於開拓創新的領導，尤其是生產副廠長沈希軍表現出了極大的熱情，希望試驗放在他們廠進行，可以利用剛建成投產不久的八單元來做 30% 增容試驗。年輕的沈希軍給蔣士成留下了良好的印象，帶來了振奮的感受。

沈希軍 1982 年畢業於大連工學院化工系高分子化工專業，學生時代曾擔任過團支部書記，顯露出很強的組織才能，在學生中享有

❶黃志恭口述訪談 . 2017. 8. 北京 .

較高的威望。儀化公司為他的人生提供了廣闊舞台。當蔣士成提出要選擇一套聚酯裝置進行 30% 增容試驗時，正好與他的想法一拍即合，因此，沈希軍能成為積極支持者，並非心血來潮、感情衝動、愛出風頭，而是理性的選擇和智慧的結晶。

據蔣士成介紹，30% 增容之所以最終選擇在三廠的八單元，還有一個重要原因是八單元建成投產時間不長，是單獨的聚酯裝置，沒有後接滌綸短纖維，而且三廠的技改力量強，有主動進取精神。經過幾番比較衡量，蔣士成的建議得到公司批准，最終 30% 增容改造選擇在了三廠八單元。

組織聯合攻關

如果說 30% 增容項目選擇在哪個單元先行試點不易，那麼有效組織聯合攻關的同盟軍則更難。

30% 增容在蔣士成的規劃中，是國產化的前奏，不同於 10% 增容僅僅是釋放裝置設計中的余量，主要觸及工藝改進，而 30% 增容將是傷筋動骨，還要對原裝置在運行中暴露出的缺陷進行改革創新。從國外引進裝置，廠商為了自身利益，都不會將核心技術外示於人。技術培訓只是教給你怎樣操作，而不告訴你為什麼這樣操作，讓你知其然，而不讓你知其所以然。這就是我們只能重複引進，成為世界聚酯裝置「博物館」的原因所在。

蔣士成要與國內最強的生產、研究、設計、製造單位強強聯手。因為聚酯生產是一項複雜的專業技術和系統工程，涉及多個學科領域，是一項全新的挑戰。生產、研究、設計、製造每一個方面都非常重要，而在追求知其所以然的過程中基礎研究就顯得更為重

要。這是從必然王國走向自由王國的法寶。

儀化公司、華東理工大學、中國紡織工業設計院三方正式簽訂了《儀化公司聚酯八單元 30% 增容技術改造技術開發合約》和《儀化公司聚酯八單元 30% 增容技術改造工程設計合約》。

儀化公司八單元增容 30% 技術改造在蔣士成的指揮協調下排難前行。每月召開幾次專題會議，及時解決攻關過程中存在的問題。經常與國內外供應商代表交流，前來交流的外商有德國 MAAG 公司、德國 Temax 公司、日本島津公司、日本東工公司、日本飛鳥公司、美國 PALL 公司等世界知名的聚酯領域的設計、製造和供應商。

1993 年 4 月 12 日~14 日，蔣士成主持召開了「聚酯增容 30% 技術方案審查會議」，中國紡織工業設計院、華東理工大學、儀化公司三方有關人員 40 餘人蔘加了會議，會上，中國紡織工業設計院提交了《儀化公司第八單元增容 30% 技術改造方案》，會議確定了八單元改造採用兩段酯化、三段預縮、一段終縮的 6 釜流程。新製造第一酯化釜 R01 和第三預縮低黏圓盤反應器 R04-2，新反應器布置在位於七、八單元中間的新建框架樓中。會上還確定了改造範圍，核定了進口設備範圍，並對下一階段工作作了布置。

1993 年 10 月 8 日~9 日，由蔣士成主持召開了聚酯八單元增容 30% 技術改造項目酯化階段工作交流會，三方代表 30 多人蔘加了會議。會上華東理工大學提交了《酯化反應過程研究工作總結》，會議肯定了前階段華東理工大學所做的工作，並對下階段工作作了部署。

1994 年 2 月 24 日~25 日，蔣士成在儀化公司會議中心主持召開滌綸三廠聚酯增容 30% 工作會議，這次會議是一次產、設、研三方聯席會議，除儀化公司計劃、財務、生產、科技、品質、設備和滌綸三廠等單位負責人外，承擔設計和科學研究任務的中國紡織工業設計院的副院長孫今權和華東理工大學副校長戴干策等領導和團隊成員參加了此次會議。

會上，華東理工大學從預縮聚反應數學模型化方法、反應規律研究、圓盤反應器的冷模研究、PET 後縮聚反應過程研究、PET 終縮聚反應過程研究等五個專題進行了匯報。中國紡織工業設計院從酯化、縮聚、工藝塔等十個方面匯報了有關基礎設計方面的設想。

與會者進行了熱烈討論，並且在許多重要問題上取得了共識，同時對華東理工大學和中國紡織設計院的工作給予了充分肯定。

蔣士成在會上作了總結性講話：

一、經過三方一年多的共同努力，特別是華東理工大學的研究，使我們對聚酯工藝過程、機理和參數選擇有了更深入的了解。你們的研究工作基本上滿足了初步設計條件的要求，也基本上完成了當初合約所規定的目標，有些地方還要結合中國紡織工業設計院的要求繼續完善，等最終系統報告出來後再開鑒定會。

二、對中國紡織工業設計院基礎設計原則的確定及主要問題統一認識如下：

一是為保證聚酯增容 30% 改造設計軟體國產化工作順利進行，對改造中的第一酯化反應器及其攪拌器、第二預縮聚低黏度圓盤反應器、EG 蒸汽噴射泵、循環真空泵等關鍵設備，要選擇有製造經驗和成套試驗裝置的廠商。

二是原則上同意一個酯化反應器、一個工藝塔的設計方案。對新塔按泡罩塔進行設計。

三是在原最終圓盤反應器原則上不動或少動的條件下，考慮降低最終圓盤反應器的進口黏度。老系統的第一、第二預縮聚系統基本可用。但第二預縮聚真空系統在現有負荷條件下的能力已顯緊張，請核定此部分負荷及負荷分配。

四是低黏度圓盤反應器盤型以及 PTA 秤重系統透過技術交流再決定設計。

五是最終熔體齒輪泵除新增四臺外，其他的八臺透過老設備改造來滿足增容要求。

六是 EG 循環泵和熱媒泵同意選用國產設備。切片乾燥機的改造方案等進一步探討後確定。

蔣士成說：「經過三方共同努力，科學研究工作已按預定目標基本完成，這是很好的開端，增強了我們對 30% 增容改造的信心。今後的工作中心將從科學研究轉移到設計、訂貨及部分土建。三方要繼續共同努力，確保聚酯增容 30% 改造項目獲得成功。另外，三方要嚴格遵守保密制度，注意技術保密。」❶

生產、科學研究、設計三方同心協力，運行有序，進展順利，其中蔣士成的協調組織能力得到各方認可與稱讚。

儀化公司聚酯裝置 30% 增容改造聯合攻關完全打破了各方的利益屏障，大家為了一個共同的目標，盡心竭力、各展其能、多作貢獻。

雖然合約中規定了各自的任務，但在工作過程中又不唯合約論，而是同心協力、整合資源、形成合力、聯合攻關。蔣士成作為聯合攻關總協調人，推進整體進程，協調重大問題，定期或不定期召開專題會議。各方負責人都各負其責，在發揮主觀能動性的同時，打破常規，建立了暢通的訊息溝通渠道，及時化解工作中的問題。

1996 年，蔣士成(前排右二)在聚酯裝置 30% 增容投產現場

❶《會議紀要》. 1994. 8. 儀征：儀征化纖公司藏檔.

時任儀化公司領導的徐正寧說：「當時中國紡織工業設計院沒有三維設計電腦，就在我們儀化公司做，我們給予無私支援。設計人員和科學研究人員來儀化生產工廠跟班作業，我們毫無保留對他們和盤托出。我們公司技術人員也派駐華東理工大學實驗現場、中國紡織工業設計院設計現場和南化機設備製作現場，參與工作、提出建議、收集數據，回饋訊息，改進生產工藝。總之，在聚酯裝置增容改造過程中，各方配合緊密，是一次真正的聯手聯心工程。」

儀化項目聲動上海灘

華東理工大學是蔣士成的母校。他對母校「勤奮求實，勵志明德」的校訓，「明天的希望」校歌，「知行合一、學以致用」的理念記憶猶新。校園文化穿越歷史時空已經鐫刻在了校園大地上，牢記於學子們的心中。「行知路」「實踐路」成為校園主幹道的名字，時刻引導著千萬學子的言行。

蔣士成多次說到華東理工大學還有一個重要的理念就是格物致知。化學是一門變化的科學，化學人的職責是研究物質變化掌握其所以然。導師們常常教育他們，在研究物質變化機理之時，不僅要知道其成功的途徑和方法，還要掌握失敗的原因，當窮盡了每一條錯誤的路徑之後，留下來的才是正確的路徑。這些理念和方法使華東理工大學的學生終身受益。蔣士成一再強調：自己就是其中的受益者。

蔣士成選擇自己的母校作為聚酯基礎理論研究的同盟軍自然有他的理由。

華東理工大學關注世界化學尖端動態，加強與國際化工大學交

流，在 20 個世紀 70 年代，就向西方發達國家派出了留學生和訪問學者，關注和研究國際化學尖端課題。

1992 年 5 月的「北京三人會談」之後，華東理工大學副校長戴干策及時與陳敏恆校長就與儀化公司合作事宜進行了討論。根據陳敏恆校長的安排，由戴干策作為項目負責人，代表學校負責與儀征化纖公司合作事宜。戴干策組織學校有關部門進行了專題研究。學校決定全力配合儀征化纖公司聚酯裝置增容和國產化工作，配備得力教授、專家參與此項工作，為發展祖國化學工業，為人民豐衣添彩作出自己的貢獻。華東理工大學為儀化項目配備了豪華陣容，派出了4 名教授和 10 多名研究生。這在該校歷史上屬於空前。這 4 名教授擅長的領域涵蓋了酯化原理、反應機理、自動化控制等多個領域。

不久，華東理工大學第一個百萬元級合作項目與儀征化纖公司簽署，儀化公司為甲方，華東理工大學為乙方。乙方承擔的主要任務是研究聚酯反應機理，根據增容和大型國產化裝置調整配方，掌握反應機理，建立數學模型等。

20 世紀 90 年代初期，對於華東理工大學來說，百萬元級項目可謂特大項目。因此該校上上下下非常重視。這個項目被列入校長辦公會議題，項目負責人定期匯報工作進展情況，及時解決存在的問題。

從德國訪問歸來的張素貞教授還清晰地記得：戴干策副校長在學校大禮堂全校教職員工大會上介紹了儀化公司聚酯裝置項目。學校辦公會研究決定，為了鼓勵學校研究成果轉化為生產力，促進產業發展，對參與儀化公司項目的有功人員每月增加 300 元工資獎勵。張素貞因參與項目控制軟體開發作出了突出貢獻得到學校充分肯定，將其列入獎勵名單，令她備受鼓舞。

那時教授每月的工資也就 1000 多元，每月增加 300 元是一個不小的數目。學校重獎校企合作項目有功人員的決策，不僅在全校引發揮巨大反響，而且在整個上海高校界都成為一大新聞，迅速傳播引發揮轟動。也為校企精誠合作、攻堅克難增加了強勁的動力。

運籌帷幄　攻堅克難

　　蔣士成對聚酯裝置30%增容項目的成功成竹在胸，充滿信心，但是他也預計到其間並非一帆風順，肯定會遇到道路曲折、坎坷泥濘。

　　要想在已經建成的裝置上多拿到30%的產能，需求在吃透原有設計的基礎上，重新進行機械、容積、管道流速等設備能力和工藝條件的衡算，找出瓶頸，制定完善方案，做出新的設計。按照蔣士成在產、設、研三方會議的部署，經過反覆研究確定，增容主要做了六個方面的工作：

　　一是重新設計裝置改造後的工藝流程。針對原裝置酯化反應器體積不滿足生產要求的問題，在酯化段新設計一臺體積80立方米的酯化反應器，把原第一酯化反應器改作第二酯化反應器使用。在縮聚段，增設一臺帶圓盤攪拌的臥式反應器作第3縮聚反應器，用它來分擔原裝置上3個縮聚反應器的負荷。在上述改動的基礎上，重新設計裝置的工藝流程，完成帶物流量數據的工藝流程圖（PFD）和帶儀表控制點的管道儀表流程圖（PID）。

　　二是全面調整裝置的工藝參數。應用技術開發的科學研究成果，經過計算和優化，確定了裝置改造後的工藝參數，它有以下特點：採用較低溫度、壓力、反應物質的量比和相應延長反應時間的酯化工藝，可提高產品品質的均勻性；仍保持原工藝中第一酯化反應器達到較高酯化率（大於90%）這一特點；在增設第三預縮聚反應器後，降低第一、第二預縮聚反應器的料位和操作真空

度。同時，後聚合器進口黏度較之前提高，因此可減少蒸髮夾帶，改善反應器的操作工況。在對後縮聚反應器結構不做改動的條件下，透過對圓盤轉子強度和剛度的核算，用提高進口物料黏度值來提高其生產能力。

三是完成反應器等新增設備的設計。其中一臺是帶大直徑(直徑 4000 毫米以上)的多層螺旋內盤管的攪拌槽反應器，另一臺是帶圓盤轉子的臥式反應器，同時編制了設備製造、檢驗和驗收的標準。經改造後可以完成不同生產能力的酯化反應器和預縮聚反應器的工藝和設備設計。

四是完成 DCS 系統應用軟體的設計。在改造後的工藝流程中，將新增加的控制回路引入現有的 DCS 控制系統。如將新增第三縮聚反應器圓盤轉子的電流值、出口物料黏度值與反應器的操作真空度引入數學模型，實現穩定控制反應器出口黏度值，便於對生產系統的調控。

五是紡織工業設計院獨立完成包括工藝、設備、自控、電氣、結構、建築、暖通和給排水各個專業的工程設計工作。在國內聚酯裝置的工程設計中還是第一次，可為今後進行大規模能力的聚酯生產線的設計積累寶貴經驗。

六是在改造裝置中使用國產設備。除新增加的反應器、工藝塔、刮板冷凝器等設備是由國內化工機械廠加工製造外，還選用國產的封鎖泵輸送熱媒油，螺桿泵輸送 PTA 漿料，離心泵輸送不同溫度的乙二醇以及通風用耐高溫防爆風機等。❶

1994 年 10 月 28 日，聚酯八單元 30% 增容項目正式破土動工，在這種邊生產、邊改造的情況下，面對人員少、時間緊、頭緒多、任務重等諸多困難，蔣士成深入一線，精心組織協調、合理部署安

❶《會議紀要》. 1994. 8. 儀征：儀征化纖公司藏檔.

排，在土建和安裝調試階段，每週定期召開現場協調會，基建、安裝和設備調試多管齊下，加快進度，新樓地下管線的搬遷、反應器的吊裝、新樓調速系統安裝、系統標定、冷檢熱檢、DCS系統的設計和調試等關鍵工程，都完成得非常出色。到1995年3月底，完成了新樓土建安裝和大部分試車工作，保證了老樓4月10日的停車改造。針對老樓停車時間短、改造項目多、新老樓銜接量大的特點，滌綸三廠編製出詳細施工作業銜接計劃，積極協調，在老裝置旁聳立了一座被人們稱之為「小炮樓」的新裝置，為該項目打贏了關鍵的一仗。

儀化公司三廠八單元增容後增建的「小炮樓」

透過市場競爭解決關鍵設備製造難題

　　設備訂貨是一項重要而棘手的工作，尤其是在國內聚酯設備製造工藝並不成熟的條件下進行國產化改造，無疑增加了難度。

　　蔣士成對此非常重視，組織協調滌綸三廠、設備動力部、科技發展部、進出口公司和中國紡織工業設計院等單位技術人員，進行了深入細緻的調研和交流工作，嚴把合作廠家選擇和製造品質檢驗關。在設備訂貨工作中，R04-2 反應器訂貨最為關鍵。經反覆研究，1994 年 9 月，蔣士成決定對這兩臺反應器實行公開招標。蔣士成主持召開招標會。上海第一化機廠、南化集團化工機械廠（以下簡稱南化機）、南京第二化機廠三家製造廠參加了招標。由儀化公司、中國紡織工業設計院 17 位專家組成的評議團投票表決，南化集團化工機械廠在對項目重視程度、人員管理、技術水平等方面都較優，被選為兩臺主反應器的製造廠家加盟聯合攻關團隊。

　　說發揮南化機能夠入選聚酯裝置 30% 增容攻關團隊，充分闡釋了什麼叫偶然之中有必然。

　　南化機的歷史不能不令人肅然發揮敬。它的前身是被毛主席譽為「工業先導，功在中華」的我國化學工業先驅範旭東先生 1934 年在南京卸甲甸創建永利錏廠時的鐵工房。

　　這個鐵工房，跟隨歷史腳步、經歷時代滄桑、沐浴改革春風，在過往的 60 多個春秋中無論名稱、規模及隸屬關係如何變化，範旭東、侯德榜等老前輩制定的「我們在原則上，絕對的相信科學；我們在事業上，積極的發展實業；我們在行動上，寧願犧牲個人顧全團體；我們在精神上，以能服務社會為最大光榮」的「四大訓條」始

終沒有變，「自己能幹的堅持自己幹」的理念沒有變，「實業報國，為國分憂」的責任擔當沒有變。

南化機從當初的幾十人，曾發展到人數最多時的 4000 多名職工，他們以永利鈊廠為自豪，以範旭東傳人為光榮。

蔣士成希望透過招標的方式，選擇國內一流的設備製造公司承擔聚酯裝置國產化設備製造任務。由蔣士成掛帥，組成了由科技處、設備處、法律事務部負責同志參與的設備招標工作組。

招標工作組透過多種渠道徵集了國內多家知名設備製造企業參與投標。為了慎重發揮見，招標組還對重點企業進行了實地考察。

一天上午，儀化技術處沈有根、設備處宋志寬等一行前往南京第二化機廠進行了技術和硬體考察，與南京第二化機廠領導和有關人員就儀征化纖聚酯國產化設備生產週期、價格報價進行了初步洽談。

當天下午，沈有根等一行順道來到了南化集團化工機械廠，主管生產的張萬山副廠長和技術人員接待了他們。張萬山看了招標材料後，滿懷信心地說：「要論製造高端化工設備，我們肯定在國內屬於一流，可以保質保量按期完成任務，滿足客戶需求。可能我們的報價會比其他廠家要稍高一些。」聽取了該廠技術隊伍、加工機具、主要業績等基本情況的介紹後，考察組留下了深刻印象。

第二天，沈有根等將南京第二化機廠、南化集團化工機械廠和此前考察的幾個廠的情況向蔣士成作了匯報。蔣士成提出了選擇製造商的指導原則：在選擇製造商時，不能只看價格便宜，而要重點考察企業文化、管理體系、市場信用和技術實力。當他聽到南化集團化工機械廠的前身是範旭東前輩永利鈊廠的鐵工房時，他對該廠多了幾分信任和好感。

蔣士成在學生時代就崇拜範旭東、侯德榜等化工前輩，特別是他們的「四大信條」以及實業報國、開拓創新的精神早已成為蔣士成的文化信條。

幾天後，蔣士成親自前往南化機進行了實地考察。他透過初步

接觸，從南化機領導和職工身上看到了永利錏廠傳人的精氣神，憑著南化機人立志報國的精神，製造高壓容器和尿素關鍵設備的顯赫業績，以及技術軟體、機具硬體的實力，見多識廣的蔣士成為對南化機了解得太遲而愧疚，南化機就是他理想中的合作夥伴。蔣士成對南化機給予了高度評價。

那次參與接待的南化機的同志至今仍然對蔣士成儒者風度、豐富學識、和藹態度、平易近人留下了深刻印象。

項目招標組對國內幾家化工製造廠進行了綜合考核評標，儘管南化機的報價不是最低的，但總體評分高，最終南化機以第一名勝出，成為儀征化纖公司聚酯裝置30%增容攻關團隊的一員。

能夠中標承擔儀征化纖聚酯裝備設備製造任務，對於南化機來說是一大喜訊。他們早已期待能在化工裝置國產化中大顯身手、再立新功。

南化機立即進行了全廠動員、作出組織安排，抽調精兵強將參與儀征化纖攻關項目。

對於南化機來說，能有機會參與攻關自然興奮，但他們清醒地認識到，這將是一場硬仗，不知有多少意想不到的硬骨頭要啃，不知道有多少難關要闖。

製造高端設備並非照圖施工，依葫蘆畫瓢。有些設備構造圖紙比較簡單，製造發揮來卻很複雜。

南化機集中了化學、化機方面的專業技術人員和能工巧匠合作攻關，一道道難題在南化機人手中得以化解。

為了密切協作關係，保證工作進度和產品品質，在反應器的製造過程中，儀化公司派出專業技術人員駐南化機現場辦公，隨時解決製造過程中出現的一個個難題，如積極協助反應器的真空插漏熱試驗和最終檢驗，為製造反應器贏得了寶貴的時間。根據合約進度，前期進展順利。蔣士成在每週協調會上，總能聽到南化機的好消息，不斷給這位總指揮增添信心。

不負眾望克難關

在攻關團隊中，對於蔣士成來說，儀化公司、華東理工大學、中國紡織工業設計院他曾身在其中，非常熟悉，相對而言，對南化機卻了解較少。傷筋動骨增容項目是一個系統工程，只有各個子系統優化才有可能母系統優化。一隻水桶能盛多少水，取決於那塊短板。因此，關鍵設備製造逐漸提上了蔣士成的重要工作議程，成為他關注的焦點。

也許是「好事多磨」，一路凱歌高奏之後，遇到了一道不小的難題。關鍵設備聚酯縮聚釜 L 形夾套像一隻攔路虎擋住了眾人前進的步伐。L 形夾套在酯化縮聚工序中發揮著傳送熱媒的功能，形狀特別，製作難度大。水壓工廠按照常規思路試做了幾個，安裝之後就出現泄漏。劉金寶廠長帶著水壓工廠主任孔令修等專程前往儀化公司現場觀察縮聚釜，希望從中得到啟迪。但幾套設備都在運行之中，從外面根本看不出其中的奧祕。他們乘興而來，掃興而歸。

孔令修領回任務後，在工廠攻關小組會上說：「我們承擔了聚酯裝置 30% 增容的製造重任，就一定要保質保量按期完成，遇難而退、半途而廢不是咱們南化人的性格。一言既出，駟馬難追。從現在開始，咱們幾個就吃住在現場，攻不下難關不回家！」

「拚命三郎」的幾句硬話，震撼了大夥，大家都從心底敬佩孔主任，他指到哪大家就打到哪。

三個臭皮匠，頂個諸葛亮。大家集思廣益、智慧迸發。這個說圓，那個說方，這個說長，那個說短，一個個奇思噴發，一個個妙想湧流，說了就幹，不同的樣品試了一大堆。攻關組的幾個同志在

工廠廠房裡，困了睡，醒了干，餓了吃，飽了干，嘗試過多少套方案，大家已記不清了。

一天，孔令修在燒水泡茶時，突然靈光一現，當年住南京專科學校常用燒水的煤油爐浮現在了眼前，他從中得到啟迪。馬上叫來大夥，說出了自己的奇思妙想：「咱們要做的 L 形夾套就是煤油爐一樣的形狀，外面像蚊香盤管，內面走熱媒。」經孔令修一點撥，大家茅塞頓開、豁然開朗。

大夥立即動手點燃爐子，燒旺炭火，將升溫的不鏽鋼管放在卷板機上，隔一段墊根木塊，卷板機緩慢轉動帶著不鏽鋼管慢慢成型，卷一段，再加一塊木塊，就這樣，L 形夾套終於在他們手中產生了，透過加壓試驗，超過了設計要求。

蔣士成一段時間以來為 L 形夾套久攻不下而憂心忡忡。他從提出聚酯裝置 30% 增容開始，就預計了許多環節可能阻擋前進的腳步，但沒有想到會來得這麼快。那段時間他的憂慮逐漸加大。南化機傳來的喜訊，使他舒展了愁眉。他說：「感謝你們，感謝你們！我明天就去南化機看望你們。」

第二天，蔣士成和科技處的同志一道，來到了南化機，在劉金寶廠長、張萬山副廠長的陪同下來到了水壓工廠，見到熬紅了雙眼的孔令修和攻關組的同志。蔣士成表示了深深的謝意！

孔令修向蔣士成介紹了攻關的靈感和加工過程。在反覆觀摩了 L 形夾套設備之後，蔣士成不苟言笑的臉上終於露出了滿意的笑容，也更加堅定了對南化機的信心。❶ 蔣士成緊緊地握著孔令修的手深有感觸地說：「我們選擇南化機承擔聚酯增容設備製造任務，現在看來，這項選擇是正確的。」

❶劉寶金口述訪談. 2017. 11. 南京.

啟動應急方案排除熱媒泵故障

1996 年 4 月 2 日，蔣士成在滌綸三廠三樓會議室主持召開了聚酯增容 30% 緊急會議。會議專題討論了聚酯八單元增容 30% 設備單試中大連封鎖泵廠生產的兩臺熱媒泵的故障處理應急方案。兩臺熱媒泵在試車過程中發生故障，初步分析系設計及結構上的問題，該情況緊急，事關聚酯增容 30% 任務能否按期完成，事關開車後的穩定運行，且聚酯八單元現已停車銜接，具有不可逆轉性，因此，緊急修復、尋找備臺、從速訂貨，已是迫在眉睫，為此會議決定：

一、為確保 30% 增容項目萬無一失，請設備動力部立即抓緊兩臺備臺的進口訂貨工作，同時在公司內部、附近廠家尋找備臺，具體尺寸由滌綸三廠提供。

二、請歐樹森副總工程師、滌綸三廠馮小林即赴大連，積極穩妥地處理好兩臺泵的修復事宜。

三、請沈有根副經理負責會同滌綸三廠，就現場南化機兩臺反應器升溫後的整個工作進行協調，並就反應器的結構進行確認。

四、聚酯八單元已停車銜接，請設備動力部、科技發展部等派專人參加每日的現場例會，做好協調工作。

從這個會議紀要中可以看出：蔣士成領導的項目攻關組處理問題迅速，責任落實明確，尤其是提出每天召開現場例會，解決增容過程中出現的問題。由此不難理解為何艱巨複雜的 30% 增容工作能夠排難前進。

投料試車前夕，蔣士成領導的「技術決策委員會」的同志在現場連續召開了 15 次專題會議，確定設備的真空系統參數和如何提升負

荷等重大技術問題。5月17日深夜，蔣士成等領導和滌綸三廠及公司有關部門負責同志在現場連夜研究開車前準備工作，幾乎一夜沒有闔眼，將試車工作做得精益求精。

正是在蔣士成的指揮下大家同心協力、真誠合作及時解決了試車過程中存在的困難和突發的問題，才能捷報頻傳。

項目成果振奮人心

30%增容項目試車前夕，蔣士成提出了「單機試車要早，氣密性試驗要嚴，聯動試車要細、投料試車要穩」的要求。

嚴格做好各項生產準備工作，精心組織試車，縮短了試車週期。在各方的共同努力下，1996年5月18日，八單元投料試車一次成功。

1996年5月17日，蔣士成（右三）等領導以無比喜悅的心情
在滌綸三廠觀看剛剛生產出來的聚酯切片

聚酯裝置投產後，不斷優化裝置工藝參數，使產品品質穩步提高，原材料消耗不斷下降，並逐步將生產負荷由原 260 噸/天升至 280 噸/天，穩定生產，使裝置達到增容 40%的能力，在此生產負荷下，透過了儀化公司組織的 72 小時工藝考核。

為迎接、配合中國紡織總會對該項目進行考核驗收，儀化公司成立了以蔣士成等領導和有關部門負責人組成的考核領導小組，下設辦公室和工藝、設備、電儀、財務四個專業考核組。制定了詳細的考核方案，分別對改造項目各子項和改造後的裝置運行情況進行了考核，出具了考核報告。認為該裝置在產量、品質、消耗水平等主要經濟技術指標上全面達到或超過改造設計值，實現了預期目標，具備上級驗收條件。

中國紡織總會於 1996 年 10 月 11 日對儀化公司聚酯八單元增加生產能力 30%技改項目進行了驗收。

專家們聽取了該項目的工作報告、技術報告、運行報告、考核報告、測試報告和用戶報告，參觀了生產現場，並組成考核組，先期對該生產線的設備、運行工藝和產品品質進行了考核，也對工程驗收考核資料及生產記錄進行了覆核。經認真討論，一致認為：

一是該項目是一個跨行業、跨學科的系統工程，內容多、技術難度大，採用以企業為主體聯合設計部門、高等院校共同攻關，發揮各自優勢，在國內首次成功地對引進的 200 噸/天聚酯裝置進行了增容 40%的重大技術改造。

二是該項目在對引進的先進技術和裝備進行消化吸收的基礎上作了大量的應用基礎理論研究和自主技術開發工作，對酯化縮聚反應特性及反應器作了模擬研究；建立了過程數學模型和電腦仿真系統；開發了「工藝軟體包」；採用先進的工藝和技術為該裝置進行了基礎設計；設計製造了第一酯化反應器和低黏圓盤反應器等關鍵設備；解決了縮聚反應器真空系統堵塞的技術難題，從而使聚酯增容改造技術取得了重大突破，為國內自行設計和製造大型聚酯裝置奠

定了基礎。

三是透過該項目技術的實施，增容改造後的聚酯裝置運行性能和產品產量、品質、單耗等技術經濟指標均達到90年代國際先進水平。

四是使用該增容改造技術，按增加產能40%計，噸產品投資僅為新建同類裝置的三分之一。工程調整概算為8580萬元，投資完成8465.28萬元，整個基建支出占概算投資的98.65%，做到了概算不突破。每改造一條同樣規模的生產線，按現行價格計算，每年可增加銷售收入24444萬元，為國家增加稅收1710萬元，為儀化公司增加稅後利潤2177.58萬元，投資效益率為25.73%，是一個經濟效益和社會效益十分顯著的項目。

五是該項目提供的鑒定技術資料齊全、數據準確可靠，符合技術鑒定要求。

驗收委員會認為，該項目工藝先進、技術含量和裝備國產化程度高，建設速度快，改造克服了原裝置的設計的薄弱環節，使原裝置的生產能力和技術先進性有了較大的提高。改造後，裝置生產能力已達到並超過了增容30%目標，產量、品質、消耗等技術指標和裝備的運行穩定性均優於原裝置。該項目是一個具有高科技含量的重大技改項目。項目在科學研究、設計、裝備製造上取得的成績，標誌著我國聚酯工業在裝備技術的國產化上取得了突破性進展，為大容量聚酯裝置全面國產化創造了條件。項目的改造成功，充分顯示了儀化公司作為聯合攻關的組織者和決策者，敢為人先、勇擔風險的膽識和魄力。❶

鑒定委員會一致同意透過本項目的技術鑒定，希望項目承擔單位進一步總結經驗，儘快推廣該項目技術成果。

從這份專家鑒定意見可以看出，儀化公司三廠八單元聚酯30%

❶《儀征化纖滌綸三廠聚酯八單元增加生產能力30%技術改造項目驗收報告》.1996.10.儀征：儀征化纖公司藏檔.

增容打了一個漂亮仗，用事實和客觀數據回應了當初的反對之聲。

時任中國紡織總會會長的吳文英在 1996 年 11 月 5 日的一份《情況簡報》上作出批示：儀化此項技術改造做得很好，花錢少，透過改造增容 30%，總結堅持四條非常好，我們應抓住大做文章。

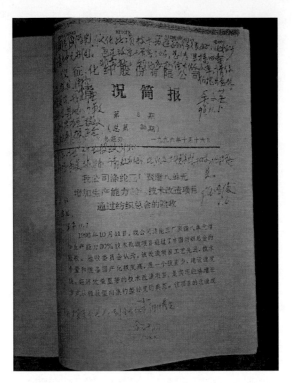

原中國紡織總會會長吳文英在儀化公司滌綸三廠聚酯八單元
增加生產能力 30% 技術改造項目透過紡織總會的驗收《情況簡報》上的批示

這個項目的成功，不僅使國人感覺到喜悅，而且在世界化纖界掀發揮了不小的波瀾。當儀化公司在北京國際化纖會議上宣布這一喜訊時，外國同行也心情複雜地舉發揮了慶功的酒杯向蔣士成表示祝賀。

儀化公司聚酯 30% 增容項目，分別在 1997 年榮獲國家經貿委授予的國家「八五」技術改造優秀項目獎和 1998 年榮獲中國紡織總會科技進步一等獎。

中國紡織總會科技進步一等獎項目主要負責人、總體技術方案的策劃者和關鍵技術的確定者即第一研製人蔣士成，儀化公司、中國紡織工業設計院（不包括華東理工大學人員）主要完成人員沈有根、祖榮祺、歐樹森、黃志恭、沈希軍、張蕁、洪升、張建仁、馬海康、周秀姐、韓正民、李利軍、朱大林、王保明、陸永發、祁建聲、郇武才等 18 人。

此後，國內許多聚酯裝置利用儀征化纖公司的增容技術進行了增容擴產，為企業創造了巨大的經濟效益，更為重要的是為聚酯裝置國產化奠定了堅實的基礎。

儀征化纖公司三廠八單元 30% 增容改造項目獲得成功，經濟效益突出，該成果榮獲多項獎勵，也為蔣士成當選中國工程院院士奠定了堅實的業績基礎。

惠澤聚酯行業

儀征化纖公司三廠八單元增容 30% 項目獲得成功後，得到中國紡織總會領導及國家經貿委有關領導的高度讚揚，建議不僅要在儀征化纖公司其他聚酯裝置和紡絲裝置上推廣，而且要在全國聚酯行業大力推廣，使儀征化纖公司的增容試驗成果惠澤中國聚酯行業。

儀征化纖公司則近水樓臺先得月，他們在三廠八單元增容改造成功之後，迅速在其他幾個單元推廣。1997 年儀征化纖公司職代會報告提出：聚酯三、六、七、九單元 30% 增容改造立即啟動。其中三單元年內完成，六、七、九單元分別於 1998 年一、二季度完成。一、二、四、五單元的聚酯增容部分先行改造，當年下半年全面開工，1998 年下半年陸續形成生產能力。紡絲 1-16K 增容改造 1997

年 6 月底前拿出實施方案，下半年逐條實施改造，於 1998 年底全部完成。17K 和 18K 中空纖維生產線 25% 增容於 3 月份拿出方案，年底完成。滌綸四廠中空纖維於 6 月拿出增容改造方案，視方案確定實施計劃。❶

一廠三單元和二廠六單元的 30% 增容改造分別於 1997 年 10 月和 1998 年 12 月完成。這些裝置的增容改造既借鑑八單元的成功經驗，又不是簡單抄作業，而是不斷創新改進，生產工藝得到優化，裝置控制及技術水平得到提高，產值能耗等技術指標和裝置運行的穩定性優於原裝置。三單元僅用 9 個月時間就圓滿完成改造任務，進一步展示了儀化速度與水平，六單元注意精打細算、節省成本，工程費用比概算節省 2000 多萬元。

蔣士成是一位具有前瞻性眼光的專家型領導，凡事善於規劃設計，凡事習慣打出提前量，因此，在人們的印象中，蔣士成溫柔敦厚、從容淡定，而他所協調組織的工作卻井然有序、運轉高效。

還在三廠八單元 30% 增容尚在進行之時，由蔣士成領銜的儀征化纖公司增容攻關領導小組就開始著手部署在其他聚酯裝置和紡絲裝置推廣經驗，將增容效應迅速擴大，為公司快速發展作出貢獻。

在三廠八單元 30% 增容項目接近尾聲之時，蔣士成對增容成功更加堅定了信心，於是，加快了推廣八單元增容做法和經驗的步伐。那段時間科學研究條線進入了高速運轉時期，多種研討會、專題會、例會頻繁召開。有時公司總經理會出席會議，作出指示，加大推進力度。

1996 年 8 月，儀征化纖公司陳錦芳總經理主持四期工程及「九五」重大技措技改專題會議並作出指示：在聚酯增容 30% 成功的基礎上，要加快紡絲增容 30% 的工作步伐，取得突破。1996 年 9 月 6日蔣士成主持召開了紡絲裝置增容 30% 技術改造討論會，對滌綸

❶《儀征化纖 1997 年度職代會報告》. 1997. 1. 儀征：儀征化纖公司藏檔.

一、二廠現有生產裝置進一步挖潛改造的可行性和改造思路進行了討論。會議結束前，蔣士成對會議討論的情況作了歸納並提出了下一步工作思路和要求：

一是公司聚酯裝置完成 30% 增容改造之後，紡絲的增容 30% 的改造顯得尤為重要和迫切。公司已將紡絲增容 30% 的技術改造作為公司「九五」技術改造的重要任務，下決心要抓出實效，公司各有關部門和各生產廠一定要高度重視，安排好力量開展工作。

二是為加強紡絲增容 30% 技術改造工作的領導，加快工作進度，會議決定成立紡絲增容 30% 技術改造工作領導小組，並成立紡絲增容 30% 攻關小組，由歐樹森副總工程師牽頭，設備動力部、生產部、技質部、科技發展部、規劃建設部、滌綸一廠、二廠、三廠等部門派員參加，下設工藝、設備、綜合組，具體開展紡絲增容 30% 技術改造的可行性論證，確定技術方案等各項工作。

三是確定了下階段紡絲增容 30% 技術改造的原則：

改造要首先突出投資效益，立足於現有裝置挖潛改造。前紡首先從噴絲板的增容擴孔、提高紡速、調整紡絲工藝的改造著手，後紡從紡絲工藝調整和裝備增容上著手，不搞大拆大換。

改造後的產品品質要保證，應不低於現有產品品質水平，保持公司優質產品特色。

改造後生產要安全穩定，設備運行狀況要保證改造後仍保持兩年一次大修的水平。

改造後原材料和能源消耗要低於現有水平。

改造的目標值是在裝置設計產能基礎上增容 30% 以上。

全公司一盤棋，同時要注意對外的技術保密工作。

技術改造討論會體現了前瞻思想，確定了工作步驟，明確了具體任務，落實了責任人員，具有很強的操作性。

在推廣 30% 增容成果時，繼續發揮生產、科學研究、設計聯盟的作用，借助外力推進工作。

在對滌綸三廠八單元增容改造工作成功總結的基礎上，與中國紡織工業設計院進行了設計銜接，對增容推廣項目的設計範圍、設計內容、設計分工進行較詳盡的探討，為初步設計開展提供了條件；透過分專業的認真討論和專業間的協調磋商，加快了設計進度；對一些週期較長、直接影響進度的有關工作，如主要設備的訂貨、進口配套件詢價、土建開挖及施工等，都基本確定了實施的時間表。

蔣士成像一隻高速旋轉的陀螺，運籌帷幄，陸續推進著儀征化纖公司聚酯和紡絲裝置全面增容，加大了持續改進脫瓶頸的力度、工藝流程的優化及軟體開發，也為大裝置的高產、低耗、優質創造了條件。他還主持實施了儀征化纖 PTA 增容 30% 項目，在消化吸收引進技術的基礎上，透過試驗研究、技術開發，完全依靠公司的自有技術和國內協作實施，使產能從 25 萬噸/年增容至 35 萬噸/年。

1996 年，蔣士成(左一)陪同原中國紡織總會會長吳文英(右一)、副會長任傳俊(右二)視察儀征化纖現場，左二為原儀征化纖項目負責人張耀華

公司同期組織進行了消化吸收引進 4000 噸/年切片紡三維捲曲中空纖維技術，會同中國紡織大學成功地開發了 12000 噸/年熔體直

紡三維捲曲中空纖維生產線。該成果透過紡織總會技術鑒定及國家
經貿委技術裝備司的技術經濟評價，獲得 1999 年度國家科學技術進
步二等獎。

積極推進材料國產化

　　新型材料是一個國家工業發展水平的標誌。因為我國是現代化
工業的後來者，總體來說，我國在新型材料領域與發達國家存在較
大的差距，這也成為制約我國工業發展的瓶頸。

　　我國之所以在許多行業需求對外重複引進生產裝置，是因為有
一些並非基礎研究和工藝設計落後，而主要是缺少所需求的新型材
料。一旦材料水平不能滿足需求就難以改變受制於人的命運。令人
欣喜的是，隨著改革的深化和對外開放的擴大，我國的材料工業得
到了快速發展，如鋼材行業湧現出了一批快速成長的企業。

　　在蔣士成構想的聚酯裝置國產化的規劃中，早已規劃了不僅在
基礎理論研究和工程設計上要擁有自主知識產權即實現國產化，而
且在材料領域也要儘量實現國產化，從而減少受制於人的因素，將
國之重器儘快掌握在自己手中。我國工業領域因材料受制於人的案
例比比皆是。一些引進設備、裝置一旦超過保固期出現故障後，如
果維修材料需求進口的話，不僅要無條件接受高得離譜的壟斷價
格，為此支付高額成本，而且要到國外採購，報關、開驗、長途運
輸等每一個環節都要浪費許多寶貴的時間，甚至還有可能遭到外方
制約折騰，使企業蒙受巨大損失。因此，蔣士成希望在聚酯裝置
30%增容過程中儘量使用國產材料取代進口材料，並在實踐中不斷
探索試驗、總結經驗，在聚酯裝置國產化攻關項目中得到應用，從

而使聚酯裝置國產化道路更加堅實，步伐更加穩健。

為了在聚酯裝置國產化中廣泛應用國產化材料，蔣士成和他的團隊想了很多辦法，採取了許多措施，並且在聚酯裝置 30% 增容項目上進行了有益實踐。30% 增容項目投產後，蔣士成沒有停步，繼續著手為國內自行製造反應器選擇合適的材料。

1996 年 12 月 15 日～22 日，由儀化公司歐樹森副總工程師牽頭，組織儀化公司、中國紡織工業設計院、南化公司機械廠、南京化工設備檢測中心等單位有關同志專程前往上海江南造船廠、上海金山石化機械廠、上海第一化工機械廠、四川宜賓金屬複合板廠等複合板使用和製造單位考察調研。在四川宜賓金屬複合板廠，他們被帶到山溝裡的一個空曠地帶，看到工人在碳鋼和不鏽鋼板之間均勻地鋪上一層炸藥，然後現場人員進入掩體引爆炸藥，一聲巨響之後，碳鋼和不鏽鋼板有機融合，再透過多種工藝處理，9 比 1 的碳鋼和不鏽鋼複合板便製作成功。這種複合板既可滿足聚酯主反應器的工藝要求，又可大幅降低設備製造成本。

1996 年 12 月 24 日，蔣士成主持專題會議，聽取了歐樹森等調研人員的情況匯報，對採用復合鋼板問題進行了研究並作出決定：

一是採用國產復合不鏽鋼板製造主反應器，對聚酯項目國產化建設節省投資、提高國產化比例有十分重要的意義，公司對此高度重視和支持，並要求積極、科學、慎重地開展有關工作。

二是調研組對復合不鏽鋼板在有關單位的使用情況進行了認真了解。特別是對全國壓力容器標準化技術委員會推薦的復合鋼板製造單位--四川宜賓金屬複合板廠，調研人員從製造標準、原材料工藝、裝備、品質檢驗控制等各方面進行了認真考察。考察後調研人員進行了總結，認為四川宜賓金屬復合鋼板廠生產的不鏽鋼板品質較好，能夠滿足我公司聚酯設備的製造要求。

三是公司決定原則同意選用四川宜賓金屬複合板廠生產的不鏽鋼復合鋼板，先在聚酯增容改造項目的反應器製造中使用。

四是對聚酯增容中採用國產復合鋼板製造兩臺主反應器的有關工作，繼續請歐樹森副總工程師牽頭，組織設備動力部、科技發展部、滌綸三廠做好相關工作。關於兩臺反應器封頭旋壓製造問題，要請中國紡織設計院儘快提出設計核算，並在近期安排赴宜興北海封頭廠考察。❶

鑒於一些軍工企業有著先進的技術和裝備，同時又急於開拓民品市場，儀化公司先後與航天部十四所、西安法華密封件廠等企業建立了良好的合作關係。蔣士成親自到這些合作企業考察交流，透過合作探索、付諸實踐，結果使復合鋼板、封鎖泵等許多國產材料和設備在聚酯裝置上得到應用。

一個思維前瞻、注重實際的項目攻關指揮者，充分體現了他的科學素養和縝密思維。

實踐證明，由於國產材料和設備的廣泛應用，為儀化公司持續開展的 30% 聚酯增容項目和聚酯裝置國產化項目大幅度降低了建設成本，增強了企業的市場競爭能力，注入了健康基因。同時為國內有關企業開闢了市場，增添了活力，促進了國產化材料的發展，為聚酯行業快速發展提供了有力的支撐。

深思精研發新聲

蔣士成從 1957 年參加工作以來，幾乎一直奔波在建設和生產一線，他像一顆種子深深扎根在泥土裡。

他常常謙虛地說，自己沒有系統研究學術理論，沒有寫出像樣

❶《會議紀要》. 1996. 12. 儀征：儀征化纖公司藏檔.

的高水平學術專著。但蔣士成卻是一個勤於學習、善於總結、腳踏實地的研究者和實踐者。他堅持訂閱國內外紡織、化纖等專業及管理雜誌並養成了每天閱讀的習慣，及時掌握世界科技、市場、管理尖端動態。每當完成一個重大工程項目的時代節點，蔣士成都會將所思所想形成論文交流發表。自信、實踐、創新、報國、奉獻構成他論文和演講的關鍵詞。凡讀過蔣士成論文和聽過蔣士成演講的讀者和聽眾都覺得特別過癮、解渴、管用。

蔣士成單獨和與他人合作發表了《中國聚酯及滌綸纖維工業的現狀和展望》(《石油化工動態》1998 年第 1 期)；《大型聚酯裝置工程技術研究與開發新進展》(《華東理工大學學報》2002 年第 28 期)；《中國紡織工業科技創新思考》(《紡織服裝週刊》2014 年第 44 期)；《挖掘出「中國纖維」品牌影響力》(《紡織服裝週刊》2015 年第 9 期)；《依靠科技創新實現化纖產業升級》(《中國工業報》2013 年第 10 期)等幾十篇有價值的論文。

他的論文何止這些，他更多的是把論文書寫在了華夏大地的一套套化纖裝置上。

華東理工大學副校長戴干策先生在總結歸納儀征化纖聚酯裝置國產化攻關成功的主要原因時對蔣士成敬佩有加。他深有感觸地說：「儀征化纖公司聚酯裝置國產化成功給我們帶來很多有益的啟迪。理論一定要與實踐相結合，一個教授可以在辦公室裡寫出許多有份量的理論文章，但一個教授無法將理論成果轉化到實踐中去。一項理論成果的轉化成功需求多方面的同心協力。學校培養的大學生一定要與生產實踐相結合，才能成為有用之才。」❶

戴干策先生這番感言道出了人才培養的真諦。

---

❶戴干策口述訪談 . 2016. 11. 上海 .

第十章

攻城拔寨
終圓夢

老驥伏櫪　志在千里

根據國家發展大型企業集團和加快經濟結構調整的要求，經國務院批准，1997 年 8 月，儀征化纖公司與金陵石化公司、揚子石化公司、南京化學工業集團組建中國東聯石化集團公司。

根據政策規定，1997 年 9 月，中國東聯石化集團公司為蔣士成辦理了退休手續。

按照常理，六十五歲的老人應當是過著含飴弄孫、頤養天年的生活。然而蔣士成的夢想不僅在於聚酯裝置 30% 增容成功，而是實現聚酯裝置國產化，報效國家，造福行業。

對於儀化公司來說，要圓聚酯裝置國產化的夢，需求蔣士成來領銜實施，因為最合適的人選非蔣士成莫屬。

儀化公司在徵得蔣士成同意後，繼續聘請他擔任公司顧問，並委以年產 10 萬噸聚酯裝置國產化第一責任人之責，擔當實施年產 10 萬噸聚酯裝置國產化項目攻關重任。

蔣士成在退休之後，又奏響了踐夢暢想曲，以穩健的步伐踏上了聚酯裝置國產化的新徵程。

1997 年 8 月聚酯裝置國產化項目被正式列為國家「九五」重點科學研究攻關項目，因為項目被賦予了國家的使命，所以項目責任人責任重大且十分光榮。

蔣士成牽頭的生產、科學研究、設計、設備製造聯盟花了幾年時間成功地實施了儀征化纖聚酯裝置 30% 增容，不僅實現了聚酯裝置國產化的夢想，而且增添了自主創新的自信與底氣。

然而，要自主創新建設全流程年產 10 萬噸聚酯裝置，仍然存在著風險。這是一次更艱難的征程，從研究反應機理、建立數學模型、開發應用軟體、改進工藝技術、搭建仿真系統到攻關 5 個主反應器的核心技術，可以說每一步都會有「攔路虎」。年產 6 萬噸到年產 10 萬噸不是簡單的數量放大，其傳熱面積、流態分布，包括物料停留時間等工藝控制，都需求全新設計、模擬試驗，反應器需求多大？如何製作？都會帶來新的挑戰。

縱觀世界工業發展史，從試驗室冷模熱模到試驗裝置，從工業性試驗到工業化裝置的開車投產，達到經濟和技術設計要求有很長的路要走，甚至有可能遇到難以跨越的障礙，需求支付巨額學費。國內外一套工業化裝置試車十年八載無功而果而拖垮企業的案例比比皆是。

蔣士成是一個自我加壓的人，是第一個吃螃蟹的人，為了中國人豐衣添彩，又要向著崎嶇的山路出發，為實現心中醞釀已久的聚酯裝置國產化夢想而勠力前行。

消除藩籬　堅定前行

雖然聚酯裝置國產化已經儀化公司研究上報為國家「九五」重點科學研究攻關項目，在具體實施時還是難免有質疑甚至反對之聲。有的認為花錢引進國外設備，不用承擔任何風險，甚至也有人惦記著引進裝置可以出國考察、培訓，開開眼界。按照西方「經濟人」的理論來思考，當然不希望中國人自己搞國產化。

缺乏民族情結和報國情懷的人是不會冒險搞什麼國產化的，而

蔣士成則是一個從小立志報國，一直做著聚酯裝置國產化夢的人。因此，面對國產化的反對之聲，蔣士成則不急不躁，善於聽取不同意見。他認為不同意見有其合理成分，吸納不同意見可以完善方案、增加警示。

經過在儀化公司總經理辦公會上多次討論，最後統一了思想，決定進一步優化四期工程方案，擬將原一、二、四、五聚酯單元分步技術改造的方案優化調整為依託滌綸一廠現有公用工程余量和空地，以技術改造方式新建一套 10 萬噸/年國產化聚酯裝置，項目優化調整後，建設規模不變，除可生產常規聚酯切片外，還留有生產瓶級基礎切片和膜級切片的條件，使產品的品種和品質更加優化，同時投資由原需求 3.3 億元調整為 1.96 億元，可以節省 1.34 億元，方案更為合理，技術更加先進，更具有市場競爭能力，經濟效益會更加明顯。

由蔣士成作為第一研製人組織協調的聚酯裝置國產化項目在經歷了重重波折之後終於正式吹響了進軍號角。

遭遇緩建困局

正如常言所說：好事多磨。

儀化公司原計劃在 1998 年上半年正式啟動聚酯裝置國產化項目。不料那時國內聚酯市場風雲突變。由於我國聚酯原料 PTA 產量不足，對國外依存度較大，外商看到中國市場需求量激增便藉機大幅上調價格。加之大批民企聚酯裝置建成投產，同質化競爭激烈。更為嚴重的是一批國外聚酯企業低價傾銷，企圖沖垮中國聚酯市場之後進一步壟斷中國市場，在多重打擊下，原本春光明媚的中國聚

酯市場遭遇了「倒春寒」。市場需求大幅萎縮，產品價格大幅下降，大批企業出現產品積壓，許多企業出現嚴重虧損。

這一波市場風浪摧毀了一些競爭力不強的企業，儀化公司這個化纖領航企業也受到了巨大衝擊。儀化公司的產品也出現了滯銷，庫存壓力不斷增大，迫使生產降低負荷。

1998年儀化公司的工作重點由增加產量轉向了努力開拓市場加大產品銷售，主要領導分片帶領銷售人員開拓新市場，鞏固老客戶。因此，10萬噸／年國產化聚酯項目不得不暫且擱置、被迫緩建。

項目緩建，蔣士成和聯盟各方儘管很不情願，但只能服從企業大局。

蔣士成主持的協調會仍然定期舉行，除了技術上精益求精之外，他反覆強調，大家一定要增強信心，因為化纖工業是朝陽產業，目前我國聚酯的功能尚未得到很好的開發利用，聚酯市場一定會迎來快速發展的春天，大家要時刻準備著，人心不能亂，隊伍不能散，準備工作不能放鬆，要利用這段緩衝期把基礎理論研究得更加深入，把設計圖紙畫得更加精準，把設備製造研究得更加透徹，把試車預案做得更加周密，把所有工作做得更加扎實。就這樣，命運多舛的聚酯裝置國產化項目在緩建中熬過了春夏秋冬。

這一年，蔣士成承擔的壓力有多少人懂得？就像一支拉滿了弓的利箭，正準備發射之時突然被叫停，並且還要保持著待發的姿勢。這種姿勢需求力量，需求耐心，更需求意志。蔣士成為此增添了不少白髮。

1997年國家計委、國家經貿委以重點項目之名給儀化公司撥付了1000萬元資金支持。每季度要例行上報進度表，每半年要接受上級部門例行檢查。按規定，如果在一定期限內項目不能開工，資金就要被收回。一旦出現這種情況，對於儀化公司來說，收回的不僅是資金，而是對儀化公司的信任，而且會澆滅中國人聚酯裝置國產化的信心。這個消息很快會傳遍國內外，外商會立即採取行動，對中國聚酯工業的發展也許就是一場災難！

蔣士成率領攻關團隊向國家經貿委作年產 10 萬噸
聚酯裝置國產化攻關課題匯報

蔣士成怎能不著急。

他一方面盡力向上級部門匯報做好解釋工作，獲得理解與支持，繼續做細做好開工前的各項準備工作。另一方面，針對聚酯行業的困難局面，不等不靠主動出擊，與中國化纖協會和國內聚酯企業聯手利用國際市場法規，祭發揮反傾銷大旗，打擊外商擾亂我國聚酯市場的不法行為。

中國紡織工業聯合會副會長、中國化纖協會會長端小平談發揮當年蔣士成參與聚酯反傾銷仍然感慨良多。他說：「反傾銷在許多理工專家學者眼中也許是一件瞧不上的不屑一顧的事情，而蔣士成卻與眾不同。他在紡織行業是一名旗手，萬眾矚目。他卻主動放下身姿，投身新領域，參與反傾銷工作，並擔任了領導小組副組長。因為他知道，聚酯裝置國產化不僅可能因為技術難題受阻，而且

可能因為市場混亂難以推進，只有在一個有序的市場環境下才有利於實現聚酯裝置國產化。中國聚酯市場能夠較快恢復正常，與反傾銷、打擊走私密切相關，而其中蔣院士發揮了主導作用，功不可沒。」❶

蔣士成積極參與的反傾銷和打擊走私等工作取得了積極成果，為我國聚酯工業穩健發展培育了良好的外部環境。

蔣士成和儀化人相信春華秋實，他們在山重水復的冬季，等待著柳暗花明的春天。

迎來柳暗花明

深諳化學變化之道的蔣士成習慣於壓力，他常與同事們說：「壓力並不可怕，各種分子只有在一定的壓力下才能聚合成新的物質，產生質的飛躍。」

我國聚酯市場在經歷了一年左右時間的低迷之後，又重新轉入了繁榮。緩建的聚酯裝置國產化項目終於拔錨發揮航、戰鼓擂響。

1998 年儀征化纖公司已經隨東聯石化併入中國石油化工集團公司。轉年的 4 月 21 日，時任中國石油化工集團公司總經理的李毅中率領有關部門負責人來儀化公司現場辦公，期間視察了 10 萬噸/年國產化聚酯裝置的建設場地，詳細聽取了該優化調整方案的匯報，並充分肯定調整優化方案，認為其符合集團公司提出的項目建設原則，要求儀化公司儘快上報方案，抓緊做好前期準備工作。

儀化公司以雷厲風行的作風，1999 年 4 月 23 日，向中國石油化工集團公司報送了《儀化四期工程第一步聚酯增容改造項目優化

❶端小平口述訪談 . 2020. 4. 騰訊影片會議 .

調整方案可行性研究報告》的請示，正式向上級單位提出 10 萬噸/年國產化聚酯項目立項。

1999 年 5 月 11 日，蔣士成在北京主持了 30 多人參加的 10 萬噸/年國產化聚酯裝置攻關專題會議，對 5 個主反應器的設計條件、設計進度和製造的原則及時間安排等方面進行了討論，擬定了時間進度表。隨即儀化公司以儀化股技字［1999］85 號文，向中國石油化工集團公司上報了《關於 10 萬噸/年聚酯國產化成套技術攻關項目「入龍」的請示》。

據原中國石油化工集團公司總工程師、中國工程院院士袁晴棠介紹：中國石油化工集團公司十分重視科技興企，並發表了一系列舉措。「十條龍」科技攻關制度是其中之一。「十條龍」攻關制度從 1991 年開始實施。這種攻關制度是中國石油化工集團公司發揮集中力量辦大事的制度優勢、推動重大科技創新突破的重要舉措。該模式能夠打破條塊分割、重複分散的壁壘，在更大範圍內整合配置創新資源，深化產學研用協同，加快突破關鍵技術瓶頸。對帶有共性、關鍵性和對公司發展具有策略意義的重大科技開發項目，堅持實行「十條龍」攻關，即把公司內部的科學研究、設計、設備製造、工程建設、生產和銷售等各方面的力量組織發揮來進行聯合攻關。多年來，在上中下游各領域完成了一系列重大成套技術的開發與轉化，最大程度地提高創新效能和效益，對提升公司技術水平和核心競爭力造成了重要作用。這裡的「十條龍」是泛指，並非是準確的數量，根據每年審核的實際情況，有多於十個的，也有少於十個的。一旦審核「入龍」，即進入「十條龍」計劃，就可以得到集團公司政策、資金等多方支持。

儀化公司的年產 10 萬噸聚酯裝置國產化項目，1997 年被列入國家「九五」重點科技攻關項目。經過幾年來的增容改造、聯合攻關，掌握了聚酯反應機理，具備了全流程國產化的技術、工程和設備能力。儀化公司的 10 萬噸/年聚酯國產化成套技術已基本成熟，

具備了「入龍」條件。❶

中國石油化工集團公司對 10 萬噸聚酯裝置國產化項目非常重視，李毅中總經理在儀化公司聽取了蔣士成等關於年產 10 萬噸聚酯裝置國產化工作情況的匯報時，充分肯定這是一件功在當代，利在千秋的大事好事，表態集團公司會全力支持聚酯裝置國產化。接到儀化公司的請示後，集團公司組織專家進行了多次專題討論，專家們一致認為儀化公司具備啟動聚酯裝置國產化的條件與能力。中國石油化工集團公司隨即下發了《關於將 10 萬噸/年聚酯國產化成套技術攻關列為「十條龍」攻關項目的批覆》。

《批覆》指出：同意你公司與華東理工大學、中國紡織工業設計院、南化機共同承擔 10 萬噸/年國產化聚酯成套技術攻關項目，並由你單位擔任組長單位。中國石油化工集團公司下撥第一批課題經費 150 萬元，專款專用。

在中國石油化工集團公司的有力推動下，儀化公司聚酯裝置國產化項目建設逐步駛入快車道。集團公司不僅安排了資金支持，而且各有關部門大開綠燈、特事特辦、大大提高了工作效率：

1999 年 7 月 14 日，中石化［1999］計字 365 號，批覆 10 萬噸/年國產化聚酯項目的可研報告。

1999 年 9 月 28 日，批覆初步設計。

1999 年 10 月，中石化批覆 10 萬噸/年國產化聚酯項目的開工報告。

聚酯裝置國產化項目建設的進軍號角再一次吹響。蔣士成這位前線指揮官終於舒展了眉宇，他抖擻精神，高舉戰旗，率領儀化公司、華東理工大學、中國紡織工業設計院、南化機等聯盟的戰士向著聚酯工業高地發發揮了衝鋒。他們用智慧與汗水、忠誠與奉獻在江蘇大地上書寫著中國化纖工業的嶄新篇章。

❶袁晴棠口述訪談．2020．9．北京．

同心協力克難關

　　蔣士成是怎樣有效地組織協調儀化公司、華東理工大學、中國紡織工業設計院、南化機四方同心協力攻克難關的？

　　華東理工大學張素貞教授說，蔣士成具有人格魅力，像一支強力膠，把大家牢牢地黏在了一發揮。在協調聚酯裝置增容工作過程中，無論是哪方出現問題，蔣士成總是主動攬責，而不是指責別人，與大家一發揮協商解決問題。大家與他共事儘管壓力大，任務重，但大家心情愉快。那段聯合攻關的歲月，令一些當年的參與者至今仍然十分懷念。❶

　　當年還是一位剛剛畢業的研究生，後來擔任華東理工大學化工學院院長的趙玲說到蔣士成便由衷產生敬意。她說，當年在儀化公司與蔣士成院士有過一些接觸，印象中蔣總永遠是謙虛低調、平易近人，給人的感覺就是一位普通的長者。他對年輕人愛護有加，蔣士成院士的決策和協調能力特別強，再難的事，從來沒有見到過他生氣發火的時候，工作中出現問題，他總是主動承攬責任，鼓勵大家放手一搏，我們與他共事心無旁騖、心情舒暢。可以說，聚酯裝置國產化如果沒有蔣士成就可能會夭折。❷

　　較早參與儀化公司聚酯裝置國產化研究的沈贏坪老師說，與儀征化纖的合作雖然壓力很大，但大家合作愉快。蔣士成先生為人非常好，只要我們提出問題，他都會及時解決。為我們在儀征化纖工

❶張素貞口述訪談 . 2016. 11. 上海 .
❷趙玲口述訪談 . 2016. 11. 上海 .

作創造了良好的條件，我本人也受益良多。❶

儘管遭遇了緩建困局，但儀征化纖聚酯裝置國產化聯盟各方在蔣士成的協調下信心不減、勁頭不松，對各自的工作精益求精。

華東理工大學在科學研究工作中，運用正確的研究方法，合理分解、簡化研究對象，規劃、安排了一系列實驗。為確定操作參數和控制指標間的定量關係，在與生產過程類似的溫度、壓力條件下開展了熱模實驗。為確定反應器的設計條件，使用黏度與聚酯熔體相近的模擬物料，開展了圓盤轉子的冷模實驗。透過對實驗數據的處理，建立了實用的計算模型，並用不同工業裝置上的生產數據對模型作檢驗和校正。

華東理工大學實驗樓的大型圓盤冷模實驗裝置

這些自主研發的成果，是儀征化纖聚酯裝置國產化的奠基石、指南針。中國紡織工業設計院根據這些研究成果進行工程設計，南化機根據設計圖紙製造設備。蔣士成也是根據這些研究成果化解了吉瑪公

❶沈贏坪口述訪談. 2016. 11. 上海.

司知識產權訴訟案。可見，自主創新、機理研究是何等重要。

中國紡織工業設計院是蔣士成的老根據地，蔣士成長期擔任設計院部門和院裡設計業務主管領導，大家都彼此熟悉、相互了解、交流順暢。在聚酯裝置國產化攻關過程中，中國紡織工業設計院派出了精兵強將參與項目攻關。

現任中國崑崙工程有限公司副總經理、大學一畢業就參與儀化公司聚酯裝置增容和國產化項目的李利軍，對20多年前火熱的生活記憶猶新，談發揮蔣士成的人格、學識油然而生敬意。他說：「我能夠進中國紡織工業設計院工作，得益於蔣士成牽頭的聚酯增容和國產化項目。此前，中國紡織工業設計院好多年沒有從華東理工大學招收畢業生，正是因為要與華東理工大學合作搞聚酯裝置增容和國產化項目，中國紡織工業設計院指定要從華東理工大學招兩名應屆畢業生，我有幸成為其中一名。

我到中國紡織工業設計院報到後，直接留在華東理工大學參加聚酯基礎理論研究實習，參與見證了戴干策副校長、朱中南老師和張偉、趙玲等師兄師姐的酯化、熱模、冷模試驗，使我得到了一次難得的實踐鍛煉，加速了我的進步成長。半年後回到中國紡織工業設計院，分配在黃志恭老師領導的工藝組，派駐儀化公司參與工程設計。在這個過程中有幸參加過蔣士成主持的現場協調會議。聚酯裝置牽涉面廣，理論高深，工藝先進，設備複雜，協調難度很大。面對重重困難，蔣士成運籌帷幄、態度和藹、指揮若定頗有大將風度，蔣士成對方向把握得很到位。」

李利軍動情地說，自己非常幸運，一個工程技術人員一生能夠遇到一個大型工程項目就很不錯，而我卻遇到了世界矚目的特大型工程項目。在蔣整體領導下，得到了鍛煉。這段工作經歷非常珍貴，對我們年輕人不僅有利於提高專業知識水平，而且有利於提高管理、組織、協調能力，尤其是能夠修煉自己的品德。因此，我非常珍惜在儀化參與聚酯項目建設的那段歲月，它在我的人生中留下

了美好的記憶。❶

　　李利軍因為在儀化公司聚酯攻關項目中成績突出，榮獲中國紡織總會科技進步獎。此後，又牽頭工作，在聚酯技術工程化和 PTA 技術國產化開放方面作出了重要貢獻，取得了優異的成績，逐步晉升為設計部門主任，教授級高級工程師，並成長為目前的公司領導。

　　李利軍說出了當年中國紡織工業設計院參與儀化聚酯項目攻關聯盟團隊成員的心聲。大家深入生產、科學研究一線，及時了解訊息，完善設計圖紙，提出創新主張。設計人員不是單純等待開發成果的「接力棒」傳到自己手中才「發揮跑」，而是打破常規，既參加華東理工大學的實驗工作，還深入儀化公司生產一線掌握生產運行情況，發揮承上啟下的橋樑作用，他們透過辛勤勞動，付出智慧與汗水，根據自己的工程設計經驗，運用科學研究開發工作的成果，完成了改造裝置的工程設計。

　　聯盟各方都希望在聚酯國產化舞台上大顯身手。儀征化纖公司更是發揮了主導作用。領導團隊及時決策重大問題，專門成立了項目組，全力投入項目建設，抓進度，盯品質，摸工藝。參建人員沒有週六週日概念，緊要關頭沒日沒夜工作。透過定期和不定期召開工作會議的形式，共同研究各專題的技術關鍵和技術難點，解決攻關過程中出現的各種問題。由於反應器製造品質對正常生產至關重要，有一段時間設備處處長杜秋杰和一廠廠長曹勇每天都要在儀化和南化機之間來回奔波，現場監督檢查品質和進度。

　　十萬噸聚酯裝置的主設備採用的是五釜流程配置，但國內外大多數的五釜流程工藝中，最終反應釜採用兩個釜並聯的配置。蔣士成和團隊不甘於簡單的模仿，而是要形成自己專有的技術，所以大膽地選擇最後一個終縮聚反應釜採用單釜工藝配置，這個終縮聚反應釜直徑大主軸長，反應器的總體構造怎麼設計，內部的盤片需求

❶李利軍口述訪談 . 2020. 1. 北京 .

多少，怎樣布局更為合理，而且主軸只能鍛造，不能銲接，國內尚沒有如此容量的鍛造爐，這一道道難題，檢驗著蔣士成等技術人員的創造智慧。蔣士成組織技術人員反覆討論，創造性地提出將反應釜的主軸分成兩段處理。這個連接的支撐點怎麼確定？攪拌的功率是多少？新的難題又呈現在了蔣士成的面前。困難難不倒攻關人員。他們去北京，跑上海，足跡遍布祖國大江南北，涓涓細流終於匯聚出了智慧的長河，在經歷了設計、研究、仿真數據的分析之後，關鍵性的問題終於得到圓滿解決。❶

　　儀化公司使命特殊，各方關注，留下了許多美談。許多儀化人都記得解放軍南京舟橋旅搶架浮橋解決國產化主反應器運輸難題的故事。

　　年產十萬噸聚酯的國產化裝置其中一臺核心設備 R05 圓盤反應器幾經波折終於在南化機製造完成，這臺設備體積龐大，重量超過120噸，如何才能從南京運到儀征化纖公司成了一個難題。經過考察，由於設備超高，公路運輸方案無法實施。蔣士成便和設備部門的同志商量實施水運方案。而由長江運抵儀化碼頭後，運往儀化公司一廠安裝現場必須經過的中橋最大載重量為60噸，造成運輸無法透過。這個人難題又擺在了蔣士成和儀化公司領導的案頭。離設備安裝和試車的日期一天天臨近，寶貴的時間耽誤不發揮，大家都焦急萬分。蔣士成召集大家進行了商討，在自己無法解決的情況下，公司決定委派專人透過關係找到了南京軍區舟橋旅領導，當部隊首長得知是儀化公司聚酯國產化所急需，在徵得上級首長同意後，立即派出先頭分隊45名官兵帶著100多噸架橋器械，於7月24日下午趕到儀化現場並冒著高溫投入了戰鬥。為了搶進度，爭時間，他們於25日下午又調集30名官兵趕到現場馳援，晝夜不停地進行施工。承建水上浮體部分的是馬鞍山鐵道戰備舟橋處13名幹部職工，

❶儀征化纖報［N］. 2000. 儀征：儀征化纖公司藏檔.

他們連夜冒雨以最快的速度，於 25 日凌晨 3 點多趕到儀化現場，並立即投入了施工，僅用 5 個小時時間，將 15 個總重約 100 噸的大浮箱安穩地放置在水中。

經過 40 多個小時晝夜緊張施工，26 日下午 14 點 30 分，架橋工作圓滿完成。經過舟橋旅官兵的現場仔細檢查確認後，一聲警笛響過，現場鴉雀無聲，大家屏聲目送載著圓盤反應器的大平板卡車緩緩地向浮橋駛來。突然一個險情，把大家的心都提到了嗓子眼，只見在地面與浮橋連接處車頭幾乎吻到了地面，這時技術人員迅速調整了車身液壓裝置，車頭隨之也慢慢地昂發揮了頭。駕駛員迅速踩動油門，勝利到達了彼岸，頓時現場響發揮了雷鳴般的掌聲，現場的舟橋旅官兵和儀化幹部職工忘卻了高溫酷暑，大家握手、歡呼、跳躍著，慶祝圓盤反應器過河成功。❶

R05 圓盤反應器透過浮橋時的情景

❶儀征化纖報［N］. 2000. 儀征：儀征化纖公司藏檔.

7月26日15點58分，80多個輪子著地的大型拖車終於安全平穩地將圓盤反應器這個龐然大物運到了十一單元，儀化安裝檢修公司的職工揮動巧手將它安置在虛位以待的地方。

蔣士成有著水一樣的品質，意志堅定向東奔流，遇到阻擋，或摧枯拉朽，或繞道而行。聚酯裝置國產化一路走來，數不清攻克了多少難關，闖過了多少險阻。南化機攻克L形夾套難關和子弟兵架浮橋的故事僅是冰山一角而已。

一滴水可折射太陽的光輝。

中國人認為，天時、地利、人和是成事尤其是成大事不可或缺的因素。聚酯裝置國產化的現代案例再一次對這個古老的命題作出了詮釋。

揚帆發揮航爭朝夕

在克服化解了一個個困難，攻克了一個個險阻之後，聯盟各方參戰人員在蔣士成的帶領下群情振奮、同心協力、幹勁倍增。一廠和安檢公司充分發揮黨組織的戰鬥堡壘和黨員的先鋒模範作用，他們為了搶時間、保品質湧現出了許多感人的人物和動人的故事。

在十萬噸聚酯工程安裝現場，活躍著一批降服龐然大物的鐵漢，180多臺設備中，很多都是龐然大物，最大的達120多噸，安裝發揮來極其費勁，30出頭的機械隊焊工班班長洪家明論技術那是沒得說，此次安裝工作，他挑發揮了大梁。7月27日R05圓盤反應器的安裝拉開了序幕。現場16名安裝人員在洪家明的指揮下，圓盤反應器架在四根大「工」字鋼搭成的井字底盤上，靠下方預放的坦克

鏈慢慢地向前挪動。為了保證運輸一次到位，安裝人員必須要把工字鋼拉開移距，這樣工作必須快速準確，不能有絲毫的差錯。為了安全發揮見，他們在下方放置了 200 塊 20 毫米厚的小墊子，設備每下落一公分，大夥兒便協同抽調一塊墊板。當龐然大物安全就位時，20 多米的距離，足足用了近 6 個小時。

鍖接隊魏乃民等焊工在安裝鍖接加套管過程中，手把灼熱的焊把，面朝「炮烙」的焊口持續作戰，與高溫抗爭，焊完一遍，接著第二遍，內徑 219 毫米、壁厚 22.2 毫米的套管一個焊口要焊 18 遍，焊絲要用 1.6 公斤，完成一個焊口工作焊工們足足需求一天時間，如果是直徑 1016 毫米的管道，則需求連續干 20 個小時，一天下來，焊工們身體相當疲勞，電焊釋放出的一股股熱浪，使身上的溫度驟增，流下的汗水也越來越多，焊口連接處不斷被他們的汗水打濕，在每一個焊口處都留下了一層薄薄的白色鹽霜，也留下了這群職工們的一片艱辛與深情。儘管如此，他們一絲不苟、精心操作、精益求精、確保品質，所有焊口經探傷 X 光檢驗合格率達 100%。

儀化安裝公司把安裝品質放在首位，加強工程品質的監督力度，以品質保證施工全過程，他們嚴格執行「三檢一評」制度，即進地自檢、互檢、交接檢的同時，定期組織專業質檢員進行評比，同時認真協同工程監理和廠方做好品質驗收工作，以確保整體工程的品質。❶

每當說發揮當年參戰聚酯裝置國產化的儀化職工，蔣士成總是心存感激，他說，儀化有一支忠於事業、勤奮敬業、技術精湛、樂於奉獻的職工隊伍，如果沒有一支這樣的好隊伍，聚酯裝置國產化也不可能這麼順利實現。

---

❶儀征化纖報［N］. 2000. 儀征：儀征化纖公司藏檔.

在聯盟各方的共同努力下，聚酯裝置國產化攻關項目按照既定的目標分工合作，順利推進。以下重要的時間節點值得記錄：

2000年4月12日，第一個主反應器到貨並就位。

2000年4月16日，第二、第三個主反應器到貨並就位。

2000年4月25日，完成土建進入設備安裝期。

2000年6月12日，第四個主反應器到貨就位。

2000年7月26日，第五個主反應器到貨就位。

現場施工進度比計劃提前，2000年9月20日，PTA輸送系統投入運行。

儀化公司10萬噸/年國產化聚酯項目是一個全球矚目的項目。中國石油化工集團公司對此項目高度關注、積極支持，對該項目建設過程尤其是投料試車非常重視。

2000年9月12日，中國石油化工集團公司派出專家前來儀化公司現場進行項目品質檢查，排查隱患，指導整改。2000年11月20日，在項目進入聯動試車前夕，以曹湘洪院士為首的專家驗收組對項目進行了為期3天的開車前檢查驗收。

蔣士成就試車準備工作向驗收組專家作了詳細匯報，並陪同專家們深入現場、爬上釜罐、審閱資料，對專家組提出的整改建議立即組織力量一一進行了整改。2000年11月22日專家組簽署驗收合格報告，同意該項目2000年12月8日投入試車。❶

中國石油化工集團公司原高級副總裁曹湘洪院士說：「我在燕山石化公司曾有過管理國外引進的聚酯裝置生產運行的經歷，對生產過程中的酯化、預縮聚、終縮聚機理及運行有所研究，曾在國產化聚酯裝置開車前夕前往儀征化纖參與開車前檢查和驗收。我們看到蔣士成團隊做了許多創新工作，克服了許多艱難險阻，工作做得

---

❶儀征化纖報［N］. 2000. 儀征：儀征化纖公司藏檔.

非常好。」❶

　　飽含著千萬人心血的嶄新的聚酯生產裝置巍然屹立在了滌綸一廠的大地上。它像一個偉岸的小夥子，渾身散發著青春的氣息，胸中充滿著無限激情。

建设中的十一单元

2000年7月24日，一厂10万吨/年国产化聚酯装置设备启吊安装

2000 年，10 萬噸/年國產化聚酯裝置項目建設如火如荼

　　此後陸續進行了單體試車，由於各自負責，工作細緻，各單體試車進展順利。

　　施工現場，常常燈火通明，大家經常挑燈夜戰。蔣士成坐鎮指揮，科學研究、設計、製造人員同臺作業、出謀劃策、排難前行。為了方便指揮，雖離家只有不到十分鐘的路程，但他經常與項目組的同志一發揮住在招待所。一旦出現問題，就立即召集項目組同志

❶曹湘洪口述訪談 . 2020. 6. 北京 .

商討對策，迅速處置；一旦有了靈感就立即召集項目組同志碰撞思想、開拓思路、擦出火花。大家感覺在蔣總手下工作，雖然很辛苦，但心情很舒暢。❶

有理由相信：天道應當酬勤！

2000 年 9 月 30 日，設備管道安裝就位，具備試車條件。

2000 年 12 月 7 日，透過了公司內部裝置開車前的最終確認，正式確定聯動試車時間預定在 2000 年 12 月 8 日。

鄭重按下試車按鈕

2000 年 12 月 8 日，注定是一個要載入中國化纖工業史冊的日子。這天早上，蔣士成依然著裝整齊、風度儒雅地出現在一廠十萬噸聚酯裝置現場。

蔣士成和技術人員用了一天時間對現場的工藝、設備、原料、安全設施做了最後一次認真巡檢，對試車方案的每一個細節進行了仔細梳理審核，直到他認為萬無一失為止。

進入冬季的儀征大地，北風席捲大地，使人有幾分寒意。然而一廠十一單元的控制室裡卻燈火通明、熱情高漲。公司領導、聯盟團隊的成員、一廠職工等都聚集到了現場，等待著激動人心的時刻。

2000 年 12 月 8 日晚上 8 時整，那一刻，一批記者的攝影機、照相機對準了主操室的啟動按鈕。只見蔣士成健步走進控制室，在眾多目光的注視下，穩穩地按下了開車按鈕。

❶徐正寧口述訪談 . 2017. 8. 北京 .

　　熔體隨即在密閉的管道內流動，陸續在五臺反應釜中悄然變身，隨著溫度的上升、冷卻，由液體變成漿料熔體。

　　室外的氣溫越來越低，夜越來越深沉，蔣士成和現場參加試車的人員卻精神抖擻，睜大了雙眼注視著 DCS 螢幕，監視著各項指標的不斷變化。大夥的心伴隨著熔體的節奏一發揮湧動跳躍。

　　12 月 9 日 6 點 08 分，在送走黎明前的黑暗，迎來新的一天曙光的時刻，熔體終於打通了全流程。6 點 50 分出料口擠出的細條送入切粒機，一批批晶瑩剔透的切片源源流出。在場人群手捧潔白的切片歡騰著、跳躍著。此時，人們如釋重負、興高采烈，勝利的喜悅之情洋溢在每個人的臉上。

　　直到這一刻，一向沉穩的蔣士成也激動不已，莊嚴的臉上終於露出了笑容，並且笑得很燦爛。

　　他在眾人一致推舉下走上前去，發出了心底的聲音：「現在我正式宣布儀化公司 10 萬噸/年國產化聚酯項目投料試車成功！我們終於沒有把遺憾帶到 21 世紀！」

　　隨即現場爆發出一陣陣熱烈的歡呼聲和雷鳴般的掌聲⋯⋯

2000 年 12 月 8 日，蔣士成為國內首套年產 10 萬噸
國產化聚酯裝置鄭重按下開車按鈕

儀化公司10萬噸/年國產化聚酯項目一次投料試車成功了！這一消息透過現代媒體不脛而走，迅速傳遍了大江南北、長城內外、五洲四海。

儘管長期壟斷中國聚酯市場的西方企業十分不願意聽到這個消息，但他們卻無法改變這一事實。他們只能迅速刷新陳舊過時的思維，調整他們的跨國經營策略。從此，世界聚酯工業進入了一個嶄新的時代，世界東方的一輪紅日將噴薄而出、冉冉升發揮！

成果鑒定令人振奮

儀化公司10萬噸/年國產化聚酯項目試車成功後，蔣士成仍然壓力不減、幹勁不松，帶領團隊不斷解決運行過程中暴露出來的問題，對工藝、設備進行不斷調整優化，使裝置產量、品質、消耗、環保等經濟技術指標不斷優化。

儀化公司根據設計要求在做好自行驗收整改之後，2001年12月22日，迎來了中國石油化工集團公司竣工驗收委員會的正式驗收。蔣士成向驗收委員會專家們匯報了十萬噸國產化裝置一年來的運行情況，陪同專家們到實地進行了考核驗收，查看了相關檔案資料。驗收委員會按照重大項目驗收規程進行了認真的考核驗收，最終簽署了如下驗收意見：

10萬噸/年國產化聚酯項目為儀化公司四期工程優化調整方案中的關鍵項目之一，是「九五」國家重點科技攻關項目及中國石油化工集團公司「十條龍」科技攻關項目，在中國石油化工集團公司及各有關方面的關心支持下，經過各參建單位的共同努力按設計要求全面建成投產，實現了「投資省、工期短、品質優、效益好」的目標。

裝置一次開車成功，考核合格。

試生產期間裝置運行穩定，超過設計生產能力，產品品質、原輔材料消耗和能耗等各項經濟技術指標優於設計值。並透過了中國石化組織的「十條龍」攻關技術鑒定，工藝技術達到了國際先進水平，項目經濟效益顯著，為公司的產品結構調整，提高產品市場占有率，擴大盈利空間發揮了重要作用。經審計，竣工決算未突破批准的初步設計概算，並有較大幅度的節餘。經竣工驗收委員會審議，同意驗收，正式交付生產。

考核組專家認為這套全流程國產化聚酯裝置具有以下八個特點：

一是第一酯化反應器採取低溫、長停留時間達到較高的酯化率（91%），接近於操作條件（溫度、壓力、反應物質的量比）下的平衡酯化率，並設計較大的汽相空間減少氣相物蒸髮夾帶，有利於裝置穩定運行。

二是兩個酯化反應器共用一個分離塔。採用國內新型專利導向浮閥塔盤，替代國外採用的傳統的笨重的泡罩塔。不僅分離效率高，生產易於控制且設備造價較低。

三是採用乙二醇蒸氣噴射產生真空，較有些引進裝置的水蒸氣噴射真空系統生產能耗低且廢水量大大減少，有利環保節能。

四是乙二醇在裝置中全回用，降低了乙二醇的單耗。改進的乙二醇加入方式改善了後縮聚真空系統操作工況，提高了裝置運轉穩定性。有效地解決引進裝置乙二醇無法在系統內回收的工藝問題，國產化裝置合理調整了真空系統，採用刮板冷凝器技術，使汙乙二醇在系統內部進行自我消化，不僅有利於裝置生產的穩定，而且有利於資源回收和環境保護。

五是設置尾氣淋洗塔，使排放達環保要求。

六是對五個關鍵的反應器採用碳鋼、不鏽鋼復合鋼板製造筒體；加熱保溫夾套採用碳鋼代替不鏽鋼製造，從而大大降低了設備造價。

七是產品品質和原料單耗與國外最新引進裝置相比，國產的聚酯裝置達到 90 年代後期國際先進技術水平，個別指標甚至優於國際先進技術水平。

八是 10 萬噸/年聚酯裝置投資約 1.8 億元，與成套引進裝置相比可節約成本 50%以上，將大大增強產品競爭力。

這套國產化聚酯裝置 2001 年產量達到 13.26 萬噸，產品品質優良，其中部分產品出口歐洲。透過裝置的優化，這套裝置的產能達到 450 噸/天，即可年產 14 萬噸以上。❶

當時我國聚酯市場非常紅火，許多地方和企業都有投資聚酯裝置的衝動，在儀化聚酯裝置增容 30%取得成功，政府有關部門推廣國產化成果的情況下，一些企業仍然選擇了引進國外聚酯裝置。正當蔣士成帶領技術團隊開始在儀化國產化聚酯裝置建設的時候，河南洛陽和天津引進國外技術的 10 萬噸聚酯裝置幾乎同期開工建設。這是一場中國技術與國外技術的比拚競爭，是對蔣士成聯盟團隊水平的檢驗。比拚和競爭的結果是國外引進的技術投資比國產化技術貴出兩三倍，建設時間國產化技術最快，儀化公司十一單元 10 萬噸聚酯裝置建成投產比河南洛陽和天津的引進技術裝置快出一年多。更為重要的是較低的成本和快速的建設週期為裝置的運行種下了健康基因，增強了市場競爭能力，擠占了引進裝置的市場空間。

俗話說「不怕不識貨，就怕貨比貨」。沒有比較就沒有鑑別，這個案例不僅在中國盛傳，而且在國際上為蔣士成領銜的聯盟團隊作了一次免費廣告。從此帶來了中國聚酯工業巨變，帶來了中國民營聚酯企業的迅猛發展。

據戴干策、沈希軍、羅文德、黃志恭、周華堂等業內專家介紹，蔣士成領銜組織攻關的聚酯國產化裝置之所以稱為聚酯工業的

❶《10 萬噸/年國產化聚酯項目驗收報告》. 2001. 儀征：儀征化纖公司藏檔.

豐碑，是因為創造了「三個之最」：

一是最大的核心設備。10 萬噸/年國產化聚酯項目的最終縮聚反應器，採用單釜工藝流程，品質達 120 多噸，是當時國內最大的聚酯反應器。這臺設備操作物料黏度，使用溫度和真空度都是最高的。為把這臺最大的設備製造好，該廠在設備製造過程中多次派人到製造現場進行駐廠監製，蔣士成和儀化公司領導也先後多次到廠家進行查看。在設備建造後期，該廠專門派出技術人員到廠家邊製造、邊檢驗，以確保工期和品質。

二是最省的建設投入。10 萬噸/年國產化聚酯項目的前期設計批覆總費用為 19714.47 萬元，這與以往國內建一條同等規模裝置相比費用是最低的。為把有限的資金用好，該廠堅持低費用、高品質、優服務的原則進行招標選擇。在裝置具備條件、能力的前提下，他們充分利用閒置和廢舊設備，而裝置儀表 DCS 的設計、組態都是由該廠項目儀表組的技術人員自主獨立完成的，節約了大量的建設費用。

三是最快的建設速度。10 萬噸/年國產化聚酯項目在建設過程中再次創下了中國速度，從項目 1999 年 10 月土建正式破土動工，到 2000 年 12 月 8 日投料開車一次成功，產出第一批優等產品，僅僅 15 個月就完成了一個 10 萬噸/年國產化聚酯工程，是世界聚酯工業建設史上的奇蹟。

何謂豐碑？即不朽的傑作或偉大的功績！

這是一項載入中國工業發展史冊的大事，該項目榮獲 2001 年度中國石化科技進步一等獎，2002 年度國家科技進步二等獎。主要完成單位包括中國石化儀征化纖股份有限公司、中國紡織工業設計院、華東理工大學、中國石化集團南京化學工業有限公司化工機械廠。主要完成人蔣士成、孫今權、戴干策、張萬山、沈有根、黃志恭、朱中南、程繼後、歐樹森、祖榮祺。

2001 年，蔣士成（右六）在 10 萬噸/年國產化聚酯成套技術開發鑒定會上

聚酯領域的這一重大創新突破，引發揮了國家領導人的關注。2004 年 4 月 15 日，時任國務院總理的溫家寶在中國國際工程諮詢公司《投資決策諮詢》第一期《聚酯技術自主化和裝置國產化的成功啟示及建議》上作了如下批示：聚酯技術自主化和裝備國產化的成功啟示是寶貴的。要認真總結經驗，尋找差距，繼續跟蹤國外技術設備的發展趨勢，從政策、機制、科技等方面採取綜合措施，提高我國聚酯工業的核心競爭能力。

溫家寶總理一氣呵成寫下的 80 多字的批示用「寶貴」進行了讚揚，用「繼續跟蹤」提出了要求，用「綜合措施」明確了舉措，用「提高核心能力」指明了目標。

溫家寶總理的批示立即在業內引發揮巨大反響，各有關部門立即學習討論、落實批示精神，形成加速我國聚酯工業創新發展的強勁東風。

我國著名的化工專家，時任華東理工大學副校長的戴干策先生，對聚酯裝置國產化最終獲得成功有很多感悟。他認為，這個項目之所以能夠成功，至少有以下幾個重要因素：

一是蔣士成院士發揮了關鍵作用。蔣士成是國產化攻關項目的關鍵人物，他有著強烈的報國之志，有魄力、有智慧、懂技術、協調能力強。聚酯裝置國產化是一個涉及面廣，難度大，非常複雜的系統工程。蔣院士牽頭擔綱此項任務具有很多優勢。首先表現在他的強烈的報國意志。國產化是一項具有很大風險的事情，成功了對個人沒有多少獎勵，失敗了會毀掉一生的名譽。其次表現在他的魄力。面對複雜的情況敢於拍板承擔責任，如果他腿一軟，這件事就沒有辦法做。第三是他的智慧。他雖然不是每個專業的專家，但他學貫中西，對化學原理、化學工程、工程設計、化工機械、生產管理都有所研究，懂其規律，運籌帷幄。第四是表現在他的協調能力強。他有著華東理工大學就學、紡織設計院和儀征化纖公司工作的豐富經歷。第五是表現在謙虛低調，與人為善，具有人格魅力和凝聚力，大家願意與他一發揮共事，討論問題時可以暢所欲言、迸發智慧。戴干策先生深有感觸地說：「我國許多成果之所以得不到轉化，不是缺少能人，而是與缺少像蔣士成這樣集多種優秀品質於一身的領軍人物有很大的關係。」

二是合作各方都有為國爭光為民族爭氣的志氣。我國每年都要花大量的外匯進口國外成套裝置。就我國的聚酯產業來說，中國被稱為世界聚酯裝置「博物館」，這對我們每一個中國人特別是化工人來說是一種恥辱。制約我們國產化的瓶頸主要不在研究、設計和製造，而在於優勢資源的整合。我們都盼望有一個有能力的單位和領軍人物來牽頭領銜，好不容易有了儀化公司搭建平台和蔣士成來牽頭組織，我們理所當然同心同德、盡心竭力。儀化公司聚酯裝置國產化聯合攻關，喚醒了大家的民族自信，激發了各方的潛能。有了志氣、自信、潛能，就形成了逢山開路、遇水架橋的巨大力量。這一條也是獲得成功的重要因素。

三是各方同心同德配合默契。當時的合作，儘管是甲、乙、

丙、丁多方，分屬不同的主管部門。但大家以國產化項目為紐帶，以蔣士成院士為黏合劑將大家緊密地黏合在一發揮，團結配合得像一家人一樣。那時聯盟內部也不太講究保密、知識產權，消除了許多人為障礙。產、學、研、設計和製造相互派駐人員，我們實驗室數據一出來立即交給設計和生產企業，學校派出教授和學生駐紮生產現場觀察生產和控制情況。相互之間拆除防線、真誠合作、配合默契，因此，減少了制度障礙和利益樊籬，提高了工作效率。這種配合狀況一般很難做到。如果各方都打著小九九，你防著我，我防著你，就很難形成合力、幹成大事。❶

的確，聚酯技術自主化和裝備國產化成功的經驗有許多，但其中很重要的一條是生產、研究、設計和製造有機結合。

曹湘洪院士說：「我國聚酯裝置國產化的成功意義重大，我們的技術比國外先進，成本比國外低很多，一下子降低了進入門檻，民營聚酯企業如雨後春筍般地發展。現在我們不僅是化纖生產大國，而且在許多技術領域達到世界先進水平，讓世界人民從中受益。蔣士成院士居功至偉。」❷

❶戴干策口述訪談 . 2016. 11. 上海 .
❷曹湘洪口述訪談 . 2020. 6. 北京 .

第十一章

風捲紅旗
揚五洲

深諳於化學之道，了解國際知識產權「遊戲規則」的蔣士成，不僅了解國產化的技術路徑，而且注重防範政治、經濟、法律、技術風險。在他布局組建儀化公司聚酯裝置國產化生產、研究、設計及設備製造聯盟之時，選擇了國內一流的產、學、研及設備製造機構與單位，並強調加強全過程檔案資料與實驗裝置管理。每次協調會議都印發會議紀要，要求研發人員做好實驗記錄並定期歸檔。屆時不僅要建成一套完整的硬體裝置，而且要留存一份完整的軟體資料。

果然，儀征化纖聚酯裝置增容和國產化獲得成功後，德國吉瑪公司不相信中國人能自主開發出大容量聚酯成套技術，聘請國際著名的律師事務所代理訴訟，發揮訴中國紡織工業設計院國產化聚酯成套技術侵犯其知識產權。儀征化纖公司也被列為被告。

作為 10 萬噸/年聚酯裝置國產化攻關項目第一責任人，蔣士成細讀了其中發揮訴書的條款，他覺得吉瑪公司的訴訟可謂是滑天下之大稽：你們沒有給我們一張設計圖紙，沒有提供一項技術，我們是自己進行研究、開發和改造的，憑什麼說侵犯你們的知識產權？隨即回函告知：中國聚酯裝置國產化無論從技術路線、裝置規模、酯化機理都屬於自己研發，不存在侵權問題。

但在吉瑪公司的觀念中，中國的企業不具備這種研發能力。於是，吉瑪公司派出的技術專家來到了位於上海的在聚酯國產化攻關合作聯盟中負責聚酯反應機理研究的華東理工大學，希望從中找到一些有利他們的證據，從而打開缺口，挽回敗局。

吉瑪公司派出專家，在華東理工大學原副校長戴干策等陪同下，在現場查看了圓盤冷模器等實驗裝置，聽取了研發人員的項目攻關介紹，翻閱了保存完整的實驗記錄資料。事實使吉瑪公司人員無話可說。

猶如開啟長江閘門

西方人對中國不可能實現聚酯裝置國產化的預言終於被蔣士成率領的團隊打破。經歷千難萬險取得的成果彌足珍貴。

蔣士成牽頭開發成功的聚酯國產化技術大大降低了建設成本，當時引進國外聚酯裝置 10 萬噸／年產能費用大概一個億，應用國產化技術建設的聚酯裝置不僅建設費用大幅降低 40％，而且產品品質有所提升，物料消耗有所降低，環保效果得到優化。聚酯裝置國產化成果無疑給我國聚酯行業帶來了天大的喜訊和快速發展的機遇。

國家經貿委、中國紡織總會、中國化纖協會登高疾呼，迅速在全國推廣聚酯裝置國產化成果。

儀化公司近水樓臺先得月，在十一單元國產化成功之後，與中國紡織工業設計院、華東理工大學和南化機繼續合作，在 10 萬噸／年國產化聚酯裝置的基礎上，經過改造創新，不斷擴大規模，增加容量。陸續開發建設產能為 500 噸／天十二單元和 600 噸／天（瓶片的 CP）系列化大型聚酯裝置，這些裝置都如期建成投產，獲得了良好的經濟效益。增容改造聚酯生產線以及國產化聚酯生產線正式運行第二年即新增效益 2 億多元。

此後，國內聚酯企業紛紛透過多種渠道和手段獲取聚酯裝置國產化技術，多種所有制尤其是民營聚酯企業如雨後春筍般地成長。因為當時地方政府都有著追求 GDP 的衝動，大力支持民營企業發展聚酯產業，因為有了蔣士成牽頭研發的國產化技術後，大大降低了

投資門檻，經濟富庶、民企發達的江蘇、浙江等省在發展聚酯、化纖的競爭中獲得先機、捷足先登。

2019 年，我國聚酯總產量 5100 多萬噸，民營聚酯企業占全國總產量的 90% 以上，聚酯產量前 10 名企業中有 9 名是民營企業。如今，浙江桐昆集團股份有限公司年產聚酯達到 600 萬噸，即超過印度一個國家聚酯產品的總產量。民營聚酯企業成為我國乃至世界的一道亮麗風景。正是聚酯國產化項目的成功，帶動了中國大化纖的跨越式發展。

在聚酯技術國產化成功開發的基礎上，中國紡織工業設計院加大了國產化聚酯技術再開發和推廣的力度，實現了聚酯技術的系列化、大型化和柔性化，技術的市場占有率快速提升，到 2019 年底，在國內有 170 多套裝置建成投產，合計形成生產能力 4200 多萬噸/年，占全國聚酯總產能的約 80%。中國紡織工業設計院還積極走出去，採取工程總承包形式，在國外建成聚酯裝置 20 余套，年產能達到 450 萬噸。中國紡織工業設計院為推廣、建設中國聚酯技術、裝置作出了突出貢獻。

世界聚酯工業的「蝴蝶效應」

「亞馬遜雨林一隻蝴蝶偶爾振動翅膀，可能在兩週後在美國得克薩斯州引發揮一場龍捲風。」2000 年底，中國聚酯裝置國產化成功後，世界聚酯市場出現了「蝴蝶效應」，徹底改寫了世界聚酯工業版圖。

世界聚酯行業龍頭老大吉瑪公司，面對中國聚酯國產化帶來的

先進技術和低廉的建設成本，不僅產品市場份額被不斷蠶食，而且壟斷利潤大幅下降。為此吉瑪公司董事會不斷調整策略，更換高層，裁減員工，但仍然無法回到過去時光，甚至險些被後發揮之秀的中國紡織工業設計院兼併收購，最後被德國魯奇公司收購重組，被擠出了世界聚酯工業的強企陣容。

2019 年，一位從德國吉瑪公司跳槽的當年派駐儀化公司的技術人員來到儀化公司故地重遊，他找到當年儀化公司的朋友和同事在裝置下、樓房前合影留念，難捨難分。看到如今儀化公司規模擴大、技術先進、產品暢銷、欣欣向榮的景象，感慨萬千，深情點贊。

除了吉瑪公司之外，當年占據中國聚酯市場的美國杜邦公司、瑞士伊文達公司、美國康泰斯公司等世界聚酯巨頭的市場份額銳減、利潤下滑，有的退出了中國市場，有的只剩下很小的空間。韓國、日本的聚酯企業在世界市場的占比也在下降。

我國聚酯企業的規模不斷擴大，20 萬噸/年、30 萬噸/年、40 萬噸/年、50 萬噸/年的大型裝置相繼問世，浙江桐昆 60 萬噸/年裝置已閃亮登場，還有更大規模的裝置正在籌建之中。

在 2000 年以前，我國一直是聚酯淨進口國，從 2001 年開始成為淨出口國，中國聚酯產品暢銷世界市場，紡織工業是國家創匯的重要行業。2019 年中國的聚酯產量已達到 5100 多萬噸，占世界聚酯總產量的 70%以上，中國已經成為名副其實的聚酯大國並且在不少領域成為世界強國。

中國紡織工業聯合會副會長、中國化纖協會會長端小平對我國聚酯滌綸產業有一個形象的比喻：我國聚酯滌綸產業在國際上相當於中國乒乓球隊，已打遍天下無敵手。

聚酯的主要原料 PTA 一直是制約中國聚酯工業發展的瓶頸，這種狀況正在得到逐步改善。

在蔣士成的指導下，中國紡織工業設計院從 20 世紀末開始進行 PTA 技術跟蹤和研發，並從 2002 年發揮聯合浙江大學、天津大學等高校開展基礎研究，並依託濟南正昊新材料公司開展年產 60 萬噸 PTA 裝置工藝包開發。該項目獲得了國家發改委和財政部的專項支持，在發改委和中國機械聯合會的支持和指導下，聯合瀋陽鼓風機集團股份有限公司、杭州汽輪機股份有限公司和錦西化工機械廠進行了「三合一」大型空壓機組和大型轉鼓乾燥機的國產化開發。2005 年，國產化 PTA 技術工藝包開發完成。2007 年國產化 PTA 技術和裝備在示範化裝置－－重慶市蓬威石化有限公司年產 90 萬噸 PTA 裝置上得到應用。2009 年 11 月裝置一次開車成功，打破了國外對 PTA 技術的壟斷。從 2010 年發揮，中國紡織工業設計院的 PTA 技術又成功應用於國內 5 家企業 6 套百萬噸級以上裝置，已開車產能接近 700 萬噸/年。國產化技術和裝備的使用，為國家節約了大量投資，帶動了裝備製造業的發展，創造了良好的經濟和社會效益。我國現在聚酯原料的對外依存度逐步降低，主動權逐步掌握在了中國人自己手中。

中國創造揚名海外

紡織服裝出口是我國創匯的傳統產業，化纖行業是我國的創匯大戶。當年的上億件襯衫換一架飛機受到一些人的詬病。對此，中國紡織工業聯合會副會長、中國化纖協會會長端小平表示，當時紡織服裝創匯為我國國民經濟建設提供了大量的外匯資金，特別是對於我國製造業進口一些關鍵先進技術、裝備功不可沒。

任何離開時代背景的評價都是蒼白無力的。

放眼當今的中國化纖工業，已不再是僅僅中國製造的輸出，而且有大量的中國創造的輸出。

經過聚酯裝置國產化鍛煉的儀化公司、華東理工大學、中國紡織工業設計院、南化機都已走出國門傳播中國元素。儀化公司的高新聚酯產品暢銷國際市場；華東理工大學的教授在國際聚酯理論論壇上贏得了充分的話語權；中國紡織工業設計院把業務做到了世界多個國家，國際經營收入的比重不斷提高；南化機以蔣士成聚酯國產化技術為基礎，不斷創新發展，擴大優勢，設備品質和技術性能已達到國際先進水平。南化機製造的聚酯成套設備出口到印度等多個國家。中國的聚酯理論研究、工藝設計、設備製造大步走向世界舞台的中央。

在蔣士成領銜取得大容量聚酯裝置國產化技術成功之後，不斷地進行技術疊代，實現了纖維產品的高品質、低能耗和差異化及功能化生產，憑著裝備的先進技術和高品質的優勢，中國創造乘著「一帶一路」的強勁東風，積極走出國門，已在多個國家建設了一大批聚酯生產裝置，實現了纖維產品和設備的雙出口。

化纖已成為中國一張亮麗的名片，世界人民也因中國而受益。

與時俱進發新聲

思想是行動的先導。

蔣士成在深情回顧時說：「我一生始終貫徹『創新』二字，不停留，不斷提升。如果停留就會落後，你不進步，人家在進步，那我

們就落後了。中國的化纖工業由跟跑到並跑，最後到領跑，很多領域都走在了世界前列，我們自己開發了很多新產品，說到底是得益於『創新』。」

蔣士成在 20 世紀 60 年代開始接觸從日本引進的維尼綸裝置，從此，與引進技術結緣。經過這個階段的學習實踐之後，使他體會到：國外的裝置買回來是先進的，但不是十全十美的。技術在進步，不斷地有新技術出來，否定之否定思維很重要。「否定之否定」是哲學的三大規律之一，也是創新發展的思想基礎。因此，創新構成了蔣士成思想與實踐的一條主線。

在我國即將加入 WTO 的 2001 年元旦，蔣士成在《儀化集團報》寄語說：我國目前已穩居世界最大的化纖生產國的地位，展望新世紀化纖業將繼續保持高速增長，隨著全球經濟一體化進程的加速，化纖結構調整以及所面臨的機遇和挑戰並存。儀化十萬噸年產聚酯國產化項目的建成投產和今後的推廣應用為我國發展大型聚酯裝置創造了良好的條件，但目前國內聚酯及滌綸行業的發展過熱，應從競爭力的角度，謹慎選擇，我國過去主要是發展常規化纖，產業用以及高性能纖維的發展滯後，望在新世紀中能得到長足的發展。中國是一個化纖工業大國，但絕非是一個化纖生產強國。站在新世紀的發揮跑線上，我們應堅持技術創新，實現化纖生產大國向化纖生產強國的轉變。❶

這篇寄語的關鍵詞同樣是創新。

蔣士成不時會有新的理念和觀點與業界分享。比如，他認為中國紡織產業不是一個落後的產業，不僅是國民經濟的支柱產業、國計民生的重要產業、國際競爭優勢明顯的產業，而且是策略新興產業、文化創意產業。他的評價為社會普遍認可，極大地提升了紡

❶儀征化纖報［N］. 2001. 儀征：儀征化纖公司藏檔.

纖、化纖業的地位和形象。

他在 2019 年中國化纖科技大會上指出，纖維材料已成為全球發展最快和最活躍的科學技術領域之一，先進纖維材料領域的科技革新正推動纖維產業的顛覆性發展，催生了新一代纖維產業體系的建立。2018 年，我國化纖產量達 5000 萬噸，占世界化纖總量的 70% 以上，化纖工業的強國地位初步顯現。其中纖維新材料，特別是高新技術纖維的研究技術水平取得了很大進展，與發達國家先進水平的差距大幅縮小。

近幾年，透過系列產業發展規劃，我國進一步明確了關鍵基礎材料產業發展的目標和任務，為持續推動化纖行業產品結構升級、產業結構升級、技術結構升級，以實現化纖行業科學發展和高品質發展提供方向。其中在高性能纖維材料方面，重點發展高性能碳纖維、對位芳綸、超高分子量聚乙烯纖維、聚酰亞胺纖維、碳化矽纖維等產品。同時，要整合新材料產業優勢資源，鼓勵上下游企業和產學研聯合攻關，集中力量重點突破核心技術的產業化應用。

蔣士成在中國纖維流行趨勢 2015/2016 發布會上對「創新與融合」作了如下闡述：創新體現在觀念與理念的創新、技術與產品的創新、生產運作模式的創新；融合則是指化纖產品與自然的融合、與人體的融合、與技術的融合及產業的融合，這也符合中國化纖行業的生態、時尚、功能、環保和科技五大方面的開發和發展的方向。他在中國纖維流行趨勢 2020/2021 專家評審會上指出，要根據設計的篇章，主動納入各個領域最新開發的技術和產品，要體現不同領域各自的亮點。在宣傳方面，要找到發布纖維的亮點，進行重點宣傳推廣。他寄望每一屆流行趨勢發布都能有引人矚目的新亮點。

業界普遍認為，幾十年來，蔣士成為我國化纖領域不僅貢獻了先進科學研究成果，而且貢獻著創新理念，影響著中國和世界。

2020 年 2 月 26 日，蔣士成在央視《紀錄東方》欄目暢談纖維改變生活

盛譽之下的憂思

聚酯裝置國產化取得成功，中國成為聚酯大國之後，蔣士成受到了多方的盛讚，但蔣士成是一位理性的學者，他在接受媒體採訪時多次談到教訓與憂思：

一是對知識產權保護不夠。蔣士成說：「當時我們在協作攻關的時候，對搞成之後如何保護知識產權和成果推廣轉化曾經有過一些考慮，比如，儀征化纖公司、華東理工大學、中國紡織工業設計院三方曾經過專題討論，1999 年 8 月發揮草了一份《10 萬噸/年聚酯成套設備技術保密協議》和轉讓費的分享比例與分享辦法，最後因為有的單位擔心風險過大而沒有簽字，使這份技術保密協議胎死腹中未能生效，後來因此產生過一些糾紛。」

二是同質化競爭埋下了產能過剩隱患。聚酯裝置國產化攻關成功後，一方面加速了國內聚酯工業的快速發展，尤其是民企的大量

湧入，全國各地聚酯裝置如雨後春筍般快速生長。另一方面造成了同質化規模產能迅速增長，為產能過剩埋下了隱患。實踐證明，一些不注重技術進步和自主創新的企業，不久就陷入了虧損困境，甚至有些缺乏競爭力的企業破產倒閉，「十一五」期間，化纖行業就有300多萬噸落後產能被淘汰，造成了社會資源浪費。

三是新產品開發和產品結構調整力度不夠。由於我國聚酯企業集中度不高，企業規模過小，技術力量普遍薄弱，加上部分企業存在重生產輕科學研究的傾向，許多企業研發投入嚴重不足，技術創新體系仍未形成，研發力量分散，跨學科融合不足，特別是產、學、研、用脫節較為嚴重。大部分高性能纖維的核心技術和關鍵技術還有待突破。加之還存在機制上的問題，即使有了科學研究成果，也很難轉化為工業生產應用。我國雖然在聚酯的常規技術領域已經處於世界領先地位，在高新技術領域有一些走在了世界前列，但在功能化纖維、生物基纖維、工業纖維等高端產品和節能環保等領域與世界先進水平仍然有一定差距。我們要常懷謙卑之心，在高新技術領域的研發創新要有緊迫感，切忌夜郎自大、固步自封。

四是產品應用領域還基本以服裝用、家紡用為主，產業用纖維比例偏低。大多數化纖企業還是以生產型為主，品牌意識不強，對終端消費引導和服務能力較弱，市場營銷手段相對單一，尚未建立發揮國際化、現代化的營銷體系。

五是資源和環境約束帶來更大挑戰。隨著資源節約型、環境友好型社會建設的加快推進，華東地區化纖工業的進一步發展受土地、生態環境的制約加劇，化纖行業節能減排形勢依然嚴峻，特別是黏膠纖維行業中的二硫化碳、硫化氫等廢氣治理的壓力尤其突出。

只有認識到了不足，才能改進不足。只有常懷居安思危之心，

才能保持穩健發展。

　　但願蔣士成的憂思能夠引發揮有志有識之士的理解與重視，化作前進的鞭策和動力。

重振雄風　揚帆遠航

　　儀化公司當時更多的是考慮把裝置建成，把車開發揮來。對技術資料的管理、跨工種的隔離、違規行為的追究等存在力度不足的問題，結果導致民營企業從儀化公司挖走了上千名技術和生產骨幹，坊間戲稱儀化公司為聚酯工業的「黃埔軍校」。

　　一些參與項目建設的技術骨幹一個人掌握了全套技術資料，拉上幾個人就可以支撐一家聚酯生產企業的技術和生產。一時間，儀化公司生產崗位不少的生產、技術骨幹跳槽下海，進入民企、外企工作。一方面導致了儀化公司人才流失，另一方面迅速培育了儀化的市場競爭對手，在多重不利因素的擠壓之下，儀化公司這個為聚酯裝置國產化發揮了關鍵作用，提供了創新平台，投入了大量人力、物力、財力，作出了突出貢獻的企業，一段時期內受到負面影響，給儀化公司發展帶來了不良影響。

　　意想不到的問題雖非本意，也不是聚酯領域獨有現象，但蔣士成還是常常感到愧疚和憂慮，因此，他希望能為儀征化纖公司的發展繼續貢獻力量。他在外出參加會議時，獲得國內外的相關訊息，都會及時提供給儀化公司領導，為他們的決策提供參考。蔣士成還邀請化纖領域的院士、專家來儀化公司調研考察，為儀化公司的發展獻計獻策。他認為，儀化公司的轉型發展，需求得到上級單位的

支持和院士、專家的智慧。他還將繼續不斷為儀化公司的快速發展獻計獻策，奔走呼號。

至於儀化公司在無序的市場競爭中暫時遇到了一些困難，儀征化纖公司黨委書記、執行董事萬濤表示：我們正在總結經驗、吸取教訓、深化改革、發揮優勢，調整產品結構，加大開發研究高新化纖產品的力度，拓展化纖產品的應用領域。儀化公司一直得到上級主管部門和國家有關部門的重視與支持，經過全體職工的共同努力已經走出困境。我們相信儀化公司一定會重振雄風，揚帆遠航！

儀征化纖公司黨委書記、執行董事萬濤對公司的未來充滿著信心

第 十二 章

雙重職務亮劍
反傾銷

帶頭學法用法

　　傾銷與反傾銷是國際經濟發展的產物，至今已有 200 多年的歷史。1904 年加拿大頒行了世界第一部反傾銷法，標誌著反傾銷開始成為世界各國保護自身產業的重要武器。❶

　　改革開放以來，中國在世界經濟和貿易中的地位不斷上升。作為一個新興的工業和貿易大國，中國已經取代日本成為世界反傾銷運動中最大的目標。1979 ~ 1997 年，我國已有 300 多發揮被反傾銷發揮訴案件，涉案金額達數百億美元。

　　這裡有許多經驗教訓應該吸取，其中一個重要啟示是：中國改革開放，建立社會主義市場經濟體制，推動企業參與國際競爭，也必須建立中國的反傾銷法律制度，使中國企業能夠運用這種法律手段，調整與世界各國貿易夥伴的關係，維護自身的正當權益，保護國內產業安全。

　　為了維護對外貿易秩序和公平競爭，保護國內相關產業正當權益，1997 年 3 月 25 日，中華人民共和國國務院令第 214 號發布《中華人民共和國反傾銷和反補貼條例》。

　　1997 年下半年爆發的亞洲金融危機，使亞洲乃至全球聚酯產業步入了極其艱難的境地，國內不少聚酯生產企業處於停產和半停產狀態。在中國化學纖維工業協會聚酯切片和滌綸短纖維專業委員會年度會議上，中國化學纖維工業協會聚酯切片和滌綸短纖維專業委員會祕書長蔣士成，介紹了中國聚酯及滌綸工業目前的發展現狀，

325

---

❶尤宏兵，劉卓林 . 中國應對傾銷與反傾銷［M］. 北京：人民出版社，2004：1-2.

深入分析了行業存在的一系列問題，與大家深入學習了《中華人民共和國反傾銷和反補貼條例》，並提出了解決問題的相關建議。

會上，與會人員對聚酯及滌綸工業的現狀和未來表示擔憂。大家表示，隨著加入 WTO 步伐的加快，我國外貿體制改革的深化，聚酯及滌綸產品進口關稅不斷降低，以及非關稅措施的減少，企業運用反傾銷法律手段維護自身的權益，免受國外傾銷損害愈來愈顯得重要。

蔣士成邊聽邊記錄邊思考，在會議總結髮言時，他對大家反傾銷意識覺醒和提出的意見建議給予肯定，明確表示中國化學纖維工業協會聚酯切片和滌綸短纖維專業委員會、儀征化纖將進一步發揮行業協會和龍頭企業作用，下一步將透過全面深入調研，形成專題調研報告，積極向國家部委反映情況，並運用法律武器維護市場公平秩序。

為聚酯產業告急疾呼

1998 年 2 月，春寒料峭。一份題為「抵制境外公司傾銷扭轉聚酯業目前的困難局面」的調研報告上報中國東聯石化集團有限責任公司，由中國東聯石化集團有限責任公司上報國務院辦公廳、國家計委、國家經貿委、對外貿易經濟合作部等多個部門。

蔣士成組織中國化學纖維工業協會聚酯切片和滌綸短纖維專業委員會和儀征化纖相關人員透過深入全面調研後發揮草了這份調研報告。

調研報告透過行業和企業詳實的數據反映了聚酯產業的突出問題。自 1996 年以來，我國聚酯市場產品價格一路下滑，據對儀征化

纖等 11 家特大型和大中型企業（產能占全國的 70%）的調查表明，繼 1996 年的銷售收入、上繳稅收和稅後利潤三項指標分別比 1995 年下降 21.3%、40.7% 和 120%，1997 年預計又比 1996 年下降 7.4%、133% 和 25%，中小型聚酯企業已全面虧損，儀征化纖也已接近虧損邊緣，1998 年形勢更加嚴峻。❶

聚酯產業當時面臨的困難，除產業結構、產品結構和經營機制上的問題外，與進口過多有直接關係。據海關統計，1995 年進口聚酯 102 萬噸，1996 年和 1997 年分別增加到 122.4 萬噸和 147.5 萬噸，年遞增 20%，加上走私量，實際進口量更大。同時進口 PTA 也由 40 萬噸增加到近 50 萬噸。

由於對來進料加工監管困難，大量產品低價進入國內市場，使國產聚酯產品受到較大的價格壓力。據海關統計，1997 年 1～11 月以加工貿易方式進口聚酯纖維 76.6 萬噸，占 73.8%。來進料加工減免關稅和增值稅，大量產品採用假核銷、虛開增值稅發票等手段，逃避監管，變相走私低價進入中國市場，國產聚酯產品無法與之競爭。

報告提出，為使國內聚酯纖維行業走出困境，除國內企業儘快調整結構、轉換機制外，建議國家在政策層面採取措施控制進口，尤其要抵制韓國等境外公司的傾銷。報告還提出了臨時調高聚酯切片和滌綸短纖維等化纖原料產品的進口關稅，對使用國產聚酯原料、加工後出口實行「出口退稅」政策，加強監管、規範來進料加工，繼續打擊聚酯產品走私等建議。

1998 年 7 月 13～15 日，全國打擊走私工作會議在北京召開。會議的主要任務是，深入分析當時反走私鬥爭形勢，統一思想認識，部署下一階段的反走私工作，嚴厲打擊走私活動，促進國民經濟持續快速健康發展，推動改革開放和現代化建設順利進行。

❶《抵制境外公司傾銷扭轉聚酯業目前的困難局面》. 1998. 2. 儀征：儀征化纖公司藏檔.

在黨中央、國務院的關心下，在國家相關部門的直接領導下，打擊走私和規範加工貿易取得了明顯成效，基本遏制了化纖產品走私猖獗的局面，但是不解決傾銷的問題，依然達不到根治「過量進口」的目的。

擔任調查組常務副組長

1998 年中國紡織總會改組成國家紡織工業局，由國家經濟貿易委員會管理。9 月 22 日，國家紡織工業局在蕭山召開全國化纖行業開展反傾銷暨中國化纖協會第二屆第二次常務理事會。這次會議召開之時，正值紡織行業面臨國內外經濟環境帶來新的困難和挑戰之際，且正值行業「突破口」工作全面鋪開並進入關鍵的階段，具有十分重要的意義。●

會議分析了我國化纖行業生產經營狀況和存在的問題，指出化纖行業出現的主要問題。

蔣士成此前做了大量的實地調查，掌握了詳實資料，他在討論發言時提出，周邊國家和地區實行低價傾銷策略，利用加工貿易等形式將大量低價化纖及化纖原料銷往我國市場，引發了我國化纖企業的價格大戰，實際是國內企業的「自相殘殺」，這也是造成國內化纖市場價格波動、企業經營困難的一個重要因素。對付境外低價傾銷的一個有力「武器」是開展反傾銷。當時我國首例反傾銷案已有了初步結果。

●《加快化纖行業結構調整、加強行業管理，為我國紡織行業發展作出新貢獻》. 1998. 9. 儀征：儀征化纖公司藏檔.

在這次會上，中國化學纖維工業協會通報了「關於在化纖行業開展反傾銷工作的初步設想」，建議由中國化學纖維工業協會牽頭，聚酯和滌綸短纖維專業委員會具體負責，以現有的聚酯和滌綸短纖維生產的企業為主體，組成「聚酯切片和滌綸短纖維反傾銷案聯合調查小組」。

1998 年 10 月，在第七屆北京國際化纖會議上，蔣士成用詳實的數據表明，進口聚酯及滌綸中有 87% 以上是以來料加工和進料加工方式進口的，但在享受減免關稅和增值稅的優惠政策後，並沒有全部加工為成品出口，有相當大的數量非法滯留在中國市場，以其低廉的價格嚴重衝擊了國內市場的正常產銷秩序。蔣士成深入分析了行業存在的一系列問題，有針對性地提出了調整建議，同時提出中國的聚酯和滌綸工業仍具有很大的發展潛力。此後該文刊發在 1999 年《石油化工動態》第一期。

1998 年 10 月 30 日~11 月 2 日，中國化學纖維工業協會聚酯和滌綸短纖維專業委員會 1998 年會在江蘇揚州召開。會議研究了「打擊走私、反傾銷和行業自律」三項中心工作，形成了「關於當前國內聚酯產品市場情況及有關建議的緊急報告」，由儀征化纖、上海石化、天津石化、遼陽石化、廈門翔鷺等總產能占國內聚酯及滌綸短纖維份額 80% 的 17 家化纖企業聯合簽署，提交國家有關部門，請求進一步加大打擊走私力度，以緩解行業危機。會議決定由「開展反傾銷調查合作協議」簽署企業共同組建「聚酯切片和滌綸短纖維反傾銷調查組」，組長和副組長由中國化學纖維工業協會、儀征化纖、中國石化銷售部、中國石油煉化局相關領導組成。蔣士成因身兼中國化學纖維工業協會聚酯和滌綸短纖維專業委員會祕書長、儀征化纖顧問雙重職務，被任命為調查組常務副組長。調查組下設辦公室，為調查組的日常辦事機構，設在中國化學纖維工業協會祕書處。中國化學纖維工業協會副祕書長端小平擔任辦公室主任。至

此，聚酯切片和滌綸短纖維反傾銷調查工作正式進入實質運作階段。❶

「聚酯切片和滌綸短纖維反傾銷調查組」成立後，蔣士成等調查組成員著手組織開展了六個方面的工作：一是組織相關企業，確定調查的品種、範圍、組織形式、工作程式等；二是積極收集整理境外廠商、產品價格訊息，配合律師事務所做好調查取證工作；三是與國家經貿委、外經貿部建立訊息互通機制，代表企業及時、準確地反映行業情況；四是參與相關產品的對外貿易洽談；五是配合和參與政府部門的企業損害調查工作；六是協調政府部門、律師事務所和企業之間的關係，代表企業向政府相關部門提發揮反傾銷申訴。

根據《中華人民共和國反傾銷和反補貼條例》規定：我國反傾銷調查工作，主要由對外貿易經濟合作部（以下簡稱外經貿部）和國家經濟貿易委員會（以下簡稱國家經貿委）負責。蔣士成等調查組成員多次到外經貿部和國家經貿委了解申報反傾銷申請書的相關要求。1999 年 4 月 7 日，中國化學纖維工業協會及儀征化纖等 15 家企業正式向外經貿部提交了反傾銷申請書。

經過認真比選，並在徵求了國家經貿委和外經貿部等部門意見後，決定聘請北京環中律師事務所擔任反傾銷調查及相關事宜的全權代理，授權其為我方蒐集和整理有關證據和材料；發揮草反傾銷申請書；代表我方向外經貿部提供相關證據和材料，並依法查閱與本案有關的證據和材料；代表我方參加題述案件的審理和聽證等。

由於多種原因，這次聚酯切片和滌綸短纖維反傾銷申訴並沒能獲得批准。但我國反傾銷調查的威懾力仍不可低估。韓國對中國相關產品的出口大幅度減少，已經在一定程度上造成維護國內產業利益的作用。

---

❶《反傾銷要情簡報第一期》. 1998. 11. 儀征：儀征化纖公司藏檔.

《人民日報》刊發反傾銷經驗

2001 年 2 月，國家紡織工業局撤銷，中國紡織工業協會成立。紡織行業自此步入由社會仲介組織進行服務、協調的行業自律階段，行業協會在發揮組織協調和橋樑作用的角色也剛剛在發揮步摸索中。2001 年 3 月，在中國化學纖維工業協會的組織下，儀征化纖等 15 家聚酯企業決定再次拿發揮法律武器，申請反傾銷立案調查，分別於 2001 年 6 月 26 日、7 月 23 日，向外經貿部遞交了聚酯切片和滌綸短纖維的反傾銷立案申請書，並最終獲得政府部門的支持，8 月 3 日正式發布公告立案。❶

2001 年 6 月 26 日，外經貿部依據《中華人民共和國反傾銷和反補貼條例》的有關規定對申請人資格、申請調查產品的有關情況、國內同類產品的有關情況、申請調查產品對國內產業的影響、申請調查國家（地區）的有關情況等進行了審查。同時，外經貿部就申請書中提供的涉及傾銷、損害及傾銷與損害之間的因果關係等方面的證據進行了審查。之後，外經貿部經商國家經貿委，於 2001 年 8 月 3 日正式發布公告立案，決定開始對原產於韓國的聚酯切片進行反傾銷調查，並確定本案的傾銷調查期為 2000 年 7 月 1 日至 2001 年 6 月 30 日。

蔣士成向儀征化纖領導提出建議，隨著經濟全球化和我國加入世界貿易組織進程的加快，學習和運用反傾銷、反補貼等法律知識、相關政策，加強對產業和企業的保護，已成為企業的一項重要

---

❶李先雲，葉穎敏．石油和化學工業反傾銷申訴與應訴培訓教程［M］．北京：化學工業出版社，2005：68-69．

任務，要組織安排人員參加外經貿部、國家經貿委、行業協會等舉辦的反傾銷、反補貼研討會、培訓班，並走出國門考察，開闊視野，提升能力。

國家經貿委產業損害調查局決定於 7 月 29 日~8 月 9 日組團赴日本、韓國考察其反傾銷、反補貼和保障措施等方面的情況。儀征化纖公司派出經濟研究中心副主任吳劍南隨團參加考察。

這次考察主要分四個層面了解日、韓反傾銷制度及運作情況，並聽取兩個國家對我國反傾銷運作的有關建議。第一層面是走訪負責反傾銷業務的政府有關部門。其中在日本主要與經濟產業省（原通產省）、財務省（原大藏省）的有關部門進行會談；在韓國主要與產業資源部和財經部的有關部門進行會談，主要了解日、韓兩國在反傾銷制度及運作上的做法。第二層面是走訪曾承擔過反傾銷實務運作的律師事務所，在日本走訪了絲賀、森綜合、長島–大野–常松、尚和 4 家律師事務所；在韓國，走訪了韓國太平洋律師事務所，主要了解日、韓兩國在反傾銷實務運作方面的主要經驗和做法。第三層面是與產業團體和有關協會會談，主要向他們介紹中國反傾銷的有關制度和實務運作方法，聽取他們對於中國開展反傾銷運作過程中的有關建議。在日本，與日本貿易振興會、日中貿易協調委員會、化學協會和鋼鐵聯盟進行了會談。在韓國，與韓國鋼鐵協會、石油化學工業協會和化纖協會進行了會談。第四個層面是考察有關企業。考察了日本新日鐵君津制鐵所、三井化學（大阪）和韓國的 LG 化學公司（麗川）、浦項鋼鐵公司（光陽）。透過上述四個層面的考察訪問，比較清楚地了解了日、韓兩國反傾銷的有關制度和運作。❶

考察團原本沒有訪問韓國化纖協會的安排，但 8 月 3 日，中國外經貿部發布了對韓國產聚酯切片和滌綸短纖維反傾銷調查的立案

❶《日本韓國反傾銷考察報告》. 2001. 8. 儀征：儀征化纖公司藏檔.

公告。應韓國化纖協會要求，8月9日考察團與韓國化纖協會進行了會談。

從會談中了解到：韓國化纖業對中國立案調查韓國產聚酯切片和滌綸短纖維傾銷非常意外。一是近兩年來，兩國化纖界高層之間的交流很密切，渠道也很暢通，2000年5月在上海進行了中、韓化纖界第二次高層會議，所以本次立案，韓國化纖界很意外。二是此舉對韓國化纖界構成了較大的壓力。6月4日，韓國的報紙刊登了中國立案的公告，並配了評論，題目就是「韓國聚酯纖維沒地可賣了」。因為世界許多國家對韓國的聚酯短纖維動用了反傾銷手段，其中日本也在對韓國的聚酯短纖維進行反傾銷調查。考察團在日本考察時，代理該業務的律師表示，8月份，日本對韓國聚酯短纖維反傾銷調查就可基本結束，進行初裁。三是韓國化纖界在積極準備應訴。8月21日，韓國化纖協會組織的代表團將到北京，提交應訴申請。

蔣士成還記得一個小細節，韓國化纖協會組織的代表團到北京提交應訴申請後，還提出要到儀征化纖現場參觀學習。蔣士成負責聯絡，並參與接待工作。韓國化纖協會組織的代表團來儀征化纖時為表友好和歉意，還帶來了韓國一些「土特產」，雙方進行了坦誠的溝通。

11月12日，又一個好消息傳來。《人民日報》第十二版刊發了《反傾銷：行業協會大有可為》，報導了中國化學纖維工業協會在我國首例聚酯切片和滌綸短纖維反傾銷案所做的主要工作和發揮的重要作用，以及對其他行業和企業的啟示。這是蔣士成等人組織發揮草的反傾銷工作經驗總結。

文章指出聚酯切片和滌綸短纖維反傾銷案，是我國反傾銷史上第一次由行業協會代表國內生產企業提發揮的反傾銷調查申請。該案例表明在反傾銷申訴實踐中，在產業受到損害最為嚴重的時候及時提出反傾銷調查申請是十分重要的；如果反傾銷調查涉及的申請

企業過多或分散，或者提供數據企業過多，容易造成協調不利、口徑統一困難、收集和提供資料延遲而影響反傾銷調查申請的進度；如果反傾銷申請準備時間過長，錯過了最佳立案時期，對今後的調查工作將會產生不利的影響。因此，考慮到反傾銷案件時間性很強的特點，對於企業過多、比較分散的產業而言，如果準備提出反傾銷申訴，可以借鑑聚酯切片和滌綸短纖維反傾銷案的經驗，由行業協會統一牽頭，作為申請人提出反傾銷調查申請，同時提供產量比較大、損害比較嚴重、比較有代表性的會員企業積極配合調查，由協會統一協調，以便加快反傾銷立案調查申請的進度。中國化學纖維工業協會在此方面為國內產業及其代表造成很好的帶頭作用。聚酯切片和滌綸短纖維反傾銷案也有著良好的示範效應，豐富了我國的反傾銷實踐。❶

　　回望先後歷時近四年的反傾銷歷程，蔣士成感慨萬千。由中國化學纖維工業協會和儀征化纖等 15 家國內聚酯企業發發揮的我國首例聚酯切片和滌綸短纖維反傾銷案，從 1999 年 4 月申請，2001 年 8 月正式立案，2002 年 10 月初步裁定，到 2003 年 2 月終裁決定。終裁決定有利於規範市場環境，消除不公平競爭，這是中國聚酯產業採用 WTO 框架下的合法手法爭取公平競爭環境的成功範例，對產業發展產生了長期積極的影響。貿易救濟措施的實施對行業的發展與穩定造成了明顯效果，對規範市場產生了積極作用，為行業規模壯大、技術進步和產業升級及全產業鏈競爭力提升提供了有力的保障。同時也提高了行業的規則意識和依法運用貿易救濟維護自身合法權益的能力。

　　中國紡織工業聯合會副會長、中國化學纖維工業協會會長端小平對反傾銷案記憶猶新，對中國化纖行業發展的黃金 10 年進行了深入思考和總結，他說：「我國化纖行業在 2001~2011 年的快速發展，

❶反傾銷：行業協會大有可為［N］. 人民日報：2001-11-12(12).

主要歸功於兩個要素：一是良好的外部發展環境造就了化纖行業發展的黃金 10 年，二是技術進步給予行業持續的發展動力。從 1998 年開始，在國務院領導的直接關心下，國務院有關部門組織開展了對化纖產品打擊走私的專項鬥爭，取得了很大成效，打擊了走私，規範了加工貿易，維護了正常進口秩序。同時，國內化纖企業在中國化學纖維工業協會的組織下積極開展反傾銷調查，對我國化纖行業整體運營狀況的好轉發揮了重要作用。聚酯和滌綸短纖反傾銷是我國由行業協會作為申請人提發揮的第一發揮案件，協會在世貿規則運用和組織行業協調行動等領域經驗欠缺，反傾銷在許多理工專家學者眼中也許是一件瞧不上的不屑一顧的事情，在此背景下，蔣院士作為技術專家和學者身分，同時還具有國際視野和大局觀，他審時度勢，主動放下身段，投身新領域，深入學習，甚至對有關世貿規則和法規也是從頭學發揮，同時發揮其影響力和智慧，協調政府、企業和有關各方進行一系列專業和細緻的工作，為反傾銷申訴工作發揮了中流砥柱的作用。」❶

---

❶端小平口述訪談 . 2017. 12. 北京 .

第|十三|章

推進化纖行業
由大到強

　　1999 年，蔣士成當選為中國工程院院士後，積極參與中國工程院的各項工作。作為中國工程院環境與輕紡工程學部、工程管理學部雙部院士，蔣士成一直在圍繞著事關紡織產業科技創新發展全局和長遠問題，貢獻著自己的光和熱。此外還承擔了國家發改委工業司、中國石化科技委、中國國際工程諮詢公司、中國紡織工業聯合會、中國化學纖維工業協會等委託的科技諮詢、項目評估、策略研究等工作，被華東理工大學等院校聘為客座教授。

　　即使步入耄耋之年的他仍然奔波在大江南北、長城內外。在調研工作中，蔣士成等項目組成員有時是冒著高溫、頂著烈日，有時是抗著嚴寒、踩著白雪，深入到企業一線，進工廠、到田埂，與企業領導、技術人員交流，獲取第一手資料，讓調研單位領導和技術人員深受感動。在蔣士成的心中，總有做不完的事。他認為，這是一個院士的責任義務，一位士人的初心使命。

為發展高性能纖維獻計出力

　　高性能纖維，顧名思義在於高性能，是具有特殊的物理化學結構、性能和用途，或具有特殊功能的化學纖維。其中碳纖維、芳綸、超高分子量聚乙烯纖維是世界上三大高性能纖維。

　　我國高性能纖維的發展有著極其特殊的背景，那就是沒有常規纖維的「消化吸收」，全部靠「白手發揮家」。但由於產、學、研脫節嚴重，各方面進展都比較緩慢。2005 年以前，我國高性能纖維基本都處於實驗室研發，或者小試和中試階段，沒有實現產業化和工業化規模生產，使得我國許多品種的技術水平與發達國家的發展差距拉大。

為解決關鍵高性能纖維材料短缺，推進國產化進程，中國工程院於 2006 年 3 月設立「高性能纖維產業發展策略研究」重大諮詢項目。項目組由中國工程院、中國科學院、中國社會科學院、航天科技集團、航空工業第一集團、總後勤部等 16 家單位組成，11 名院士(學部委員)和 91 名專家參與其中，共分 7 個課題。季國標院士為項目組組長。蔣士成是項目組成員之一。

儘管蔣士成那段時間骨質增生、腰椎間盤突出的老毛病又犯了，但他還是坐著輪椅、拄著拐杖參與了項目組的實地調研、研討會議，令項目組同事十分感動。

兩年多來，項目組先後赴 11 個省、市考察了 50 多家高性能纖維科學研究、工程化試驗、製造及應用單位，摸清了發展現狀、市場需求、與發達國家的差距以及制約產業化的關鍵問題，並與政府主管部門和行業組織訪談研討，提出了產業發展構想與政策建議。最後，項目組在完成考察、調研、諮詢工作之後，形成了近 20 萬字的研究報告及 65 萬字的分課題報告。

2008 年，項目組在中國工程院舉行了「高性能纖維產業發展策略研究」重大諮詢項目結題匯報會。項目組提出，我國高性能纖維產業雖還比較落後，但我國已有較堅實的工業基礎，有後發優勢；透過自力更生、集成創新，必將加速發展，有望在 2015 年建成世界高性能纖維產業大國。

在國家加快培育和發展策略性新興產業政策的指導下，國內高性能纖維產業化進程進一步加快，同時高性能纖維產業化也已開花結果。

2006 年，中國石化為了加快推進高性能纖維產業化進程，決定將南化公司研究院、中國紡織科學研究院聯合攻關的年產 30 噸的干法紡絲高性能聚乙烯纖維技術放在儀征化纖工業化裝置建設。該項目被列為中國石化「十條龍」科技攻關項目。經過儀征化纖、南化公司研究院、中國紡織科學研究院產學研聯合攻關，2008 年和 2011

年，採用中國石化自主知識產權的技術和工藝，年產 300 噸、年產 1000 噸的干法紡絲高性能聚乙烯纖維工業化生產線先後在儀征化纖建成投產。高性能聚乙烯纖維干法紡絲技術的突破，打破了國外技術壟斷，使我國成為第三個掌握此項技術並實現產業化的國家。儀征化纖也成為中國石化特種纖維研發和生產基地。

2011 年，一年一度的香港桑麻基金會科技獎評選啟動後，蔣士成建議儀征化纖「300 噸/年高強高模聚乙烯纖維干法紡絲成套技術」項目參與評選。經過評選，「300 噸/年高強高模聚乙烯纖維干法紡絲成套技術」獲 2011 年香港桑麻基金會科技獎特等獎。

2011 年，蔣士成在參加「紡織之光」2011 年度中國紡織工業協會科學技術獎評審時，接受了《紡織服裝週刊》記者採訪，介紹了本年度科技獎項的亮點以及如何走好「十二五」紡織科技發展之路。他強調：「十二五」期間，中國的化纖工業將迎來極大的發展，特別是高性能纖維也會取得長足的進步，只有這樣，我們才能從紡織大國走向紡織強國。

2013 年，儀征化纖「高性能聚乙烯纖維干法紡絲工業化成套技術」又先後獲得「紡織之光」中國紡織工業聯合會科學技術一等獎、中國石化科學技術進步一等獎。儀征化纖高性能聚乙烯纖維以「力綸」作為品牌。近年來，儀征化纖充分發揮國內唯一干法紡絲生產線的優勢，加大產品結構調整，先後開發、生產了 50 多個「力綸」品牌細旦、高強、有色等系列產品，產能目前已達 3300 噸/年，已實現在航空母艦、新型戰機、防彈裝甲與防彈衣、電纜罩、輕質應急路面、跨海大橋建設、防切割和導熱性紡織品等領域的應用。

2018 年 3 月，由中央電視臺和中國電影股份有限公司聯合出品的大型紀錄電影《厲害了，我的國》在全國上映，影片中港珠澳大橋收官之戰接頭安裝發揮作用的吊帶是由 14 萬根超高分子量聚乙烯纖維組成的，該纖維由儀征化纖公司生產提供。2018 年 11 月，中國

蔣士成在儀征化纖高纖部生產現場了解高性能纖維情況

石化儀征化纖超高分子量聚乙烯纖維，入選由中央宣傳部等部委聯合主辦的「偉大的變革－－慶祝改革開放 40 週年大型展覽」。圖片說明寫道：「別小看這樣一根細絲線，它的承重力能達到 35 公斤，港珠澳大橋的吊帶就是由 14 萬根力綸組成，由中國石化儀征化纖公司製造。」

「近 10 年來，我國的主要高性能纖維已實現了規模化生產，少數品種更是達到國際先進水平，具備了一定的國際競爭力。在國家相關政策和規劃的指引下，國產高性能纖維行業在規模化生產以及應用技術、高水平研發平台方面取得了較好的進展。」蔣士成用十年磨一劍來概括高性能纖維的發展歷程。

蔣士成指出，「十三五」期間化纖行業的重點任務之一仍然是大力發展高性能纖維。前幾年高性能纖維研發項目現在到了開花結果的階段，下一步需求進一步使項目產業化，繼續突破關鍵技術，同時加快市場開發的腳步。

2016 年 3 月 8 日，一份綜合了輕紡、環境、汽車、輕工、機械、材料等 6 個領域 24 位院士專家意見，形成的「關於高性能纖維

與汽車輕量化產業發展的建議」，作為中國工程院院士建議（2016年第12期）上報中共中央辦公廳、國務院辦公廳、全國人大辦公廳、全國政協辦公廳，並抄送中央和國務院有關部門及單位。❶

該建議闡述了發展輕量化產業對能源、環境、製造業、新能源汽車策略新興產業和新材料策略新興產業的重要意義，分析了中國汽車輕量化產業發展遇到的瓶頸問題，提出了高性能纖維與汽車輕量化產業發展的相關建議。

蔣士成是第一建議人。他說，中國工程院於2015年設立了「高性能纖維與汽車輕量化技術創新發展策略研究」諮詢項目，由紡織領域院士牽頭，邀請紡織、汽車、複合材料、輕工機械等領域院士共同參與，依託單位為東華大學，由纖維材料改性國家重點實驗室、民用航空複合材料協同創新中心和上海市輕質結構複合材料重點實驗室具體組織實施。

「項目聚焦國內外高性能纖維及其輕量化技術相關產業科技發展環境和現狀及發展趨勢；對我國高性能纖維及其輕量化技術相關產業科技尖端領域進行了深入系統分析研究，取得了許多新的認識和重要研究成果。」

一年多來，項目組成員赴上海、江蘇、吉林、安徽、北京、浙江、四川等地，深入到上汽、一汽、北汽等18家高性能纖維與輕量化技術產業鏈的生產企業調研。項目組主辦3次全國性「高性能纖維與輕量化工程技術」高層論壇，共有近600人次專家、教授、工程技術人員、企業高層管理人員參加，共作了34個報告；項目組還向國內相關企業作了問卷調查，深入開展檢索、查新及相關技術資料的查閱研究等。

汽車產業是我國支柱產業之一，新能源汽車是國家策略新興產業。根據國家新能源汽車發展計劃，到2020年新能源汽車達到500

萬輛。但不少潛在買家對新能源汽車持觀望態度，原因是其電池續航問題。

2016 年，蔣士成出席汽車輕量化項目研究成果發布會

採用更輕的材料使汽車變輕是節能減排、提高電動車續航里程的有效方式。有研究表明，總品質 1550 公斤的新能源汽車續航里程186 公里，如果總品質能減少到 1011 公斤，則續航里程可提高到275.5 公里。

以高性能碳纖維複合材料為例，其最突出的特點是輕質高強，與傳統的鋁合金相比，碳纖維複合材料的飛機結構可減重 20% ~ 40%。碳纖維複合材料的使用已由航空航天迅速擴大到新能源、生物、訊息等其他工業部門。

用高性能纖維增強複合材料替代部分金屬材料，是大部分汽車企業促進汽車輕量化而採取的做法。儘管國內外絕大部分汽車企業開展了碳纖維複合材料汽車或零部件研發，但遇到一系列發展瓶頸。

蔣士成介紹，困難主要涉及複合材料整車及零部件設計準則、資料庫與評價標準；複合材料零部件自動化量產技術與裝備；從碳纖維到複合材料汽車整個產業鏈的合作機制；碳纖維汽車維修、回

收及循環利用技術體系；車用低成本碳纖維及其中間體材料產業鏈；輕量化科技創新體系，科技投入不足；具有汽車學科基礎又有材料學科基礎學科交叉人才隊伍不足。

針對這些不足，項目組對高性能纖維與汽車輕量化產業發展提出多項建議。包括建立若干「高性能纖維與輕量化產業鏈示範工程」，形成產業鏈各環節具有合理開工率、連續穩定運行、合理企業利潤的完整示範工程；培育行業龍頭企業，提高規模效益，參與國際競爭；設立「高性能纖維與輕量化」重點科技專項，加大科技攻關力度；建立我國高性能纖維與輕量化技術科技與人才培養體系和高性能纖維與輕量化國家實驗室或國家重點實驗室、國家工程實驗室、國家知識服務平台；制定我國高性能纖維及其輕量化複合材料產業發展政策，優化產業發展環境。

為生物基纖維工程化和產業化問診號脈

「我國現在的化纖基本是來自石油，是不可再生資源，全球的用量也僅是幾十年，從長遠的發展來講，怎樣解決中國人的穿衣問題以及全球的穿衣問題？從可再生資源出發，用生物技術來作高分子新纖維及生物化學原料，對我們來說是可持續發展的，並且符合環保理念，可以循環再生，可降解，在諸多方面都有很多的優勢，所以我們課題的調研將來要給國家在『十二五』的發展以及更長遠的發展提出一些這方面重要的建議。」

「一件普通的大號男士白色 T 恤衫，如果用傳統方法生產，排

放二氧化碳 6.5 公斤；若採用生物基原料，二氧化碳排放量僅為原來的 1/10。當然，如果種植環節用的是有機法，那麼碳排放就更少了。」

2010 年 10 月 15 日，由中國工程院主辦、長春經濟技術開發區承辦的「生物基纖維及生化原料產業化、工程化策略研討會」在長春舉行。蔣士成在此次會議上談了推廣生物基技術的重要意義，同參會專家一道為長春打造產值千億級生物產業基地問診號脈。「生物基纖維」將成為未來紡織行業發展的主要方向，這是與會專家的一致意見。

生物基纖維，源於自然的饋贈。生物基纖維是指來源於可再生生物的一類纖維，包括生物基原生纖維、生物基再生纖維、生物基合成纖維。生物基再生纖維中的新品種和生物基合成纖維統稱為生物高分子新纖維。

自 20 世紀 90 年代發揮，世界化學纖維工業進入成熟期，常規品種化學纖維呈現市場競爭激烈、經濟效益下降趨勢，且其主要原料石油緊缺，環境問題日益突出。面對這種局面，歐美、日本等化學纖維生產領先的地區和國家一方面逐漸退出常規化學纖維生產，另一方面重新定義纖維材料不僅是服裝、裝飾、流行產品的原料，而且是重要基本材料和工程材料。他們將纖維材料列入國家科技發展規劃，不斷進行產業結構調整，逐步減少或退出常規化學纖維品種的生產，轉向利潤更高、受資源或環境影響較小的差別化、高性能、新功能、生物基纖維的研發和生產，技術上呈現一些新的特點。

為應對石油資源日趨匱乏，適應綠色環保和可持續發展的需求，研究開發新型生物基纖維成為發達國家的策略計劃，美國、歐盟、日本等國家和地區相繼推出再生材料促進計劃，先後建立研發聯盟，投入巨資開發高效綠色環保的纖維素纖維生產技術（新溶劑

法、離子液體法等），研究相應的新型專用加工技術及裝備，努力實現綠色化加工，節能降耗，促進生物基再生纖維加工主體技術向集成化、連續化、自動化方向發展。

紡織產業是我國國民經濟的傳統支柱產業和重要的民生產業，也是國際競爭優勢明顯的產業。我國是世界紡織大國，不僅體現在紡織纖維加工總量上，也體現在紡織纖維生產的產量上。2005～2009 年，我國紡織纖維產量占世界總量的比例從 33.3% 上升到 46.9%，但其中大量是以石油為原料的合成纖維，而且比例呈逐年上升的趨勢。2005 年我國生產的紡織纖維中合成纖維比例為 65.7%。2009 年該比例上升到了 73.6%。以石油資源為原料的合成纖維存在大量消耗一次性資源--石油，碳排放多等不利於產業可持續發展的弊端。改變合成纖維的原料來源，尋找可再生資源作為替代品成為世界紡織產業重要的策略性任務。

2005 年 9 月，中國工程院、中國科學院 24 名院士建議，在目前能源緊張的背景下，我國應立即實施以玉米稭稈為原料研發纖維新材料聚乳酸的策略。這一建議得到了國內新材料專家的響應。

他們還專程參加了山東省淄博市舉辦的新材料技術論壇。院士們一致認為，在目前能源形勢下，大力開發聚乳酸纖維是一種符合中國國情的選擇。

蔣士成提出，要完成石油到生物基原料的過渡，必須找到代替滌綸的品種，「就目前的水平來看，聚乳酸纖維是最有可能的替代者」。

聚乳酸纖維是一種可生物降解的新型聚酯纖維，通常也稱聚丙交酯纖維，主要以玉米、小麥、甜菜等含澱粉的農產品為原料製成。聚乳酸纖維既有合成纖維的基本物性，又有天然纖維的生物相容性和可降解性，其加工成的各種纖維產品，在成本、性能等方面比以石油為原料的各種產品更具競爭力。另外，它的降解性能非常

好，用完之後埋在地下很快變成二氧化碳和水，是一項真正低成本、低能耗又不會產生汙染的潔淨產品。

「為了解決原料與人類『爭糧食』的困境，聚乳酸纖維生產要從以澱粉為原料逐步過渡到以秸稈為原料，儘快攻克秸稈製糖技術平台成為關鍵。」蔣士成認為只要在技術上實現突破，聚乳酸纖維必有廣闊的前景。

這 24 位院士的建議在業內引發揮熱烈的響應。2009 年底，「多種生物高分子新纖維工程化與產業化前景研究」重大諮詢項目立項，❶ 這是中國工程院重點諮詢項目，2010 年初啟動項目的研究和諮詢工作。透過全國範圍的調研和諮詢，摸清我國生物基高分子新纖維產業發展現狀，推進我國生物基高分子新纖維「政、產、學、研、用」相結合的研發，推動產業鏈上各產學研用單位的合作，形成發展生物基高分子新纖維的策略性、前瞻性研究報告，向國家有關部委和中國紡織工業協會等部門提出相關的諮詢建議，並對相關企業提供參考和指導。

在接下來的三年多時間裡，由季國標、蔣士成等院士帶領，項目組分三組，赴山東、上海、江蘇、浙江、河南、安徽深入生物基纖維及原料生產企業，圍繞企業概況、纖維技術水平與成熟度、企業技術創新能力與自主知識產權情況、新產品的標準建立情況、環保情況、競爭力比較、存在問題、發展規劃等方面開展實地調研和諮詢。2012 年研究形成的《「研究多種生物高分子新纖維工程化與產業化前景」綜合報告》及三個分課題研究報告等，對理清我國生物高分子新纖維發展思路，明確發展策略，確定重點專項，推進我國生物高分子新纖維的工程化、產業化造成了很好的促進作用。發展生

❶《多種生物高分子新纖維工程化與產業化前景研究》. 2013. 1. 北京：中國工程院藏檔.

物高分子新纖維工程化與產業化，對化纖工業實現低碳經濟和可持續發展，培育策略性新興產業具有重要意義：

　　一是項目組對於國內生物高分子新纖維原來比較散而不清晰的狀況進行了梳理，作了總體上的描述；對各類生物高分子纖維及原料生產企業的現狀進行了比較，初步篩選了具有工程化、產業化發展潛力的生物高分子纖維品種，並提出了 5 項重大科技專項。所提的這些專項和建議內容列入了工信部的《化纖工業「十二五」發展規劃》。

　　二是歸納了目前國內生物高分子新纖維研發中存在的問題，如研發小而散，缺乏系統性和整體性，技術開發重複性，效益低，缺乏必要的政策引導和支持，導致有關的企業缺乏積極性等。最為典型的是 NMMO 溶劑法纖維的工程化、產業化研究和試驗，三個地方三種技術無法在一發揮交流、取長補短，哪怕是獲得一些原則性的共同點。這將促使國家有關部門深入思考其中深層次的問題，有助於在下一步發展中有針對性地加以解決。

　　三是透過深入企業調研等，傳遞了國家的相關需求訊息，溝通了相關單位的研發訊息等，提升了上海紡織控股集團等企業發展生物高分子新纖維的信心，使本來對擴大生物高分子新纖維試生產持觀望態度的企業，堅定了進一步擴大生產規模的信心。促使山東華興集團、即發集團等企業更加關注生物高分子新纖維的原料關鍵問題，促使有關企業開始轉向在國內尋求原料來源，並更加關注生物高分子新纖維製造中的環保問題等。

　　四是向國家主管部門提出了從維護國家安全、培育新型策略產業的策略高度，制定發展新型生物基纖維的規劃；設立重大科技專項和國家級研究平台，強化科技在發展生物基纖維中的支撐引領作用；制定政策法規和標準規範，完善生物基纖維產業發展的機制；高效利用和開發生物質資源，確保生物基纖維產業可持續發展等 4

項建議。

「十二五」期間，我國將生物產業列為 7 大策略性新興產業，生物基化學纖維及其原料的開發也被列為大力推進的目標之一，成為我國策略性新興生物基材料產業的重要組成部分。

2015 年，是國家「十二五」計劃的收官之年。3 月中旬，中國國際紡織紗線展覽會在上海國家會展中心舉辦。蔣士成到展會上詳細了解生物基纖維的終端產品應用情況，琳瑯滿目的生物基纖維產品十分搶眼，具有阻燃及抗紫外線性能的聚乳酸纖維、具有天然抗菌抑菌功能的海藻酸鹽纖維、吸濕排汗的聚醯胺纖維……

2015 年，蔣士成出席生物基化學纖維及原料專業委員會年會

中國化學纖維工業協會生物基化學纖維及原料專業委員會祕書長李增俊介紹說，「十二五」期間，我國生物基化學纖維在國際國內經濟結構調整、化纖行業整體發展壓力加大的情況下，抓住市場需求和政策支持的發展機遇，依靠自主創新，積極推進產業化進程，取得了令人矚目的成績，成為化纖行業轉型發展的新亮點。「十三五」化纖工業發展的重點任務之一就是生物基纖維，到 2020 年，我國將力爭實現多種新型生物纖維及原料技術的國產化，實現生物基原料產量 77 萬噸，生物基纖維 106 萬噸。

為紡織工業科技進步探索路徑

2015 年 5 月 16 日，中國工程院重點諮詢項目「我國紡織產業科技創新發展策略研究（2016～2030）」成果發布會在中國工程院舉行。兩年多來，13 位院士、130 餘位教授的辛勤努力調查研究集結成最終報告，勾畫和鋪開了一張未來 15 年紡織產業及子行業科技進步工作的路線圖。

發布會上，蔣士成院士負責匯報項目開展的總體情況。他說，項目成果是項目組 13 位院士、130 餘位教授的「心血之作」。

他指出，紡織產業是我國國民經濟的支柱產業、重要的民生產業、國際競爭優勢明顯的產業，也是策略性新興產業的重要組成部分。2012 年，我國規模以上紡織企業工業總產值 5.8 萬億元，纖維加工總量占世界的 55%，紡織品服裝出口額占全球的 36%，用於新能源、航空航天、醫療衛生、環境保護等的產業用紡織品在我國纖維加工量中占比達到 23%。目前全行業就業人數約 2200 萬人，涉及全產業鏈就業人數接近 1 億。加快以創新驅動紡織產業可持續發展，事關國家經濟安全和社會穩定。

2013 年 2 月 26 日，中國工程院重點諮詢項目「我國紡織產業科技創新發展策略研究（2016～2030）」啟動會在北京召開。中國工程院院長周濟出席會議並講話。作為項目負責人，蔣士成院士主持了會議，參加會議的還有郁銘芳、周翔、孫晉良、姚穆、吳澄院士，國家發展改革委、工信部、中國紡織工業聯合會等單位代表，項目依託單位東華大學和各課題的負責人，以及參與項目相關研究和諮詢工作的相關協會、院校的領導和專家。

這項研究涵蓋纖維新材料技術、先進紡織技術、生態染整加工和高效生態型化學品技術、服裝產業科技、先進紡織裝備技術、紡織訊息技術、紡織產業經濟貿易與管理運營技術等 7 個領域。在兩年多的時間裡，項目組查閱了大量文獻資料，對浙江、山東、福建、江蘇、上海等紡織產業重點區域、重點企業進行了現場考察，並對企業高層技術人員進行問卷調查，了解企業發展狀況、技術創新情況，以及制約企業技術創新活動的瓶頸等，最終形成了 30 萬字的報告。報告共 9 篇 39 章，詳細闡述了我國紡織產業整體科技創新發展策略，8 個課題研究報告闡述了紡織各技術領域科技創新發展策略。

報告形成了七大成果：一是梳理了世界紡織科技發展趨勢，以及我國紡織科技現狀和發展中的問題。二是結合未來 5～15 年我國經濟和社會發展趨勢，分析了紡織科技創新的需求。三是紡織產業科技協同創新發展思路。四是以需求為依據，提出我國紡織產業科技創新發展策略定位、發展目標。五是提出了各技術領域科技創新重點和發展路線圖。六是提出了新一代高性能纖維及工程、高端紡織成套設備等八個重大專項建議。七是為了保障策略目標實現，提出政策措施建議。

蔣士成認為，這份研究報告分析了未來 5～15 年我國經濟和社會發展對紡織產業科技創新的需求。未來 5～15 年，我國仍處於可以大有作為的重要策略機遇期，以及可持續發展的關鍵轉型期。我國將實現經濟持續健康發展、人民生活水平全面提高、資源節約型和環境友好型社會建設取得重大進展。同時我國將面臨人口老齡化、經濟發展和資源環境矛盾突出、製造業產能過剩、國際趨勢對我國經濟社會發展影響增強等發展中的壓力。面對國家經濟社會發展中的挑戰和機遇，紡織產業科技發展須支持產業走向高端化、品牌化，高新技術集成化，適應社會生態文明建設的需求、各層次人群對高品質紡織服裝產品的需求，開拓未知領域。

與會的國家部委相關部門、中國紡織工業聯合會及相關專業協會的負責人充分肯定了項目成果。

廢舊化纖紡織品變廢為寶
的中國方案

　　我國是世界化纖生產與應用大國，2016 年化纖總產量達到 4944 萬噸，占到全球化纖總量的 69.4%，紡織纖維的加工總量 5420 萬噸，其中化纖占到 84.23%，居絕對主導地位。在化纖行業快速發展的同時，解決隨之而來的廢舊製品處理問題也愈來愈迫切。

　　化纖的生產原料主要為石化原料。將士成給行業算了一筆帳：相對於發達國家 20%～30% 的工業能耗，我國工業用能比重高達 70%，工業領域碳減排將是我國應對氣候變化的「主戰場」。如果按照一次循環計算，與原生聚酯相比，每噸再生聚酯可減少原油消耗 39%，二氧化碳排放量可減少 3.2 噸。以現在國際通常價格每噸 10～20 美元計，如果我國的再生聚酯紡織品能突破 1000 萬噸/年，則每年直接產生的碳稅效益就有 3.2～6.4 億美元，所以化纖循環經濟的發展必然帶動低碳經濟的發展。中國每年產生的紡織物垃圾高達 2000 多萬噸，大多被填埋或焚燒，綜合回收利用的不到 10%。按綜合利用率達到 60% 測算，每年可產出化學纖維 940 萬噸、天然纖維約 470 萬噸，相當於節約原油 1520 萬噸，節約耕地 1360 萬畝。據估計，到「十三五」末，廢舊化纖紡織品的存量可達近 2 億噸。同時我國化纖行業對石油化工原料的需求量大，且近 50% 的原料有進口依賴性。而廢舊化纖製品被當作垃圾進行填埋或焚燒等簡單處理，不僅嚴重汙染了環境，而且也造成極大的資源浪費。隨著我國對資源環境的保護越來越重視，在一系列環保政策的驅動下，傳統產業中相關問題的整改也在奮蹄疾進，尋求化纖紡織品的再生循環

已經成為我國紡織行業發展的迫切需求，循環再生的消費理念也正逐漸被更多的消費者認知和接受。

蔣士成說，綠色是當前我國工業經濟發展中最動人的一種顏色，從化纖行業來說，綠色纖維將是中國化纖工業發展趨勢。綠色纖維是指原料來源於生物基和可循環再生原料、生產過程低碳環保、製成品棄後對環境無汙染的化學纖維，要求產品的整個生命週期具有低碳環保無汙染的特徵，包括原輔材料選用、加工過程、遺棄處理等環節。目前，中國化學纖維工業協會認證的綠色纖維主要包括生物基化學纖維、原液著色化學纖維、循環再利用化學纖維等。無論是從資源節約角度還是從環保角度，廢舊紡織品回收再利用都十分必要，尋求化纖紡織品的再生循環已經成為我國紡織行業發展的迫切需求。循環再利用化學纖維是化纖產業新時期的重要方向。

為促進我國化纖再生行業的良性發展和全面升級，充分發揮國家工程科技思想庫作用，2017 年，蔣士成在中國工程院申請設立「廢舊化纖紡織品資源再生循環技術發展策略研究」諮詢項目，該課題由紡織領域院士牽頭，依託東華大學，並邀請相關高校院所、代表性企業的專家等 40 餘人參與研究。圍繞深挖紡織品再生「富礦」，拿出讓廢舊紡織品變廢為寶的「中國方案」，打通紡織產業循環經濟之路，蔣士成與項目組成員先後走訪了福建、浙江、廣東等 20 余家企業，調研了我國廢舊化纖紡織品再生行業的發展現狀，有時是頂著烈日，有時是腳踏白雪，只為獲取第一手資料。項目歷時一年多，形成研究報告和院士建議。

研究報告認為，我國廢舊化纖紡織品的綜合回收利用，旨在引導行業走出一條高新技術匯聚、經濟效益良好、資源消耗低、環境汙染少、人力資源優勢得到充分發揮的新型發展道路，這也是我國紡織化纖行業加快經濟發展方式轉變和經濟結構調整的重大策略與機遇。我國廢舊化纖紡織品的綜合回收利用可以從根源上解決原料的粗獷型消耗，緩解我國化纖原料進口依存度長期居高不下、原料

資源制約的難題；解決廢舊紡織品的不可降解給環境帶來的巨大壓力；引領中國紡織產業在低碳與資源等更高層次上參與國際競爭，並進一步提高我國在國際化纖產業發展過程中的話語權。

研究報告認為，廢舊化纖紡織品快速識別及分揀技術、預處理標準化、機械法及物理法再生關鍵技術及產業化升級、物理化學法再生關鍵技術及產業化、化學法再生關鍵技術及產業化，是我國廢舊化纖紡織品資源再生循環的重點任務。

在此基礎上，項目形成專項建議❶：第一，構建廢舊紡織品現代化回收物流體系。在國家相關部門協調下，聯合地方政府及專業機構，建立廢舊紡織品物流技術與裝備採購清單，以政府專項補貼形式，形成體系完整、功能完備、管理運營有序的廢舊紡織品回收物流產業鏈，以現代化回收物流訊息平台建設為依託，循序推進智慧回收箱、專業物流車、集散管理站建設，建成 200 公里回收經濟圈，實現回收物流網路系統的全覆蓋。第二，建設廢舊化纖紡織品循環再生產業集聚及示範園區。充分利用協同作用和規模效應，透過最大限度地優化資源配置，提高資源利用效率，以點帶面、點面結合的方式，形成輻射帶動，對廢舊紡織品循環再生產業實現快速推進。第三，建設廢舊化纖紡織品產學研用創新與展示平台。建議國家設立專項推進廢舊紡織品循環再生國家重點實驗室、國家級工程技術研究中心，加強科學研究及人才平台建設，加速化纖再生基礎研究的深入及研究成果的轉化。

蔣士成強調「推進再生循環體系建設是中國必須肩負的大國責任，再生循環發展是我國的基本國策，而化纖再生循環是循環產業建設的重要組成部分。按照發展策略，到 2025 年，我國廢舊化纖紡織品再生資源利用率可達 20%，高值化利用率可達 50%。透過多種措施，將使我國的再生循環技術水平及創新能力躋身世界前列，在

❶《關於加快推進我國廢舊化纖紡織品資源再生循環發展的建議》. 2018. 4. 北京：中國工程院藏檔.

低碳與資源等更高層次上參與國際競爭，加速實現我國紡織行業向綠色環保、資源節約的可持續發展方向轉型升級，實現我國由紡織品再生大國向強國的轉變。」

為中國化纖品牌建設「鼓與呼」

品牌是生產者和消費者共同的追求，是供給側和需求側升級的方向，是企業乃至國家綜合競爭力的重要體現。加強品牌建設，有利於推動經濟大國向經濟強國轉變，有利於滿足人們更高層次物質文化需求，有利於弘揚中華文化、提升中國形象。

纖維作為紡織品的源頭，一直以來扮演著的角色都比較質樸，按照普通大眾的消費習慣很難將纖維這一原材料和當下的「品牌」「流行」「時尚」等熱詞連繫發揮來。但是事實證明，纖維不但有品牌，更能引領整個時裝圈的流行趨勢。

經過多年的高速發展，尤其是在 2000～2010 年的「黃金十年」後，中國化纖產量已以占比世界產量的近 70%，穩居全球第一。但中國化纖在技術創新、產品開發、品牌影響力等方面依然存在差距，由此導致產能結構性過剩矛盾突出。中國化纖行業發展步入瓶頸期，這倒逼著行業加快轉型升級的步伐，為生存而戰。調整中的生存注定將伴隨著行業、企業的蛻變，促使行業從規模數量型增長向品質效益型發展轉變。在此背景下，工業和訊息化部消費品司、中國化學纖維工業協會、東華大學和國家紡織化纖產品開發中心聯合發布的「中國纖維流行趨勢」，讓纖維走到臺前，變得鮮活、生動發揮來。

「必須要找到一個新的突破口，讓行業企業徹底扭轉多年來單

純依靠數量擴張的不可持續的發展模式，從硬實力建設發展到軟實力的提升，注重產品研發，注重品牌建設，注重可持續發展。中國纖維流行趨勢發布就是要把技術創新、品牌建設、可持續發展作為活動內涵，引領整個化纖行業乃至整個紡織行業關注纖維品牌，建設纖維品牌，開發品牌產品，提升中國纖維在國際市場上的整體形象和影響力，提升行業發展內涵和長遠競爭力，進而實現綠色、可持續發展。」中國紡織工業聯合會副會長、中國化學纖維工業協會會長端小平的話也正是研究和發布「中國纖維流行趨勢」的初心和使命。

作為中國流行趨勢活動的重要發發揮者和組織者，中國纖維流行趨勢項目剛一提出就得到了蔣士成的大力支持。每年的中國纖維流行趨勢，他都作為主要專家出席評審會現場，為當年發布的主題、篇章及入選的纖維提出重要的指導性意見。為了更好地推廣「中國纖維流行趨勢」，幾乎每次發布會蔣士成都親自為「中國纖維流行趨勢」站臺，為企業頒獎，鼓勵企業參與流行趨勢活動，用心做纖維品牌。

2013 年 3 月，蔣士成在出席中國纖維流行趨勢 2013/2014 發布會期間，圍繞產業轉型升級的關鍵在哪兒、化纖產品結構優化調整的方向是什麼、如何將科技實力轉化為品牌價值等問題，蔣士成接受了《中國紡織報》記者的採訪。他強調化纖行業的發展必須從追求量的增加轉向質的提升。紡織產品不單是具有服用功能，還包含文化、品牌等諸多因素。大多數化纖企業屬於生產型企業，主要關注的是生產和技術，因此需求逐步轉變，加強產品營銷和品牌建設。在這方面，企業應有長期周密的規劃，因為品牌的樹立需求一個長期的過程，需求產業鏈的聯合開發。

2015 年 3 月，蔣士成出席中國纖維流行趨勢 2015/2016 發布會期間，在《紡織服裝週刊》發表了「挖掘出中國纖維品牌影響力」一文。❶

❶蔣士成．挖掘出中國纖維品牌影響力［J］．紡織服裝週刊，2015（3）．

蔣士成指出，當前，我國是世界上生產規模最大、產業鏈最完整、具有較強競爭力的化纖大國，化纖行業的工藝技術和裝備均達到了國際先進水平。並且，化纖產業鏈終端產品越來越注重品牌建設，產生了不少極具影響力的自主品牌。然而，同國際知名品牌相比，我們品牌的影響力和競爭力還有很長的路要走。中國纖維流行趨勢發布活動的舉辦不僅引領整個紡織化纖行業更為關注品牌、重視品牌、建設品牌，還將國內外領先的化纖新產品源源不斷地傳遞給下游製造企業，讓下游企業感受到纖維品牌的力量。

蔣士成院士接受記者訪談

經過 2012～2021 年的悉心培育和辛勤耕耘，中國纖維流行趨勢發布從無到有，從有到優，時至今日已成為中國化纖行業發展的風向標，引領中國纖維在科技創新、綠色發展、時尚跨界、國際影響力等方面全方位提升，讓「中國纖維」這一公共品牌在國際市場上的整體競爭力大大提高。同時也引導人們開始以全新視角審視紡織的上游，並改變以往對纖維的認知。中國纖維流行趨勢的 10 年實踐，不僅開創了原料端趨勢研究的先河，更為紡織化纖產業踐行供給側結構性改革和「三品」策略、依靠軟實力驅動轉型升級作出了有力有益有效的探索。

「中國纖維流行趨勢的觀念是超前的，特別是在『供給側結構性改革』理論提出後，更證實了活動完全符合政策方向。」中國紡織工業聯合會黨委書記高勇說。

作為從第一屆就參與到「中國纖維流行趨勢」產品評審中的最資深的評審專家，蔣士成在評審過程中對這樣的發展變化也是感受頗深，可以說，他見證並推動了「中國纖維流行趨勢」的整個成長歷程。如今，「中國纖維流行趨勢發布」活動不僅能為下游企業在產品開發、生產等環節提供更全面的決策依據，還能幫助企業更好地塑造品牌。

隨著「中國纖維流行趨勢」的持續引領，越來越多的纖維企業打破了「原料沒有品牌」的鐵律，開始著手產品品牌推廣。在「中國纖維流行趨勢」的引領下，盛虹、恆逸、恆申、恆天、凱賽、聖泉、賽得利、錦江科技、奧神、太極石等一大批有影響力的纖維企業推出了自己的新產品發布秀，透過時裝展示了各自特色產品等。發布企業也由此得到了豐厚的回報，據統計分析，企業因參加「中國流行趨勢發布」而獲得的訂單數量，平均提升比例為 25%；入圍產品平均利潤率逐年提高，2018/2019 年度銷售利潤率達到 18.64%，是行業平均水平的 4.25 倍。

潤物細無聲，「中國纖維流行趨勢」悄然掀發揮了一場中國纖維產業的革命。原始創新、協同創新成為行業一道亮麗的風景線；發展「綠色纖維」成為行業踐行「綠水青山就是金山銀山」的自覺行為；產業集聚、龍頭效應、細分為王正在成為行業新的發展趨勢。有付出就有回報，化纖行業從 2015 年率先走出谷底，行業盈利能力持續提高，行業利潤總額連續 3 年實現雙位數增長，2017 年利潤總額達到歷史峰值超過 445 億元。

在「中國纖維流行趨勢」成長之路上，蔣士成作為最早的發發揮人和組織者給予其極大的支持，推動中國纖維成為一個公共品牌，讓中國纖維站上世界舞台，受到國際認可，為推進中國化纖行業轉型升級、打造中國纖維品牌鼓與呼。

2017 年，蔣士成（右三）出席中國纖維流行趨勢發布活動

第 十四 章

為科技創新和企業
發展獻智助力

永遠懷揣著化纖科技強國夢想

2012 年，我國確立了創新驅動發展策略，提出科技創新是提高社會生產力和綜合國力的策略支撐，必須將其擺在國家發展全局的核心位置。在世界新科技革命和新工業革命大背景下，我國紡織產業遵循國家策略，創新驅動，轉型發展，由大轉為強，並在部分領域引領世界水平，是今後 5～15 年的發展主題，而紡織產業科技持續創新則是新一輪發展的核心。

2016 年 5 月 30 日，全國科技創新大會、中國科學院第十八次院士大會和中國工程院第十三次院士大會、中國科學技術協會第九次全國代表大會（以下簡稱「科技三會」）在人民大會堂隆重召開。4000 名代表齊聚一堂，群英薈萃，少長鹹集，共商國家科技創新大計。這是共和國歷史上的又一次科技盛會，是蔣士成有生以來參加的一次最隆重的科技盛會。

習近平總書記發表《為建設世界科技強國而奮鬥》的重要講話，指出：「科技興則民族興，科技強則國家強」「中國科學院、中國工程院是我國科技大師薈萃之地，要發揮好國家高端科技智庫功能，組織廣大院士圍繞事關科技創新發展全局和長遠問題，善於把握世界科技大勢、研判世界科技革命新方向，為國家科技決策提供準確、前瞻、及時的建議。要發揮好最高學術機構學術引領作用，把握好世界科技發展大勢，敏銳抓住科技革命新方向。」

此時的蔣士成已經 82 歲，坐在人民大會堂裡，聆聽習近平總書記的重要講話，會場不時響發揮熱烈掌聲，他心潮澎湃，浮想聯翩，我國科學技術發展將迎接又一個春天。

他在接受《中國石化報》記者採訪時談了他的學習體會：

一是吹響了建設世界科技強國的號角。「科技興則民族興，科技強則國家強」「今天，我們在這裡召開這個盛會，就是要在我國發展新的歷史發揮點上，把科技創新擺在更加重要位置，吹響建設世界科技強國的號角。」習近平總書記在講話中從全局高度和歷史站位，深刻闡述了國家發展和科技創新面臨的重大機遇，提出了我國科技發展「三步走」的策略目標、五項重點任務。「三步走」策略目標，即到 2020 年時使我國進入創新型國家行列，到 2030 年時使我國進入創新型國家前列，到新中國成立 100 年時使我國成為世界科技強國。這是共和國歷史上又一次具有里程碑意義的科技盛會，意義重大而深遠，昭示了我國科學技術發展將迎接又一個春天。

二是把握「三個面向」選準突破方向。「必須堅持走中國特色自主創新道路，面向世界科技尖端、面向經濟主戰場、面向國家重大需求，加快各領域科技創新，掌握全球科技競爭先機。」習近平總書記在講話中提出的「三個面向」，是我國建設世界科技強國的出發點，為我國科技創新指明了主攻方向。把握「三個面向」，選準突破方向，首先要敏銳把握世界科技創新發展趨勢，準確判斷科技突破方向，堅持創新自信，加強原始創新，搶占事關長遠和全局的科技策略制高點。要尋求特定開發領域，集中資源發展核心競爭力，著力攻破關鍵核心技術，最關鍵的是要把核心技術和關鍵技術牢牢掌握在自己手中。要強化憂患意識，「不創新不行，創新慢了也不行」，目前，新一輪科技革命蓄勢待發，一些重大顛覆性技術創新正在創造新產業、新業態，要緊緊抓住和用好新一輪科技革命和產業變革的機遇，不能等待、不能觀望、不能懈怠。從我國化纖行業來說，高性能纖維及複合材料、多種生物基新纖維、

綠色纖維等正成為未來長遠和全局的科技策略制高點。高性能纖維在未來5~10年會快速增長，特別是高性能複合材料，在航天及工業產業的應用非常重要，發展可再生生物基資源為原料的新纖維工業，對補充我國紡織原料的不足，並且在生物基纖維研發和加工製造方面趕超國際先進水平，保證我國紡織產業的可持續發展和向高端發展有極其重要的意義。綠色纖維是指原料來源於生物基和可循環再生材料，生產過程低碳環保，製成品棄後對環境無污染的化學纖維，是我國化纖工業未來發展新趨勢。中國石化的化纖企業應超前規劃布局，選準突破方向，切實加大投入，搶占先機，努力在前瞻性、策略性領域占有一席之地。

三是牢記責任重大、使命重大。「兩院院士和廣大科技工作者是國家的財富、人民的驕傲、民族的光榮，大家責任重大、使命重大，應該努力為建成創新型國家、建成世界科技強國作出新的更大的貢獻。」習近平總書記在講話中對兩院院士和廣大科技工作者所承擔的責任和使命提出了殷切希望。近年來，圍繞推進中國化纖工業實現從量增到質升的策略轉變，我參與和主持了中國工程院重點諮詢項目「高性能纖維產業發展策略研究」「多種生物高分子新纖維工程化與產業化發展策略研究」「我國紡織產業科技創新發展策略研究（2016~2030）」等多個重點課題。2016年3月，牽頭聯合20多位院士給國家相關部門提交了「關於高性能纖維與汽車輕量化產業發展的建議」。這些重大課題研究，都是著眼於我國化纖行業和企業科技創新的策略思考。

2016年是「十三五」的開局之年，中國化纖行業「十三五」發展指導意見即將發布。「十三五」化纖行業發展的原則是：控制總量，平衡發展；創新驅動，升級發展；綠色

製造，持續發展；開放合作，共同發展。重點任務是：加快結構調整，實現轉型升級；推動科技進步，提高創新能力；推進智慧製造，加快兩化融合；發展綠色製造，推進循環利用；創新發展模式，提升行業軟實力。

中國已是世界化纖大國，大部分常規產品已經進入世界先進水平，部分產品已經達到世界領先水平。我們堅信在此次大會精神的指引和鼓舞下，經過不懈努力，到2020年基本建成化纖強國不是一個夢想。

2014年，蔣士成（左三）出席第20屆中國國際化纖會議

為認真學習貫徹全國「科技三會」精神，2016年6月16日，蔣士成在「纖維新材料綠色設計與綠色製造工程尖端技術論壇暨中國化纖科技大會」上，向與會人員傳達學習了全國「科技三會」精神。

他說：「習近平總書記在『科技三會』上提出了『三個面向』，面向世界科技尖端，面向經濟主戰場，面向國家重大需求。我的體會是科學研究工作者一定要找準突破方向，不是要你面面俱到，而是要你選準突破方向。現在我們常規的聚酯產品已經是世界先進的，但是我們在高性能纖維、生物基纖維這些方面與世界先進水平還有

一定的差距。對照習近平總書記的要求，我們做得還不夠。這個世界上有很多顛覆性的技術，我們中國化纖科學研究工作者也要尋找一些顛覆性的發展方向去做努力，在未來的『十三五』圍繞著綠色發展的理念，好好斟酌一下，爭取在高性能纖維、生物基纖維方面儘快趕上發達國家的水平。」

蔣士成在論壇最後語重心長地說：「我已經進入了生命倒計時的階段，希望在座的各位能夠承擔發揮中國化纖科技進步的使命，一發揮努力，早日實現化纖強國夢。」一字一句讓在場每一個人為之動容。

生命不息，奮鬥不止。2016 年以來，近過八旬的蔣士成的身影依然出現在追夢路上，他先後提出並主持了中國工程院重點諮詢科技項目「廢舊化纖紡織品資源再生循環技術發展策略研究」「我國中空纖維膜技術產業發展策略研究」等重點課題，不辭辛勞進行調研諮詢；出席行業會議，參加高層論壇討論；趕赴多個院士工作站開展科學研究指導諮詢；走上講臺給大學生們傳業授課，為他鍾愛的化纖事業再傾注全部的心血。特別是蔣士成夫人陳雅因身體原因不能隨他外出幫助照應，蔣士成常常是一人外出，更是讓人肅然發揮敬。「沒有人要求我這麼做，能為推進我國紡織化纖工業的可持續發展、高品質發展做些事情，我的辛苦實在算不了什麼。」

2018 年，蔣士成在中國化纖科技大會「高端對話」發表演講

為儀征化纖轉型發展支招

　　蔣士成從 1992 年離開首都北京根扎儀征化纖以來，將自己的命運緊緊地與儀征化纖連繫在了一發揮。1998 年，儀征化纖隨中國東聯集團公司整體加入中國石化集團公司，這一年，蔣士成退休，但繼續擔任著儀征化纖顧問。1999 年蔣士成當選為中國工程院院士後，又擔任了中國石化科技委委員、顧問，為中國石化、儀征化纖的發展策略、科技進步、轉型發展等工作出謀劃策、奉獻著智慧。

　　近十幾年來，蔣士成主要參與了「中國石化 PX-PTA-PET 產業鏈發展策略研究」的課題開題、調研、發揮草、研討等工作，擔任課題顧問工作；參與了中國石化「十條龍」科技攻關項目——100 萬噸/年 PTA 國產化項目研發等工作，並在儀征化纖依託工程實施中發揮技術顧問作用；參與了中國石化「十條龍」科技攻關項目——300 噸/年超高分子量聚乙烯纖維項目以及 100 噸/年對位芳綸1414 項目研發等工作；參與了儀征化纖產品結構和產業結構調整等工作。

　　2018 年 7 月 4 日，是儀征化纖公司建廠 40 週年紀念日。當天下午，儀征化纖舉行了簡樸而溫馨的座談會，邀請部分老領導和部分創業者代表回到儀征化纖共聚一堂，回顧建廠 40 週年風風雨雨，重溫艱苦創業的奮鬥歷程，總結自立圖強的寶貴經驗，共商「百年老店」的美好未來。

　　座談會上，公司老領導飽含著對儀征化纖的滿腔熱愛和殷切希望做了指導發言。

2010 年，蔣士成出席中國石化「十條龍」項目
儀征化纖百噸級芳綸工業化試驗裝置成套技術項目鑒定會

　　蔣士成深情地回憶了儀征化纖 40 年的崢嶸歲月和奮鬥歷程，儀征化纖是創新的典範，從消化吸收引進技術開始，到研製出 10 萬噸國產化聚酯裝置，為中國化纖業技術創新發展作出突出貢獻。結合全國化纖行業轉型發展的趨勢，建議儀征化纖在抓好存量優化、做強儀化品牌的同時，積極主動抓住高性能纖維、生物基纖維等新的行業發展機遇。由於心情激動，蔣士成發言時間超過了主持人規定的時間，在工作人員的提示下，他才收住話題。

　　時任儀征化纖黨委書記、總經理的萬濤在總結講話時表示，老領導的發言，飽含著對黨和人民事業的無限忠誠，飽含著對儀征化纖的滿腔熱愛和殷切希望，充分體現了老領導矢志不渝的政治本色和無私奉獻的崇高境界，值得公司全體幹部職工，特別是領導團隊學習和敬仰，也讓我們深感責任艱巨、使命光榮。

推進民營企業產學研結合

2008 年，江蘇徐州斯爾克差別化纖維科技有限公司與蔣士成院士合作共建院士專家工作站，研製出了「一步法特種復合纖維紡絲」新技術，不僅使生產能耗、土地占用和產品成本大大降低，而且還獲得了 10 多項國家專利。徐州斯爾克差別化纖維科技有限公司開發的「一步法異收縮 PET 混纖復合絲系列產品」獲得中國紡織工業聯合會「紡織之光」科技進步一等獎。這些新技術的開發與產業化應用，不僅增強了企業應對金融危機的能力，而且為企業跨越發展贏得了新的機遇，更為重要的是有效帶動了全市紡織服裝產業的提檔升級。

2012 年，浙江桐鄉新鳳鳴集團公司與蔣士成院士、東華大學、浙江理工大學等單位合作共建院士專家工作站，以低碳、柔性、智慧聚酯長絲製造技術為主攻方向，攻克了一系列技術難題，先後獲得了多項國家、省部級科技成果獎，推進該公司在世界聚酯長絲這一細分行業名列前茅，院士專家工作站還積極參與國家、行業及協會標準建設工作。2016 年 10 月，浙江桐鄉新鳳鳴集團公司院士專家工作站被中國科協評為「2016 全國示範院士專家工作站」。在嘉興市科技創新大會上，該工作站受到表彰，並獲得 100 萬元的獎勵。

2012 年，福建晉江百宏公司與蔣士成院士合作共建院士專家工作站，先後簽署了 4 個院士合作項目。依託院士團隊強大的科學研究力量，在新技術的開發上不斷突破瓶頸，合作項目不斷取得突破性進展，其中「熔體直紡滌綸長絲紡絲工程模擬計算系統及工藝優化」項目獲得了福建省 2012 年度科技進步一等獎。另外，院士合作項目中有 3 項技術申報了專利，其中 2 項被授予發明專利。

第 十五 章

最高的獎賞
就在事業之中

2012 年《中國科學報》刊發報導「院士：牽掛中國百姓福祉」，❶ 文章是這樣介紹紡織行業的院士的，有一群紡織院士為老百姓光鮮亮麗的衣著織出了中國人自己的布。季國標院士在給「四大化纖」技術政策建議時提出要以滌綸為主，讓滌綸成為時髦的面料；姚穆院士長期從事紡織材料結構和性能的研究，並帶頭運用物理學、生理學、心理學等學科知識研究人體著裝舒適性；郁銘芳院士參與籌建中國首家自行建設的合成纖維實驗工廠，紡出了中國自己製造的第一根合成纖維，解決了穿衣只能依靠天然材料的問題；蔣士成院士帶頭開發出具有自主知識產權的國產化大容量聚酯技術，徹底打破了國外技術壟斷。

　　一位著名新聞工作者說：「對一個人的最高獎賞就在他的事業之中。」在蔣士成的檔案中，一枚枚獎章記載了他一生奮鬥追夢的足跡、所鍾愛的事業。1989 年，儀征化纖工業聯合公司一期工程總體設計及滌綸一廠設計，獲得了國家建設部頒發的國家優質工程設計金獎，是紡織工業兩個獲金獎項目之一；1994 年，儀征化纖工業聯合公司又獲國家建設部頒發的「全國最佳工程設計」特等獎，在這兩個獎項的參與人員中，蔣士成均排名第二。2003 年 2 月 28 日，在 2002 年國家科學技術獎勵大會上，儀征化纖 10 萬噸/年聚酯國產化成套技術項目獲國家科技進步二等獎，蔣士成排名第一。退休以後，蔣士成又先後獲得多項個人獎項，這些獎既是一份榮譽，肯定了蔣士成在工程技術、聚酯國產化等領域作出的突出貢獻，亦是一種激勵，鼓舞著蔣士成繼續在所鍾愛的事業中不懈奮鬥。

❶李晨. 院士：牽掛中國百姓福祉[N]. 中國科學報，2012-6-15.

榮獲光華工程科技獎工程獎

2006 年 6 月 6 日，第六屆光華工程科技獎頒獎儀式在北京京西賓館大禮堂隆重舉行。會上，蔣士成獲得了光華工程科技獎工程獎。

工程造福人類，科技創造未來。古往今來，人類的每一次進步與變革，無不與工程科技息息相關。其源於生活需求，又歸於生活之中，為人類文明進步提供了不竭的動力源泉。

光華工程科技獎由全國政協原副主席朱光亞和臺灣實業家尹衍樑、杜俊元、陳由豪共同捐資設立，面向中國工程科技界，獎勵在工程科技及管理領域取得突出成績和重要貢獻的工程師與科學家，以激勵他們從事工程科技研究、發展、應用的積極性和創造性。這是面向全國工程科學技術界的至高榮譽，是對那些為工程科技發展作出卓越貢獻的工程師、科學家的嘉勉。該獎於 1996 年首次頒布，前五屆共有 76 位科學家獲獎。

蔣士成說：「科技創新成果工程化、產業化是科技創新的主要部分，是實現創新驅動發展的關鍵環節。工程化產業化是從科技強到產業強、經濟強、國家強的必由之路。工程化、產業化程度是一個國家或地區經濟社會發展水平的重要標誌，決定一個國家或地區的經濟發展速度、品質和綜合發展實力。科技創新成果只有完成工程化並面向市場實現產業化，才能真正轉化為強大的生產力，實現創新驅動發展。沒有工程化、產業化這個橋樑和樞紐，科技創新成果就沒有生根發芽的土壤，經濟轉型發展也就失去了支撐和保障。」

當年，蔣士成骨質增生、腰椎間盤突出的老毛病又犯了，那是

在吉林下放勞動時受的傷。不能走路，睡覺時都不好翻身。在夫人陳雅的陪護下，蔣士成坐著輪椅、拄著拐杖去北京參加第六屆光華工程科技獎頒獎會。

蔣士成說：「拄著拐杖上臺領獎有損形象，我忍著疼痛走上臺接過獎狀以後，趕快再走幾步下去馬上又坐上輪椅，疼的夠嗆。」

在外界看來，蔣士成得了這個獎非常榮耀。但在蔣士成眼裡，名利都是次要的，關鍵還是自己做事，踏踏實實地做事。即使拿了獎，他仍然工作在儀征，生活在儀征。

獲獎的情況很多人當時並不知曉，後來透過《新華日報》《中國石化》雜誌等媒體的報導，人們才知道。《中國石化》雜誌作了長篇通訊專題報導《永生之戀》。

榮獲改革開放 40 年
紡織行業突出貢獻人物獎

彈指一揮間，征程 40 年。2018 年是我國改革開放 40 週年。紡織工業是我國市場化改革和對外開放的先鋒探路者與堅定踐行者，歷經四十載風雨洗禮，取得了一系列舉世矚目的發展成就，湧現出一批扎根行業、為行業發展奉獻畢生力量的有突出貢獻的人物。

2018 年 10 月 16 日，由中國紡織工業聯合會評選頒發的改革開放 40 年紡織行業突出貢獻人物獎項在上海揭曉，蔣士成等 140 人入選。

蔣士成在接受人民網「科學的春天--能源領域院士訪談」時，深情地回憶了他深耕科技創新、矢志自主創新的一生，特別是改革開放四十年對他人生的深刻影響，改革開放與個人的命運以及國家的

命運的關係。❶

人民網記者：「1978年當時郭沫若預言科學的春天來了，您當時有沒有感覺到一種即將到來的變化？」

蔣士成：「我們大學受的教育也都是非常傳統的，也是在黨的領導下，解放以後讀的大學，非常感恩，因為我們當時讀大學也都是國家培養，國家給予我們，不收學費的，連吃飯都是供給制的，也是國家提供的，非常感恩。沒有國家重視教育，我們能不能讀上大學都是問題。受的教育，完全是根據黨的需求，指示什麼，需求我們幹什麼，就到哪裡幹什麼。那個時候一聲令下，讓你做什麼你就做什麼。

我們這代人經過各種各樣的運動。我們抱著愛國心，願意做一番事業，但是在政治運動中又受到衝擊，抱負不可能實現。直到1973年調到北京，又碰到1978年改革開放以後搞儀征化纖，這麼大一個項目，國家讓你出去考察，跟國外談判，參與到後面整個建設工作，我認為對我來講也是一個春天，一個新的春天。」

人民網記者：「作為一個科技工作者，您覺得改革開放與您個人的命運以及跟咱們國家的命運有什麼樣的關係？」

蔣士成：「這個實際上是密切相關的。國家提供這麼好的條件，我才可能參與世界級的工程技術工作，這也是大環境給予的，若沒有這個環境，你再有抱負，再有能力，也只能在有限的範圍內。」

人民網記者：「您覺得自主創新和國產化對於中國企

❶中國工程院院士蔣士成談化纖行業改革開放與科技創新．人民網能源頻道：2018-12-28．

業發展有什麼意義?」

　　蔣士成:「科技進步是不斷進步,我們買進來的技術,當時是先進的,但是過幾年以後,這個技術又在不斷地發展,假設你不創新,就是不斷地買,過幾年還要買。」「買來的技術,只會告訴你怎麼做,不會告訴你為什麼這樣做。」「真正原理還得要靠自己去創新研發。要搞國產化,在國外的基礎上形成我們自己的技術。」

2018 年 9 月 5 日,世界纖維新材料大會暨第 24 屆中國國際化纖會議在浙江蕭山舉行,在「高端訪談」環節,蔣士成暢談了中國化纖改革開放 40 年及未來發展。他說:

　　「改革開放 40 年來,從過去穿衣很困難發展到現在中國化纖占世界 70% 的份額,這是一段艱苦奮鬥的歷史。這主要歸功於我們的創新精神,抓住了科技創新發展這樣一個思路。」「科學研究單位、企業家等共同努力,堅持奮鬥,贏來了中國化纖的快速發展。」「未來我們也要堅持創新,要不停地進步,尤其是科學研究單位和企業要聯合攻關。」「各個企業都要形成自己的特色,不要搞同質化的競爭。」

榮獲「榮譽桑麻學者」

2018 年 10 月 26 日,「2018 年香港桑麻基金會」頒獎典禮在無錫市江南大學隆重舉行。為表彰紡織行業的院士們長期以來在紡織技術創新方面取得的卓越成就和作出的重大貢獻,香港桑麻基金會決定授予我國紡織領域的 7 位中國工程院院士季國標、郁銘芳、周

翔、孫晉良、蔣士成、姚穆、俞建勇「榮譽桑麻學者」稱號。

香港桑麻基金會由著名實業家、愛國人士查濟民於 1992 年創建。26 年來，桑麻獎和桑麻精神在紡織行業得到廣泛的認同。截至 2018 年，桑麻基金會共獎勵了 325 位科技工作者、736 位教師、6643 位學生，累計頒發獎金 2952 萬元，基金總額由最初的 200 萬港元，增至 4700 萬港元。香港查氏集團有限公司董事王羽盛說，香港桑麻基金會希望透過與中國紡織工業聯合會的合作，為促進紡織行業科教工作發揮更大的作用。

中國紡織工業聯合會會長孫瑞哲在致辭中強調，面對新形勢，要服務好國家發展大局、滿足人民對美好生活的需求，紡織工業對科技、人才的需求比以往任何時期都更為迫切。

榮獲中國化纖行業終身成就獎

2021 年 3 月 16 日，中國化學纖維工業協會第七次會員大會暨七屆一次理事會暨七屆一次常務理事會在上海召開。

為表彰長期獻身於化纖領域並取得突出成果的資深行業專家，經研究決定，中國化學纖維工業協會授予中國工程院院士蔣士成中國化纖行業終身成就獎。

會上，中國紡織工業聯合會副會長、中國化學纖維工業協會會長端小平宣布「關於頒發中國化纖行業終身成就獎的決定」，指出：蔣士成院士是我國著名的化纖工程設計與技術管理專家，是中國聚酯工業自主工程化的主要開拓者之一，是聚酯工業項目的重要設計者，是聚酯增容的倡導者，是聚酯工業國產化項目的實踐者。他對黨忠誠，堅守為民初心，始終以建設化纖強國為己任，他對推進石

油化纖工業發展、實現聚酯裝置國產化跨越式發展作出了突出貢獻。

中國紡織工業聯合會黨委書記兼祕書長高勇為蔣士成院士頒獎

蔣士成院士發表獲獎感言

　　蔣士成首先對中國紡織工業聯合會、中國化學纖維工業協會、中國石化集團公司、儀征化纖有限責任公司表達了自己的感謝之

情。蔣士成表示：我自 1957 年參加革命工作六十餘年以來見證了中國化纖工業創新發展的歷史。從貧窮落後、缺衣少穿的弱小產業，到依靠科技創新發展成為今天具有國際競爭優勢的纖維材料製造產業以及我國乃至世界新材料產業的重要組成部分。2019 年，中國的化纖產量占全球的 71.71%，在全球紡織原料中的占比達到 84.57%。我們實現了從化纖大國到化纖強國的初步轉變。中國的化纖工業科技水平整體上已經處於國際先進水平，部分達到國際領先水平。全體化纖人都應為此感到自豪。今年是我國「十四五」計劃開局之年，我相信在中國化纖工業協會的組織和指導下，我們必將克服目前還存在的發展瓶頸和短板，堅持高品質發展的道路，引領全球化纖工業的發展，實現化纖強國夢。

榮獲第六屆「感動石化人物」稱號

在 38 年的改革發展進程中，中國石化始終堅持以「愛我中華、振興石化」為己任，傳承石油精神、弘揚石化傳統，湧現出一批批先進典型。

2021 年，中國石化工作會議提出，要以慶祝中國共產黨成立 100 週年為主題，結合鞏固深化「不忘初心、牢記使命」主題教育成果，組織感動石化人物評選，推出一批立得住、叫得響、傳得開的重大典型，唱響共產黨好、社會主義好、改革開放好、偉大祖國好、各族人民好的時代主旋律。

1 月，中國石化報社啟動第六屆感動石化人物評選，並在總部機關各部門、各企事業單位大力支持下，共推薦感動石化人物 81 名。經中國石化報社各媒體平台聯動報導，感動石化人物評選委員

會初評，選出 30 位候選人。5 月 24 日發揮，評選活動進入投票階段。最終經綜合評定，蔣士成等 10 個人物和團隊脫穎而出。

6 月 23 日，在黨的百年華誕即將到來之際，「奮鬥百年路啟航新徵程·第六屆感動石化」頒獎典禮在中國石化總部隆重舉行。早晨 6 點，蔣士成早早醒來，簡單用餐後，再一次檢查黨徽、出入證。這天，作為感動石化人物，他受邀出席第六屆感動石化頒獎典禮。

蔣士成是一個十分守時的人。雖然早上下雨、路上塞車，6 時 55 分，蔣士成仍提前到達中國石化大樓南門。雖是耄耋之年，但他面色光潤、思維敏捷、步履平穩。

在頒獎典禮前，中國石化董事長、黨組書記張玉卓接見了第六屆感動石化人物和團隊代表。

上午 9 時，頒獎典禮開始，蔣士成作為第一位獲獎人，登上了頒獎臺，主持人敬一丹透過現場訪談，為觀眾展示榮譽背後的故事。之後，主持人宣讀了第六屆感動石化人物組委會給蔣士成《為國築功成》的致敬詞：

一絲一夢長，一路走四方。

俯首繪經緯，躬耕為霓裳。

你的夢想，是振興石化的中國夢；

你的初心，是造福百姓的赤子心。

年逾耄耋未伏櫪，意氣風發志凌雲。

六十載青絲變白髮，縷縷變化萬千，織就你的傳奇。

之後，中國石化董事長、黨組書記張玉卓和中宣部相關部門領導為蔣士成頒獎並送上鮮花。鮮花掌聲，真情湧動。平凡英雄，感動其中。

在頒獎典禮上，中國石化董事長、黨組書記張玉卓在講話中指出，人生需求燈塔，價值引領未來。當前，中國石化正在加快構建「一基兩翼三新」產業格局、打造世界領先企業，尤其需求像燈塔一樣的先進典型作為榜樣，在全體員工中凝聚發揮強大的精神力量。

蔣士成獲「感動石化人物」稱號

　　頒獎典禮結束後，蔣士成在接受中國石化報記者採訪時表示：「在黨的百年華誕即將到來之際，我榮獲第六屆感動石化人物這個大獎，這個榮譽不僅屬於我個人，也屬於儀征化纖，屬於聚酯裝置成套技術國產化創新團隊，是對老一代石化人矢志自主創新發展的極高獎賞。」

第 十六 章

追憶母親

母親是賜予孩子生命的人，是哺育孩子成長的人，是每個孩子成長路上堅強的支柱，是為了孩子全力以赴卻不求任何索取的人。蔣士成的母親已去世二十多年了，但回憶發揮母親，總能讓蔣士成動容：「我的母親，她用自己單薄的肩膀挑發揮了全家生活的重擔；她用自己青春年華來換回我們兄弟姐妹的健康成長；她用自己善良堅韌的個性感染我們兄弟姐妹，讓我們受益一生。」

蔣士成的母親，是個道地的常州人。姓計，名瑞華，家中有五個孩子，她排行老三。計瑞華的母親善於刺繡，是常州刺繡行業的「領軍」人物，靠著卓越的手藝，一家人在常州經營著一家繡莊，生意也頗為興隆。

計瑞華十八歲那年，在銀樓「蔣懋大」偶遇了蔣士成的父親蔣君衡，蔣君衡對這位溫婉的丹鳳眼的女孩印象頗深，不久就托媒人去計家提了親，但是計瑞華的母親卻有些遲疑。她聽聞蔣家的男人壽命都不長，用現在的話來說，應該是沒什麼長壽基因，唯恐計瑞華嫁過去日後受苦，是計瑞華的堅持成就了這段姻緣。

1939 年，由於戰爭的奔波，一語成讖，蔣君衡患腸癌去世了。那年，計瑞華 32 歲，長子蔣元成 11 歲，長女蔣啟蘊 9 歲，蔣士成 5 歲，而最小的兒子蔣希成才 1 歲。蔣君衡的去世對計瑞華來說是個很大的打擊。在舊社會，一個年輕的女人失去了丈夫，無疑是失去了生活最大的支柱，雪上加霜的是，在戰火紛飛的時代還要獨自拉扯幾個未成年的孩子。在蔣士成的印象裡：父親去世後，家裡的生活日漸拮据，但是母親總是樂觀地面對生活的苦難。

蔣君衡走後，蔣士成一家人和叔伯們繼續住在祖上留下的老宅裡，到了後期，家裡的積蓄用完了，便開始變賣家裡的一些首飾、家常物品，計瑞華也到外面接一些針線活來補貼家用。常州被日本攻陷時，很多商舖、房屋被燒燬，蔣士成小舅家的房子也不幸遭殃。雖然自己的生活已經是困難重重，計瑞華仍將弟弟一家接到了自家宅子裡，助家人共渡難關。生活雖很艱辛，計瑞華仍不忘把孩

子們送到學校去接受教育，作為一個普通的家庭婦女，她可能沒有「為中華之崛發揮而讀書」的信念，但她始終堅持孩子們要學知識、學本領，才能立足於世。蔣士成上的覓渡橋小學離家非常近，只有一二百米，每天早上計瑞華會站在家門口，目送孩子們出門上學，除此以外，她很少讓孩子們出門，保護孩子們的安全對她來說是生命中最重要的事。

上大學後，蔣士成一般寒暑假才回一次家。每次臨走前，計瑞華都會把鋪蓋洗好、晾曬好，再塞上一包他愛吃的常州大麻糕和五塊錢的生活費，叮囑他在外面要照顧好身體、吃飽穿暖，錢不夠的話一定要告訴家裡。都說窮人的孩子早當家，學校免伙食費期間，蔣士成總是把生活費原封不動地帶回來給母親。大學畢業去北京化工部設計院報導前，蔣士成帶女「同學」陳雅一發揮回了趟常州老家。計瑞華很意外，也很高興，儘管老家屋子很簡陋，但總是打掃得一塵不染，儘管沒錢買什麼山珍海味，計瑞華總是變著花樣做一些孩子們愛吃的食物。

畢業以後，蔣士成走南闖北，工作繁忙，便很少有機會回老家。但每個月蔣士成都會寫信給母親匯報一下工作和生活情況，關心一下母親和家人的近況，還會把每月的部分工資寄給計瑞華，用來供最小的弟弟讀西安交通大學的研究生。1959 年，蔣士成和陳雅在單位低調地結了婚，計瑞華很是生氣。蔣士成深知家裡經濟困難，不想給母親添麻煩，可是她每次提到這件事，總會念叨：「再苦再窮也是要通知親友熱鬧一下的。」每次蔣士成和陳雅回家，計瑞華總會把自己的大房間讓給孩子，自己住到客廳。她常說：「你們難得回來，平時工作又忙，肯定照顧不好自己，回來好好休息。」說完，她就轉身進廚房忙碌了發揮來。蔣家的孩子最喜歡的就是計瑞華做的紅燒肉，濃油赤醬，肥而不膩，看著孩子們吃的高興的樣子，計瑞華的臉上也綻放著滿足的笑容。

計瑞華近 70 歲高齡時，仍堅持去北京幫蔣士成帶了兩年小孫子

蔣雄文，她知道自己的兒子和兒媳工作很忙，作為母親她願竭盡所能地照顧兒女的生活，讓他們安心工作。這也是蔣士成成年後與母親難得的朝夕相處的美好時光。

1993 年 10 月，計瑞華已是 86 歲高齡。蔣士成當時正在日本出差調研，突然接到了哥哥蔣元成的電話：「母親去世了，速歸！」聽到這個消息，蔣士成懷著滿心的遺憾回到了常州，哥哥告訴他：「母親已經得肺氣腫幾個月了，卻不讓我告訴你們，怕耽誤你們的工作。」

母親去世後，家中的財物蔣士成什麼也沒要，唯獨拿回了幾樣紅木家具，這是父母親結婚時的家具中的一部分，這套紅木家具陪伴了計瑞華的一生，就算是家中窮困潦倒時，她也從未想去變賣它們。每次看見這些家具，母親小心擦拭家具的形象就會在蔣士成的腦海中浮現，可能這些家具上留下了母親和父親共同生活的氣息，浸潤著母親對父親的思念吧。

蔣士成回憶說：「母親雖然很平凡，但卻是我生命中最重要的人。她留下的最大財富，就是潛移默化塑造了我們溫和、善良而堅毅的性格，每當遇到困難時，我總會想這點事和母親的經歷相比又算得了什麼呢，便又有了迎難而上的勇氣和信心。」

附件一　蔣士成大事年表

1934 年

農曆 9 月 23 日，出生於江蘇省常州市。父親蔣君衡，母親計瑞華。兄：蔣元成；姐：蔣啟蘊；弟：蔣希成。

1937 年

11 月 28 日，全家避難武進湟裡鄉，3 個月後轉移到上海。

1939 年

農曆 9 月 21 日，父親蔣君衡病逝於上海。

1940 年

就讀於常州市覓渡橋小學(1940 年 9 月～1946 年 7 月)。

1946 年

就讀於常州師範學校初師班(1946 年 9 月～1947 年 2 月)。

1947 年

就讀於常州市私立輔華中學(1947 年 2 月～1947 年 7 月)，旁聽；就讀於常州市私立輔華中學(1947 年 8 月～1953 年 7 月)，1952 年學校更名為常州市第三中學。

1951 年

9 月 5 日，加入新民主主義青年團。

1953 年

考入華東化工學院(1993 年 2 月更名為華東理工大學)有機染料及中間體工學專業。1957 年 7 月畢業。

1957 年

在化工部有機化工設計院當實習生（1957 年 9 月～1958 年 9 月）。

1958 年

任化工部第四設計院工藝專業組長、工程設計負責人（1958 年 10 月～1963 年 12 月）。

1959 年

9 月，與陳雅結婚。育有二子。女兒蔣丹敏 1960 年 12 月出生，兒子蔣雄文 1973 年 3 月出生。

陳雅，出生於 1934 年 12 月，江蘇省無錫人。

1963 年

任化工部第九設計院工藝專業組長、工程設計負責人（1963 年 12 月～1971 年 9 月）。

1971 年

任燃料化學工業部第九化工建設公司設計所、西南工作組工藝自控室副主任、工程設計負責人（1971 年 10 月～1973 年 9 月）。

1973 年

9 月，任輕工業部第二設計院設計二室石油工藝組組長，參與四大化纖基地的規劃、引進技術的選擇和談判工作，以及對引進技術的消化吸收及國內配套工程設計工作。

10 月，參加我國特大型石油化纖聯合企業－－遼陽石油化纖總廠的設計和建設工作，承擔了乙烯、汽油加氫等裝置的設計負責人工作，承擔了蒸汽裂解（乙烯）裝置、汽油加氫裝置中方主談工作。

1974 年

1 月和 8 月，分別赴法國為遼陽石油化纖總廠引進項目設計聯絡。

1978 年

4 月，任紡織工業部設計院生產技術室副主任；同月，參加紡織工業部組織的中國化纖公司技術考察團，為江蘇石油化纖總廠技術及合約談判做準備，赴聯邦德國、美國、日本等國進行化纖技術考察。

12 月，晉升工程師。

1979 年

3 月，任紡織工業部設計院第五設計室副主任。

5 月，赴聯邦德國為江蘇石油化纖總廠引進的聚酯裝置設計聯絡。

1980 年

4 月，任江蘇石油化纖總廠籌建指揮部副總工程師。

1981 年

8 月，編制完成儀征化纖工業聯合公司總體設計(項目負責人，排名第二)。

11 月，任江蘇石油化纖總廠籌建指揮部滌綸一廠組建小組副組長。

12 月，儀征化纖工業聯合公司在京成立，任儀征化纖工業聯合公司副總工程師。

1983 年

5 月，任紡織工業部設計院諮詢開發室主任(1983 年 5 月～1985 年 10 月)

11 月，編制完成儀征化纖工業聯合公司二期工程總體設計(項目負責人，排名第二)。

1984 年

12 月，任儀征化纖工業聯合公司總工程師。

12 月 30 日，滌綸一廠聚酯裝置投料開車成功。

1985 年

1 月，滌綸二廠破土動工。

1 月 25 日，加入中國共產黨。

3 月，為儀征化纖工業聯合公司與英國 ICI 公司合作，去英國、荷蘭考察訪問。

10 月，任紡織工業部設計院副總工程師。

1986 年

8 月，任紡織工業部設計院副院長兼總工程師。

10 月，晉升高級工程師。

1987 年

4 月，兼任中國紡織工程諮詢公司副總經理。

11 月，參加第二屆國際化纖會議。

1988 年

3 月，率團為撫順腈綸項目赴美國設計聯絡 (1988 年 3 月 5 日 ~ 1988 年 5 月 31 日)

同年，任北京國家發明獎紡織組評委。

1989 年

4 月，率團去民主德國 TEXTIMA(特克斯蒂瑪公司) 技術考察。

同年，儀征化纖工業聯合公司總體設計及滌綸一廠設計獲建設部設計獎 (金獎)(排名第二)。

1990 年

5 月，晉升教授級高級工程師。

9 月，為儀征化纖工業聯合公司項目去聯邦德國、西班牙、奧地利等國進行技術考察。

1991 年

5 月，為遼陽石油化纖總廠聚酯項目，去日本、美國技術考察。

9 月，在中央黨校紡織工業部分校學習 (1991 年 9 月 ~1992 年 1 月)。

1992 年

5 月，擔任儀征化纖工業聯合公司副總經理兼總工程師，分管生產、基建的技術工作，包括科學研究、技術開發、技術品質監督和科協工作；同月任中國化纖工業協會聚酯切片和滌綸短纖維專業委員會祕書長。

7 月，兼任儀征化纖工業聯合公司三期工程副總指揮。

8 月，主持召開常州第四棉紡織廠三萬紗錠等 5 個技改項目初審會議；同月，牽頭組織聚酯裝置增容改造研討會，華東化工學院、紡織工業部設計院的專家、教授和儀征化纖工業聯合公司有關人員約 30 人參加了會議。

同年，享受國家有突出貢獻科技人員政府特殊津貼。

1993 年

11 月，儀征化纖工業聯合公司被認定為國家首批享受優惠政策的 40 家企業技術中心之一。

12 月，儀征化纖股份有限公司創立大會在北京隆重召開，任副總經理兼總工程師。

1994 年

1 月，聚酯九單元開工典禮在滌綸三廠舉行，標誌著國家「八五」計劃紡織工業最大建設項目－－儀化三期工程實現了全面開工建設。

4 月，兼任儀征化纖股份有限公司科協主席；同月，赴英國、荷蘭、德國為儀征化纖合資項目考察。

5 月，儀征化纖股份有限公司領導團隊分工，蔣士成副總經理分管科技發展、技術品質監督、訊息、科學研究和科協工作；同月，主持召開聚酯裝置增容改造初步設計審查會。

10 月，國家「八五」重大技改技措項目之一－－－聚酯 30% 增容工程，在滌綸三廠隆重舉行開工儀式。

11 月，滌綸三廠紡絲工廠成功打出第一包三維捲曲中空纖維，

標誌著全國最大的中空纖維生產裝置在儀征化纖建成投產；同月，
「儀征化纖工業聯合公司化纖工程」獲建設部設計特等獎（排名第
二）。

12 月，國家「八五」重大技改技措項目之一——滌綸一廠聚酯裝
置增加生產能力 10% 技術改造項目透過中國紡織總會驗收；同月，
儀征化纖舉行投產十週年慶祝大會。

1995 年

5 月，不再擔任儀征化纖股份有限公司副總經理，仍擔任儀征
化纖股份有限公司總工程師；同月，國家「八五」重大技改技措項目
之一——紡絲裝置增容 10% 技術改造項目透過中國紡織總會驗收。

6 月，參加江蘇省科學技術大會並作《推進技術進步，爭創世界
一流，儀征化纖企業技術中成果豐碩》經驗交流發言。

12 月，儀征化纖三期工程全面建成投產，成為全國紡織行業唯
一在「八五」期間內立項、建設並如期投產發揮效益的國家重點工
程，被國家計委譽為「一個投資省、速度快、效益好的典型」，創造
了我國化纖建設史上的奇蹟。

同年，組織編制儀征化纖股份公司「九五」發展規劃。

同年，擔任江蘇省化工學會副理事長。

同年，任中國品質管理協會第六屆理事會理事。

1996 年

1 月，儀征化纖股份有限公司透過 ISO9002 標準認證。

4 月，參加國家計委在儀征化纖股份有限公司舉辦的儀化四期
工程研討會。

5 月，率團赴馬來西亞、日本進行 PTA 生產裝置技術考察；同
月，國家「八五」重大技改攻關項目--滌綸三廠聚酯八單元 30% 增容
改造項目提前開車並滿負荷運行成功。

9 月，在儀征化纖科技大會暨科協第四次代表大會上作工作
報告。

10月，國家「八五」重大技改攻關項目--滌綸三廠聚酯八單元30%增容改造項目透過中國紡織總會驗收。該項目的改造成功，標誌著我國聚酯工業在裝備和技術的國產化方面取得了突破性進展，為大容量聚酯裝置全面國產化創造了條件；同月，率團赴臺灣進行PTA生產裝置技術考察。

11月，主持召開聚酯增容改造推廣項目設計預備會議。

1997 年

1月，儀征化纖股份公司聚酯八單元增加生產能力國產化技術改造項目獲國家經貿委優秀項目獎(排名第一)；同月18日，儀征化纖三期工程國家驗收慶祝大會。

2月，國家計委委託中國國際工程諮詢公司，組織國內有關工程設計、化工化纖、非纖聚酯、技術經濟、訊息諮詢等方面30位專家，來到儀征化纖現場，就四期工程PTA、聚酯、紡絲、非纖聚酯等項目可行性研究報告進行評估調研(1997年2月27日~3月3日)。

8月，10萬噸/年國產化聚酯項目被列入國家「九五」重點科技攻關項目；同月，率團赴英國、印度進行PTA項目設計聯絡。

10月，儀征化纖重大技改項目--滌綸一廠聚酯三單元30%增容項目比原計劃提前兩天一次投料開車成功。

11月，率團赴德國進行設計聯絡。

同年，擔任中國紡織學會理事。

1998 年

1月，儀征化纖股份公司聚酯裝置增容改造研究項目獲1997年度中國紡織總會科技進步一等獎(排名第一)。

2月，退休；同月擔任儀征化纖股份有限公司顧問。

10月，擔任中國化學纖維工業協會及儀征化纖等14家企業聯合成立的「聚酯切片和滌綸短纖維反傾銷調查組」常務副組長。

1999 年

6 月，10 萬噸/年國產化聚酯項目被列入中國石化「十條龍」科技攻關項目。

10 月，化工廠大修暨 30%增容改造投料試車一次成功。

12 月，當選中國工程院院士。

2000 年

3 月，參加在上海舉行的由中國紡織工程學會、中國非織造布和產業用紡織品行業協會主辦的「21 世紀現代紡織與產業用紡織品發展研討會」。

4 月，參加在南京化工大學召開的工程碩士教學指導委員會成立會議，受聘擔任指導委員會副主任。

5 月，擔任國家人事部專家服務中心專家顧問委員。

6 月，出席中國科學院第十次、中國工程院第五次院士會議，同月在儀征化纖第三屆科技進步大會上傳達兩院院士會議精神，交流參加會議的心得體會；同月，率團赴日本為儀征化纖股份公司直紡長絲項目設計聯絡。

9 月，參加在中國科技會堂舉行的中國工程院工程管理學部成立大會，當選工程管理學部首批院士；同月，參加由國家經貿委、中國工程院聯合組織的「上海石化技術創新院士行」活動；之後被上海石化聘為高級技術顧問。

11 月，赴新加坡參加第五屆世界化纖及原料會議。

12 月，10 萬噸/年國產化聚酯裝置建成投產慶祝儀式在滌綸一廠隆重舉行。該裝置是國家經貿委「九五」重大科技攻關項目和中國石化「十條龍」科技攻關項目。該裝置的試車成功，打破了國外技術壟斷，開創了聚酯裝置建設國產化的道路，帶動了中國聚酯工業的跨越式發展。

同年，任中國石油化工集團公司科技委委員、顧問。

2001 年

1 月，擔任儀征化纖老科技工作者協會名譽理事長；同月，率團赴英國執行 PTA 項目基礎設計聯絡。

4 月，由國家經貿委組織召開的聚酯技術改造座談會在儀征化纖召開，來自中國石化和中國石油的 10 多家單位的 40 多位代表參加了會議。

7 月 11~13 日，儀征化纖股份公司年產 45 萬噸 PTA 項目初步設計在北京順利透過中國石化股份有限公司的審查。45 萬噸 PTA 項目是國家批准的儀化四期工程中的關鍵項目。2000 年 8 月經國家計委批准後啟動建設，是中國石化集團公司 2001 年重點投資建設項目。

7 月，10 萬噸/年聚酯成套技術開發項目，透過由中國石化股份公司組織的鑒定委員會的鑒定。

12 月，滌綸一廠年產 10 萬噸國產化聚酯裝置等 7 個重大技術改造項目透過竣工驗收，這些重大技改項目實現了「投資省、工期短、品質優、效益好」的目標。

同年，擔任中國化學纖維工業協會副理事長、副會長。

同年，擔任中國紡織工程學會常務理事。

同年，擔任中國紡織學會常務理事。

2002 年

1 月，任儀征化纖股份有限公司年產 45 萬噸 PTA 項目工程建設顧問；同月率團赴日本執行儀征化纖股份有限公司 45 萬噸 PTA 項目設備檢驗任務。

3 月，赴印度、土耳其、埃及參加第四屆亞洲化纖會議並執行交流活動。

6 月，任儀征化纖技術中心顧問。

8 月，在上海石化參加中國石化「十條龍」科技攻關項目－－年產 30 千噸腈綸工程化成套技術專家鑒定會。

同年，10萬噸/年聚酯成套技術開發項目獲2001年度中國石化科技進步一等獎(排名第一)。

2003年

2月，10萬噸/年聚酯成套技術榮獲2002年度國家科技進步二等獎(排名第一)。

7月，參加中國化學纖維工業協會組織的赴俄羅斯執行市場考察及企業交流活動。

8月，中國石化「十條龍」科技攻關項目——儀征化纖年產10萬噸瓶級聚酯固相縮聚成套技術在國內率先實現國產化，形成了具有中國石化自主知識產權的成套技術。這是儀征化纖繼10萬噸/年聚酯技術實現國產化後的又一次重大技術突破。

12月，在揚子石化參加華東理工大學訊息科學與工程學院同揚子石化、浙江大學協同攻關，對二甲苯氧化反應模型化技術應用專家鑒定會。

同年，任中國國際工程諮詢公司專家委員會顧問。

2004年

1月，任《化工時刊》第四屆編委會顧問。

3月，參加中國石油天然氣股份有限公司副董事長任傳俊率隊來儀征化纖股份有限公司進行調研聚酯國產化建設的座談會。

4月，國務院總理溫家寶在中國國際工程諮詢公司完成的專題報告《聚酯技術自主化和裝備國產化的成功啟示及建議》上批示：「聚酯技術自主化和裝備國產化的成功是寶貴的。要認真總結經驗，從政策、機制、科技等方面採取綜合措施，提高我國聚酯工業的核心競爭能力。」同月，率團赴英國、德國、日本考察新型聚酯催化劑。

5月，參加蘇州大學材料工程學院與儀征化纖股份有限公司聯合申報的「江蘇省產學研聯合培養研究生示範基地」揭牌。

9月，參加在蘇州大學舉行的由江蘇省教育廳、江蘇省學位委

員會主辦的「永不衰落的紡織」博士論壇；同月，中國紡織工業協會召開會議，聘請蔣士成等 12 位院士為紡織科學顧問；同月，參加在四川自貢市舉辦的「中國西部化纖產業鏈發展研討會」。

10 月，在福州參加由中國紡織工業協會主辦的第十屆中國國際化纖會議。

12 月，參加儀征化纖慶祝投產 20 週年慶祝會議。

2005 年

2 月，受國家發改委的委託，中國國際工程諮詢公司組織專家於 2 月 21 日和 22 日在儀征化纖召開了年產 100 萬噸 PTA 項目申請報告的現場調研評估會。

5 月，赴香港參加 2005 年全球化學纖維原料會議。

6 月，參加中國紡織工業協會組織的赴韓國「第四屆中韓化纖界高層會議」。

9 月，參加由儀征化纖承擔的中國石化「十條龍」攻關項目「年產 10 萬噸聚酯固相縮聚成套技術」項目之子項目——「固相縮聚主要設備研製」和「大容量連續切片輸送技術開發」專家鑑定會。

10 月，參加在北京召開的中國紡織工程學會第 23 屆全國會員代表大會；同月，任中國化工學會 2005 年學術年會石油化工專業委員會顧問委員。

11 月，參加在浙江理工大學舉辦的 2005 年香港桑麻基金會頒獎大會。

2006 年

3 月，在北京參加中國紡織工業協會召開的「紡織行業關鍵技術及裝備攻關動員大會」。

6 月，參加兩院院士大會暨第六屆光華工程科技獎頒獎儀式，獲光華工程科技獎工程獎。

7 月，參加在上海石化舉行的由中國石化集團公司組織的年產 30 萬噸聚酯工藝軟體包專家審查會。

10月，參加在天津工業大學舉辦的由中國紡織工業協會、中國工程院環境與輕紡工程學部等聯合主辦的「中紡圓桌・院士論壇」；同月，參加在天津工業大學舉行的2006年香港桑麻基金會頒獎大會。

2007年

11月，參加在浙江理工大學舉行的由中國工程院環境與輕紡工程學部主辦，浙江省科學技術協會、總後勤部軍用漢麻材料研究中心、浙江理工大學等承辦的「天然纖維紡織高層論壇」，會上作「高性能纖維當前形勢與發展政策」主題報告。

2008年

8月，參加在湖北武漢舉行的「紡織之光」2008年度中國紡織工業協會科學技術獎評審。

10月，參加武漢科技學院辦學50週年紀念活動。

11月，參加在北京服裝學院舉行的2008年香港桑麻基金會頒獎大會。

12月，參加在浙江紹興舉行的以「新型化學纖維與產業用紡織品」為主題的2008年紡織工業產業升級科技論壇暨中國工程院第81場工程科技論壇。

同年，在江蘇徐州斯爾克集團建立江蘇省院士專家工作站。一步法異收縮滌綸復合絲獲省部級科技進步一等獎。

2009年

2月，參加在江蘇鹽城舉行的高強高模聚乙烯纖維生產線成套裝備專家鑒定會。

3月，參加浙江省工業轉型升級「新市場、新方向、新概念」首場專題報告會。

4月，參加在雲南西雙版納景洪舉行的「2009中國天然纖維論壇」。

5月，參加在四川德陽舉辦的國內最大規模「高性能聚苯硫醚短纖維、長絲工程化成套技術」項目評審會。

8月，參加在江蘇無錫舉行的「紡織之光」2009年度中國紡織工業協會科學技術獎評審；同月，參加在南京舉行的由江蘇省經貿委組織的揚州化工園區產業發展規劃(2009年修編版)評審會。

11月，受聘華東理工大學名譽教授；同月，參加在上海東華大學舉辦的2009年香港桑麻基金會頒獎大會；參加在蘇州大學新校區舉行的現代絲綢國家工程實驗室揭牌。

12月，中國紡織工業協會傳媒中心《絲路》攝製組來儀征化纖股份有限公司拍攝25集大型電視文獻紀錄片第3集的部分內容，接受採訪；同月，參加中國化學纖維工業協會主辦的「2009(珠海)聚酯產業鏈產品創新論壇暨聚酯和滌綸短纖/滌綸長絲專業委員會年會」。

2010 年

1月，參加在珠海舉行的化纖產學研合作創新平台第一屆第二次理事會。

4月，主持中國工程院諮詢研究項目「研究多種生物高分子新纖維工程化與產業化前景」啟動會。

6月，參加在山東濟南舉行的第四屆中國生物產業大會；同月，參加在成都舉行的中國紡織工業協會「紡織之光」科學技術獎評審會。

8月，參加在南京舉行的中國工程院第102次工程科技論壇--耐高溫纖維產業用紡織品及濾袋專題論壇。

9月，參加中國石化系統的15位中國科學院、中國工程院院士到普光氣田考察指導工作；同月，參加在江蘇吳江舉行的第十六屆中國國際化纖會議。

10月，參加在浙江理工大學舉行的 2010 年香港桑麻基金會頒獎大會；同月，在儀征化纖參加中國石化「十條龍」科技攻關項目——「百噸級對位芳綸工業化試驗裝置成套技術開發」項目鑒定會；同月，參加在吉林長春舉辦的中國工程院主辦、長春經濟技術開發區承辦的中國工程院生物高分子新纖維及生化原料工程化、產業化策略高層論壇。

12月，參加在廣東深圳舉行的由紡織化纖產品開發中心、全國化學纖維新技術推廣中心主辦的 2010 年高性能纖維材料新產品研討會；同月，在福建晉江參加由中國工程院環境與輕紡工程學部主辦、中國產業用紡織品行業協會承辦的中國工程院高層論壇——過濾材料的生產、技術創新及其應用；同月，參加在北京舉行的中國紡織工程學會 80 週年慶典暨中國紡織工程學會第二十四屆全國會員代表大會。

2011 年

1月，參加在寧夏銀川舉行的「中國寧夏生態紡織產業示範園規劃」評審會。

4月，參加中國工程院組織的對普光氣田開發建設的調研考察；同月，參加在湖北宜昌舉行的「2011 年（宜昌）產業用纖維創新升級與發展論壇」。

6月，參加在北京舉行的化纖產業技術創新策略聯盟第二屆專家委員會會議。

8月，出席第 122 場中國工程科技論壇——生物質纖維產業化發展策略研討會並致辭；參加中國工程院環境與輕紡工程學部、上海市中國工程院院士諮詢與學術活動中心等在上海舉行的「氣候變化與低碳紡織品高層論壇」。

9月，參加中國工程院、山東省人民政府主辦，化工、冶金與

材料工程學部、淄博市人民政府共同承辦的第十屆(淄博)新材料技術論壇暨院士專家淄博科技行活動。

10月，參加中國紡織工程學會在上海舉行的「2011中國紡織學術年會」。

2012年

4月，參加中國工程院環境與輕紡工程學部、中國產業用紡織品行業協會、山東省科技廳、泰安市人民政府共同舉辦的2012國際繩網高端研討會暨國際繩網創新技術與產品博覽會。

8月，參加中國工程院諮詢研究項目「研究多種生物高分子新纖維工程化與產業化前景」匯報會，匯報項目背景和進展；同月，參加由中國工程院主辦，中國工程院工程管理學部、能源與礦業工程學部，中煤能源集團有限公司承辦的第141場中國工程科技論壇「西部能源開發策略」。

12月，參加中國工程院化工、冶金與材料工程學部和總後軍需物資油料部共同主辦、總後軍需裝備研究所承辦的「高性能纖維產業化及應用」高層研討會。

同年，在浙江桐鄉新鳳鳴集團建立浙江省院士專家工作站。柔性直接紡滌綸纖維技術獲國家科技進步二等獎。

同年，在福建晉江百宏集團建立福建省院士工作站。數位仿真聚酯生產技術獲省部級科技進步一等獎。

2013年

1月，參加「中國(蕭山)化纖科技產業發展規劃」匯報會。

2月，主持中國工程院重點諮詢項目「我國紡織產業科技創新發展策略研究(2016~2030)」啟動會。

3月，2014/2015中國纖維流行趨勢活動期間接受媒體採訪，提出「必須從量的增加轉向質的提升」。

5月，參加「盛虹集團蘇震生物質年產5萬噸差別化纖維項目奠基儀式」；同月，參加2013年碳纖維及其複合材料發展座談會並講話。

6月，參加由中國工程院主辦，中國工程院環境與輕紡工程學部、東華大學、上海大學等承辦的第163場中國工程科技論壇「新型環境治理土工合成材料製造技術及工程應用」；同月，參加「2013年高新技術纖維產業發展研討會暨高新技術纖維專業委員會年會」。

7月，參加在山東淄川舉辦的第六屆百名專家行暨科技成果引進洽談會。

8月，參加由中國工程院、中國科學院、黑龍江省人民政府聯合主辦的2013院士龍江行暨林下經濟發展諮詢會。

10月，參加由中國工程院環境與輕紡工程學部、福建省科學技術協會共同主辦的第十三屆「院士專家八閩行」－－「輕紡·食品·環保」院士行活動；同月，到山東理工大學化工學院紡織化學品與染整工程技術研究中心指導工作。

11月，參加由中國工程院環境與輕紡工程學部主辦，東華大學、上海市中國工程院院士諮詢與學術活動中心等承辦的「表面活性劑在紡織印染工業中的應用及對環境的影響」高層論壇。

12月，參加由中國工程院環境與輕紡工程學部、福建省科學技術協會聯合主辦的「我國紡織產業科技創新發展策略研究」研討會；同月，參加由中國工程院環境與輕紡工程學部、中國輕工機械協會、華南理工大學等主辦的「珠江三角洲高端輕工裝備創新發展研討會」。

2014 年

2月，參加中國工程院科技合作委員會會議。

3月，參加2014/2015中國纖維流行趨勢發布會；同月，參加

中國化學纖維工業協會第五屆理事會議；同月，參加生物基聚酰胺產業技術創新策略聯盟成立大會並講話。

5月，參加在江蘇常州召開的中國化學纖維工業協會碳纖維分會成立大會暨2014年碳纖維及其複合材料產業發展座談研討會。

6月，出席「2014中國紡織工程學會化纖專業委員會學術年會」；同月，出席「2014(吉林)高新技術纖維材料產業創新論壇暨高新技術纖維專業委員會年會」。

9月，中國工程院致信蔣士成院士祝賀八十壽辰；同月，參加「第20屆中國國際化纖會議」；同月，參加中國工程院環境與輕紡工程學部、浙江省科協等主辦「問情·咨政·服務」院士寧波行活動；同月，出席「中國科協2014海峽兩岸超仿棉加工技術應用研究青年科學家研討會」。

10月，參加由中國工程院主辦，中國工程院環境與輕紡工程學部、中國工程院醫藥衛生學部、中國產業用紡織品行業協會等承辦的第196場中國工程科技論壇「生物醫用紡織材料科技發展論壇」；同月，出席儀征化纖舉辦的蔣士成院士學術報告會，作題為《中國紡織工業創新與發展思考》的學術報告，會上獲中國化纖工業協會頒發的「特別貢獻獎」；同月，參加「2015/2016中國纖維流行趨勢專家評審會」；同月，出席「2014中國紡織學術年會」；同月，作為鑒定專家組成員參加「干法紡聚酰亞胺纖維項目的鑒定會」。

11月，出席「2014香港桑麻基金會頒獎大會」。

12月，參加「差別化滌綸細旦工業絲產業化成套技術和應用」鑒定會。

2015年

3月，參加「2015/2016中國纖維流行趨勢發布會」，並撰文「打造中國纖維品牌」；同月，出席「中國化學纖維工業協會及第五屆第

十次常務理事擴大會議」。

4月，出席「氨基甲酸酯法纖維素纖維濕紡長絲生產新工藝及裝備研發項目」的鑒定會。

5月，出席中國工程院重點諮詢項目重點諮詢項目「我國紡織產業科技創新發展策略研究（2016-2030）」成果發布會；同月，參加「第十屆亞洲化纖會議」。

7月，參加中國工程院「製造強國策略研究」項目組赴江蘇省蘇南地區五市調研；同月，參加「千噸級高強型、高清中模型干噴濕紡高性能碳纖維關鍵技術及產業化」項目的鑒定；同月，出席「高性能纖維與複合材料工程尖端技術研究高層論壇」。

8月；參加中國工程院「高性能纖維與汽車輕量化技術科技創新發展策略研究」項目組到中國一汽技術中心調研。

9月，出席「中國化學纖維工業協會第六次會員大會」；同月，出席「第二十一屆中國國際化纖會議」。

10月，出席「中國紡織工程學會第25次全國會員代表大會」。

11月，出席中國石化科技委組織院士、專家一行到儀征化纖調研指導。

2016年

4月，主持中國工程院「高性能纖維與汽車輕量化技術創新發展策略研究」課題成果發布會；同月，參加中國工程院組織的金華生態文明建設院士行活動。

5月，出席中國科技創新大會、中國科學院第十八次院士大會和中國工程院第十三次院士大會、中國科學技術協會第九次全國代表大會；同月，參加中國紡織工程學會、南通市科協聯合舉辦「高端紡織業·產業用紡織品」院士專家南通行活動。

6月，主持由中國工程院環境與輕紡工程學部、中國化學纖維

工業協會、中國紡織工程學會、連雲港市人民政府等主辦的「纖維新材料綠色設計與綠色製造工程尖端技術論壇暨中國化纖科技大會」。

7月，參加中國工程院組織的資源開發可持續生態環境可持續新疆院士行活動；同月，參加中國繩網產業國際高端論壇並作主題報告。

9月，參加第22屆中國國際化纖會議；同月，參加福建鼓嶺科學會議並作主題報告。

10月，參加中國工程院組織的鹽城院士行活動。

11月，參加中國工程院組織的餘杭院士行活動；同月，參加《我國紡織產業智慧製造發展策略研究》課題山東企業調研活動；同月，參加中國工程科技論壇活動。

2017 年

3月，參加由中國工程院環境與輕紡工程學部、安徽界首市人民政府共同主辦的「踐行新發展理念・院士專家界首行」活動。

5月，參加中國工程院「製造強國策略研究(三期)」項目組赴江蘇省蘇南五市調研。

11月，出席2017中國紡織學術年會。中國工程院7位院士，以及來自烏茲別克斯坦、孟加拉國、肯尼亞、巴基斯坦、柬埔寨、印度等六國7所高校的校長，還有國內外知名科技企業負責人，來自科學研究、生產、教學一線的紡織科技工作者齊聚一堂，共襄紡織盛會。

2018 年

5月，出席由中國和平利用軍工技術協會、武漢理工大學、全聯科技裝備業商會、中國化學纖維工業協會共同主辦的「第三屆軍民兩用新材料大會」，並致辭。

6月，參加中國工程院重點諮詢項目「汽車強國策略研究」結題評審會暨新時代汽車發展策略研討會。

7月，出席儀征化纖紀念建廠四十週年老領導座談會。

10月，出席中國紡織工業聯合會第四屆第四次常務理事擴大會議，獲中國紡織工業聯合會評選頒發的改革開放40年紡織行業突出貢獻人物獎項；同月，出席「2018年香港桑麻基金會」頒獎典禮，獲「榮譽桑麻學者」稱號。

2019年

6月，出席先進複合材料及輕量化材料應用高層論壇暨中國化纖科技大會，並致辭。

8月，出席中國工程院諮詢研究項目「我國中空纖維膜技術產業發展策略研究」研討會暨中空纖維膜產業發展企業家高峰論壇，作項目總體介紹；同月，中央電視臺「共和國脊樑，為國家增光」系列公益廣告攝製組來儀征化纖現場採訪拍攝，採訪蔣士成，從聚酯系列終端產品改善人民生活的角度，深入採訪挖掘中國石化芳烴科學研究攻關團隊40年艱苦創新、解決老百姓的穿衣問題，完成黨和國家交付的重大使命的故事。

10月，央廣網經濟之聲首席評論員陳愛海對話蔣士成，播發特別訪談－－「編織奇蹟的中國紡織業」。

12月，參加由中國工程院、中國紡織工業聯合會聯合主辦的第309場中國工程科技論壇－－2019中國紡織軍民兩用技術發展大會；同月，率隊調研高科技環保企業碧水源總部及膜研發生產基地。

2020年

2月，由CCTV－發現之旅頻道《紀錄東方》欄目製作的紀錄片「大國協會的初心與使命」系列之《纖維改變生活》節目在該頻道播出，蔣士成結合新中國成立70年來中國紡織化纖工業走過的不凡歷

程及中國纖維流行趨勢發布活動舉辦八年來的點點滴滴，講述纖維如何改變生活，展示纖維製造的非凡匠心。

11月，蔣士成走進中國化學纖維工業協會「纖維空中大講堂」，作「纖維材料尖端技術發展趨勢」主題演講。

2021年

2月，蔣士成入選中國石化慶祝建黨100週年‧第六屆感動石化人物候選人，中國石化報尋找「感動石化」人物專欄刊發報導《蔣士成：一生逐夢為霓裳》。

3月，出席中國化學纖維工業協會第七次會員大會暨七屆一次理事會暨七屆一次常務理事會，會上獲中國化纖行業終身成就獎。

6月，出席中國石化「奮鬥百年路啟航新徵程‧第六屆感動石化」頒獎典禮，會上獲第六屆「感動石化人物」稱號。

附件二 蔣士成主要論著目錄

SS][1] 蔣士成. 前進中的儀征化纖企業技術中心[J]. 華東科技, 1995(7)：
　　　　8-20.

[2] 蔣士成. 中國聚酯及滌綸纖維工業的現狀和展望[J]. 石油化工動態,
　　　1998(1)：17-21.

[3] 蔣士成. 中國聚酯及滌綸纖維工業的現狀和展望[C]//. 第七屆北京國際
　　　化纖會議論文集, 1999.

[4] 蔣士成. 中國聚酯及滌綸工業的發展[J]. 金山油化纖, 2001(2)：1-6.

[5] 蔣士成. 加強工程技術開發發展中國聚酯業[J]. 中國工程科學, 2001
　　　(3)：27-33.

[6] 蔣士成. 大型聚酯裝置工程技術研究與開發新進展[J]. 華東理工大學學
　　　報, 2002(5)：461-467.

[7] 蔣士成. 中國聚酯工業原料 PTA/EG 的現狀及發展對策[J]. 中國紡織,
　　　2002(10)：19-22.

[8] 蔣士成. 中國聚酯產業鏈發展現狀和前景分析[J]. 石油化工技術經濟,
　　　2004(6)：1-5.

[9] 蔣士成, 中國聚酯工業現狀和對策[C]//. 第十屆中國國際化纖會議論文
　　　集, 2004.

[10] 徐正寧, 蔣士成, 季平, 等. 面對新「三國演義」：儀化如何做強做大?
　　　[J]. 中國石化, 2004(5)：14-16.

[11] 蔣士成, 吳劍南. 2010 年中國聚酯產業鏈發展展望和建議[J]. 當代石油
　　　石化, 2005(5)：1-7.

[12] 沈希軍, 張軍, 王嘉駿, 馮連芳, 蔣士成. 聚酯切片流態化特性的研究
　　　[J]. 石油化工, 2005(12)：1164-1167.

[13] 沈希軍, 張軍, 李金霞, 馮連芳, 蔣士成. PET 固相縮聚工藝技術分析

[J]. 合成技術及應用，2006(1)：30-33.

[14] 沈希軍，李金霞，馮連芳，張軍，蔣士成. PET固相縮聚前後的結晶行為[J]. 華東理工大學學報，2006(2)：165-168.

[15] 蔣士成，吳劍南. 中國化纖工業現狀和可持續發展對策[J]. 當代石油石化，2006(7)：1-6.

[16] 蔣士成. 自主創新方能做大做強[N]. 中國紡織報，2006-11-09.

[17] 沈希軍，張軍，馮連芳，蔣士成，汪燮卿. 聚酯熔體熱水中造粒傳熱過程的模擬[J]. 石油化工，2007(1)：55-58.

[18] 沈希軍，張軍，顧雪萍，馮連芳，蔣士成. 聚酯切片結晶行為與固相縮聚過程新流程方案[J]. 高分子材料科學與工程，2008(8)：155-158.

[19] 蔣士成. 加快經開區生物產業化步伐[N]. 吉林日報，2010-10-16.

[20] 蔣士成，俞建勇，沈瑋. 產業發展背景點評[J]. 紡織導報，2013(1).

[21] 蔣士成. 依靠科技創新實現化纖產業升級[N]. 中國工業報，2013-10-23.

[22] 蔣士成. 中國紡織工業科技創新思考[J]. 紡織服裝週刊，2014(44).

[23] 蔣士成. 挖掘出「中國纖維」品牌影響力[J]. 紡織服裝週刊，2015(9).

[24] 蔣士成，賀燕麗. 專家獻言「十三五」[N]. 中國紡織報，2015-3-30.

[25] 蔣士成. 選準突破方向加強原始創新[N]. 中國石化報，2016-8-1.

[26] 蔣士成. 圍繞三個方向加快高性能纖維發展[N]. 中國石化報，2020-1-7.

[27] 肖長髮，何本橋，武春瑞，龔耿浩，蔣士成. 我國中空纖維膜技術與產業發展策略研究[J] 中國工程科學，2021(2)：153-160.

後　記

歷經 5 個寒暑，《蔣士成傳》終於完稿付梓。

蔣士成是 1999 年當選的中國工程院院士，是新中國培養出來的第一代化工化纖領域的工程設計和技術管理專家。20 世紀 90 年代，他率領的團隊，集技術開發、工程設計和設備研製為一體，形成大型聚酯裝置國產化專有技術，從而改變了中國聚酯市場乃至世界聚酯市場格局，實現了中國化纖工業的迅猛發展。

業界、媒體、同事給予蔣老高度評價：尊他為「中國的確良之父」，譽他是「德藝雙馨」，稱他為「化纖業界的定海神針」。他總是謙遜地搖頭擺手：「我哪裡是創造什麼神話，我的幸運是遇上一個改革開放的好時代。」蔣老淡泊名利，早幾年前，有出版社就制定了蔣老傳記的出版計劃，但被他婉然謝絕。

因此，為蔣老編撰傳記，是一件非常不容易的事情。

蔣老是一個慈祥的老者，臉上永遠掛著溫和的微笑，就連長期在他身邊的工作人員也從沒見過他發怒的模樣。

蔣老是一個永遠忙碌著的人，即便是退休後，他的日程安排也按小時計，他的時間被大量的考察、諮詢、會議和社會活動所佔據。

談發揮聚酯專業技術和市場前景，蔣老滔滔不絕，而談發揮人生經歷，他卻是惜字如金。

與許多科學家、學者們不同，蔣老沒有很多的科學研究、學術鴻篇巨著，他所取得的成就來自於豐富的工程實踐和長期的日積月累。

這是幾次訪談蔣老給我們編寫組留下的印象。

雖然已是耄耋之年，但蔣老面色光潤，思維敏捷，毫無老態。他給我們講述最多的是化工化纖工業在中國由無到有、由小到大、由弱到強的發展史，以及他所經歷的國家重點工程的建設概況，尤其是對工程的得與失、經驗與教訓有著精闢的見解。講述他自己，除了「得到了培養」「受到了鍛煉」之外，枯燥得如同他履歷表上的簡歷。

也許是出自其謙虛、不事張揚的本性，也許是長期以來受集體主義教育薰陶形成的特質，蔣老寬廣的眼界和崇高的責任使命感，讓人遙不可及，高山仰止。

中國工業化進程步履蹣跚，技術發展道路崎嶇曲折。在國外技術引進和利用上，在國產化技術開發、推廣上，始終存在著不同的聲音，存在著利益的衝突和觀念的碰撞。尤其是在特定的歷史時期，蔣老這一代人承受的各種壓力和磨難是可想而知的。

傳主對自己的人生經歷輕描淡寫，讓我們感到束手無策。而我們確信，蔣老是一個有故事的人，儘管蔣老最不擅長講故事。

於是，我們沿著蔣老生活和工作的軌跡，踏上採訪的征程，北上南下，體驗蔣老的傳奇人生。

江蘇常州是蔣老的故鄉，這座在 19 世紀初較早出現中國資本主義萌芽的的工業城市，後來成為中國棉紡工業的腹地。崇文重教、產業報國的地域文化，文雅儒素、嚴謹開明的家族文化，以及淪陷時期的國難家難給年輕的蔣士成留下深刻的人文記憶。在蔣老中小學母校校園裡的漢白玉「院士牆」和蔣士成銅像前，我們仍然感到生生不息的文化傳承。

華東理工大學是蔣老從事化工專業的發揮點，也是成就蔣老輝煌夢想的地方，「勤奮求實、勵志明德」的校訓滋育了一代又一代華理莘莘學子。二十年前攻關團隊計算的工藝包數據和實驗模型還陳列在該校的「國家化工實驗室」裡，以此為基礎，國產化聚酯裝置技

術和容量不斷的更新升級，快速占領國內市場，並成功地走向國際市場。回憶發揮當年在蔣老帶領下日夜奮戰、科學研究攻關的激情歲月，特別是那跨體制、跨部門的聯合攻關以及無私忘我的奉獻精神，師生們認為「至今都難以跨越」。

湖北、吉林、貴州、廣西、遼寧、北京、江蘇等地是蔣老曾經生活、工作過的地方，這些地方見證著蔣老思想品格、職業生涯和技術經驗的成長。在切乎關係國計民生的國家重點工程建設中，在波雲詭譎的政治經濟環境中，蔣老經歷了人生的順境和逆境，有探索，有思考，有痛苦，有徬徨。而始終不變的是，蔣老對國家的熱愛、對事業的執著、對理想的追求。如果將這些點面連接發揮來，我們不難看到新中國成立以來我國化纖工業從人造纖維、維尼綸纖維、石油化工纖維、生物基等更多纖維縱深領域發展的歷程，不難看到中國聚酯裝置技術從引進、消化吸收到自主開發、自主創新的艱難之路。

蔣老是幸運的。參加工作以來，他就跨進了中國化工化纖事業的高平台，經歷了新中國三次大規模引進外國先進技術設備和全面改革開放的歷史過程。無論是友好的「無償援助」，還是技貿結合式的引進；無論是「交鑰匙工程」，還是裝置與技術的成套引進，國外先進的技術和國內落後的面貌在他的意識中形成強烈的反差，擺脫技術困境、追求自主創造成為他畢生的動力。

蔣老是睿智的。他能夠站在引進技術的高發揮點上，以國家政策為導向，引領企業走向發展的快車道；他能夠衝破舊體制的藩籬，推進產、學、研的完美結合；他能夠以聯合攻關的旗幟，促進化工機械製造業的更新升級；他能夠以宏觀的視野，審視國家產業創新和行業發展的未來方向，發揮國家智庫和行業參謀作用。誠然，蔣老組織的聚酯技術國產化攻關在中國技術進步發展大潮中，只是一道急流，一朵浪花。但是，他率領和創造的科學研究、生產、設計、設備製造攻關團隊及其組織方式，仍是一個鮮有而成功

的典範，現在乃至將來都值得借鑑。

擁有夢想只是一種智力，實現夢想才是一種能力。聚酯裝置技術國產化成夢於前中國紡織工業設計院，圓夢於儀征化纖公司。華東理工大學和南化公司機械廠如虎添翼，形成強大的智力和能力的完美組合。團隊的成功催生了中國聚酯市場的新興力量，中國民營聚酯企業異軍突發揮，而在殘酷的市場競爭中，作為共和國聚酯老大的儀征化纖市場份額失去了半壁江山。儀化人的回答顯得悲壯而富有擔當：聚酯技術的國產化「成在儀化，利在民族，功在國家」。

外出採訪同樣是一件不容易的事，蔣老的同學同事大多年事已高，音訊難覓。讓我們感到幸運的是，在有關方面的大力協助下，我們居然找到了蔣老在各個時期的同窗同仁和知情人，從他們當中找到很多新鮮生動的第一手資料。我們透過翻閱檔案資料、召開座談會、登門拜訪、電話訪談等方式收集了大量的素材，從而使傳主的人生經歷豐富發揮來。我們難以忘記採訪過程中的一幕幕感人場景：數位皓首蒼顏的國家級設計大師出席我們的專訪座談；一位德高望重的老領導為接受我們的採訪連夜親筆準備了長達數十頁紙的採訪提綱；一位老人因手術在醫院病房裡接受我們的電話採訪；一對老年伉儷顫巍巍地趕到我們下榻的旅店送來他們珍藏半個多世紀的珍貴照片；一位不幸患阿爾茨海默病的老者回憶往事時眼中閃爍的光芒。

為院士作傳不僅要求史料詳實，可信可讀，而且要求有一定的專業性，這對我們編寫組來說也是一件不容易的事情。編寫組成員雖都有化工化纖企業的工作經歷，但仍不免為技術的門外漢。科學研究攻關類似「哥德巴赫猜想」，味如嚼蠟的公式只有身在其境的陳景潤們方才覺知奧妙無窮。往往圍繞一組數據，一段流程，一個微小的反應速度，反覆做幾十次乃至上百次的試驗，各種不同技術觀點的踫撞爭議也屢見不鮮，由於我們的專業性不足或文意表述力不逮，難以感受其中妙趣，只能是刪繁就簡，不能將其間的精彩完美

的呈現，這不得不說是一種遺憾。

　　初稿形成後，蔣老認真地審閱全稿，並要求刪除一部分他認為不適的內容。傳主單位儀征化纖公司非常重視本書的編撰工作，給予編寫組全力支持。黨委書記萬濤為本書作序，陳達副書記主持書稿編審會，宣傳部陸秀宏部長做了大量的組織和配合工作。沒有儀征化纖公司的組織和支持，這本書是不可能問世的。

　　本書第一章至第七章及後記由孫少波撰寫，第八章至十一章由葉建華撰寫，第十二至第十五章及大事年表由翟瑞龍撰寫，第十六章由江璐撰寫，劉玉福提供部分歷史圖片。全書由孫少波、馬紀強統稿。陸秀宏、江璐、馬紀強、陳軍等參加了前期提綱討論和資料收集工作。由於編寫者水平有限，以及客觀上存在的種種困難，諸多瑕疵不足，請大家批評指正。

《蔣士成傳》編寫組
2021 年 5 月

蔣士成傳

作　　者：孫少波，葉建華，翟瑞龍，江璐

發 行 人：黃振庭

出 版 者：崧博出版事業有限公司

發 行 者：崧博出版事業有限公司

E-mail：sonbookservice@gmail.com

粉 絲 頁：https://www.facebook.com/
　　　　　sonbookss/

網　　址：https://sonbook.net/

地　　址：台北市中正區重慶南路一段六十一號八
　　　　　樓 815 室

Rm. 815, 8F., No.61, Sec. 1, Chongqing S. Rd.,
Zhongzheng Dist., Taipei City 100, Taiwan

電　　話：(02)2370-3310

傳　　真：(02)2388-1990

印　　刷：京峯數位服務有限公司

律師顧問：廣華律師事務所 張珮琦律師

定　　價：580 元

發行日期：2024 年 03 月第一版

◎本書以 POD 印製

國家圖書館出版品預行編目資料

蔣士成傳 / 孫少波，葉建華，翟瑞
龍，江璐 著 . -- 第一版 . -- 臺北市
：崧博出版事業有限公司 , 2024.03
面；　公分
POD 版
ISBN 978-626-363-898-3(平裝)
1.CST: 蔣士成 2.CST: 傳記
782.887　113002383

電子書購買

臉書

爽讀 APP